绿色投资对经济发展的影响研究

王 康 赵志强◎著

吉林出版集团股份有限公司
全国百佳图书出版单位

图书在版编目（CIP）数据

绿色投资对经济发展的影响研究 / 王康，赵志强著 . -- 长春：吉林出版集团股份有限公司，2022.8
　　ISBN 978-7-5731-2102-8

Ⅰ.①绿… Ⅱ.①王…②赵… Ⅲ.①环保投资—影响—经济增长—研究 Ⅳ.① F061.3

中国版本图书馆 CIP 数据核字 (2022) 第 160598 号

绿色投资对经济发展的影响研究
LÜSE TOUZI DUI JINGJI FAZHAN DE YINGXIANG YANJIU

著　　者	王　康　赵志强
责任编辑	李婷婷
封面设计	李　伟
开　　本	710mm×1000mm　　1/16
字　　数	290 千
印　　张	15.75
版　　次	2023 年 3 月第 1 版
印　　次	2023 年 3 月第 1 次印刷
印　　刷	天津和萱印刷有限公司

出　　版	吉林出版集团股份有限公司
发　　行	吉林出版集团股份有限公司
地　　址	吉林省长春市福祉大路 5788 号
邮　　编	130000
电　　话	0431-81629968
邮　　箱	11915286@qq.com
书　　号	ISBN 978-7-5731-2102-8
定　　价	94.00 元

版权所有　　翻印必究

作者简介

王康（1983.2—），女，河北人，中共党员，博士学位，中央财经大学在站博士后，副教授职称。毕业于对外经济贸易大学金融学专业，现任职于中国邮政集团培训中心。研究方向为绿色保险、碳金融、低碳投资等。曾主持或参与的科研教研项目多次获省市级奖励，曾先后在《保险研究》《江西财经大学学报》《人口与发展》等刊物发表学术论文20余篇，参编《保险学基础》著作一部。主持省、市、校级课题、教研、教改30余项，主持《保险学基础》《核保与理赔》等线上线下混合课程建设。获石家庄邮电职业技术学院"骨干"教师、河北省"三三人才"、优秀辅导员等荣誉称号。具有扎实的理论基础和丰富的教学经验，授课个性鲜明，极具亲和力和感染力，受到学生及社会各界的一致好评。

赵志强（1983.3—），男，河北省张家口人。硕士学位，讲师。毕业于河北工业大学应用数学专业，现任职于石家庄邮电职业技术学院金融系。研究方向为区域经济。曾先后在《河北企业》《特区经济》《中国经贸导刊》等刊物发表学术论文20余篇，参编《保险学基础》教材一部。主持省、市、校级课题、教研、教改10余项，参与《保险学基础》《核保与理赔》等线上线下混合课程建设。现为石家庄邮电职业技术学院"双师型"教师。

前　言

随着全球经济增长和资源、环境矛盾的加剧，资源和环境问题引起了许多国家政府和众多学者的密切关注。在我国发展市场经济过程中，资源与环境保护一直是一项基本国策。依据我国的国情，为实现经济的可持续发展，我国只能走一条依靠科技、节约资源、生态环境友好、人和自然协调发展之路。为实现这一目标，积极倡导绿色投资是基本途径之一。基于此，本书将围绕绿色投资对经济发展的影响展开论述。

本书共包含十一章内容，第一章为绿色投资理论基础，分别从三个方面进行论述，依次是绿色投资的含义及作用、我国绿色投资的现状、绿色投资的未来发展；第二章为绿色投资与经济发展的关系，主要介绍了三个方面的内容，依次是绿色经济发展的重要性、绿色经济发展的方式、绿色投资与经济发展的关系；第三章为影响绿色投资的因素，主要介绍了影响绿色投资的三个方面因素，依次是绿色投资内外环境因素、绿色投资制度政策因素、绿色投资技术支撑因素；第四章为绿色投资渠道，主要介绍了两个方面的内容，依次是传统环境保护渠道、新型环保投资渠道；第五章为企业及民间绿色投资模式，分别从五个方面进行了论述，分别是企业环保投资促进政策、企业环保投资政策完善建议、民间资本环保投资模式、民间资本环保投资政策、完善民间资本环保投资机制的建议；第六章为环境税制对企业绿色投资的影响，主要介绍了三个方面的内容，依次是环境税制与企业绿色投资的理论基础、环境税制与企业绿色投资的现状及体系、优化环境税制促进企业绿色投资的对策建议；第七章为绿色经济发展机制，主要从五个方面进行介绍，依次是绿色经济发展机制的理论及要素、绿色经济发展机制的内容及作用、机制创新与绿色经济发展、我国绿色经济发展机制建设的可行性、我国绿色经济发展机制创新构想；第八章为绿色经济创新策略，主要通过三个方面进行介绍，分别是低碳经济的崛起、发展及对策，清洁生产的含义、内容及途径，节能减排的含义、内容及对策；第九章为绿色经济发展面临的挑战及趋势，主要通过绿色经济发展面临的挑战、绿色经济发展的责任与趋势两个方面进行了介绍；

第十章为绿色经济发展模式构建，主要通过五个方面进行了论述，分别是绿色经济发展模式的原则、绿色经济发展模式的绿色能源基础、绿色经济发展模式的产业形式、绿色经济发展模式的体系与机制、创建多元性的绿色经济发展模式及形式；第十一章为绿色投资与经济的可持续发展，主要介绍了三个方面的内容，依次是可持续发展概述、绿色经济与经济可持续发展的关系、绿色发展与经济可持续发展。

  在撰写本书的过程中，作者得到了许多专家学者的帮助和指导，参考了大量的学术文献，在此表示真诚的感谢！本书内容系统全面，论述条理清晰、深入浅出，由于作者水平有限，书中难免会有疏漏之处，希望广大同行及时指正。

作者
2022 年 1 月

目录

第一章 绿色投资理论基础 1
    第一节 绿色投资的含义及作用 1
    第二节 我国绿色投资的现状 8
    第三节 绿色投资的未来发展 12

第二章 绿色投资与经济发展的关系 15
    第一节 绿色经济发展的重要性 15
    第二节 绿色经济发展的方式 21
    第三节 绿色投资与经济发展的关系 41

第三章 影响绿色投资的因素 47
    第一节 绿色投资内外环境因素 47
    第二节 绿色投资制度政策因素 49

第四章 绿色投资渠道 51
    第一节 传统环境保护渠道 51
    第二节 新型环保投资渠道 56

第五章 企业及民间绿色投资模式 62
    第一节 企业环保投资促进政策 62
    第二节 企业环保投资政策完善建议 70
    第三节 民间资本环保投资模式 72

  第四节 民间资本环保投资政策……79
  第五节 完善民间资本环保投资机制的建议……85

第六章 环境税制对企业绿色投资的影响……89
  第一节 环境税制与企业绿色投资的理论基础……89
  第二节 环境税制与企业绿色投资的现状及体系……92
  第三节 优化环境税制促进企业绿色投资的对策建议……98

第七章 绿色经济发展机制……102
  第一节 绿色经济发展机制的理论及要素……102
  第二节 绿色经济发展机制的内容及作用……112
  第三节 机制创新与绿色经济发展……121
  第四节 我国绿色经济发展机制建设的可行性……127
  第五节 我国绿色经济发展机制创新构想……128

第八章 绿色经济创新策略……141
  第一节 低碳经济的崛起、发展及对策……141
  第二节 清洁生产的含义、内容及途径……148
  第三节 节能减排的含义、内容及对策……156

第九章 绿色经济发展面临的挑战及趋势……170
  第一节 绿色经济发展面临的挑战……170
  第二节 绿色经济发展的责任与趋势……173

第十章 绿色经济发展模式构建……183
  第一节 绿色经济发展模式的原则……183
  第二节 绿色经济发展模式的绿色能源基础……186
  第三节 绿色经济发展模式的产业形式……197
  第四节 绿色经济发展模式的体系与机制……202
  第五节 创建多元性的绿色经济发展模式及形式……212

第十一章　绿色投资与经济的可持续发展·······································228
　第一节　可持续发展概述···228
　第二节　绿色经济与经济可持续发展的关系·································231
　第三节　绿色发展与经济可持续发展的关系·································233

参考文献···239

第一章　绿色投资理论基础

本章主要对绿色投资理论基础进行介绍，分别从三个方面进行论述，依次是绿色投资的含义及作用、我国绿色投资的现状、绿色投资的未来发展。通过本章的学习，大家可以对绿色投资有一个基本了解。

第一节　绿色投资的含义及作用

一、绿色投资的含义

（一）绿色投资的由来

随着经济的发展和人民生活水平的提高，人们发现，经济发展所需的资源不断减少，环境质量也越来越差；而生活环境质量的不断恶化，严重影响人类的健康，与社会发展和人们发展经济的初衷背道而驰。在这种情况下，人们开始反思经济发展方式问题和投资问题。目前人们的共识是：原有的经济发展方式是一种粗放型的方式，是通过消耗大量资源换得的一种方式，由于资源的大量消耗，一方面造成资源的不可持续性，另一方面造成环境的污染。投资作为经济发展的主要推动力，无论其规模还是结构，对于以上负面效果都有不可推卸的责任。以往的投资的活动主体在投资时往往只考虑经济效益，基本没有环境保护的概念和意识。从客观方面讲，在经济发展水平较低的阶段，经济发展作为第一要务，是不难理解的，但长此以往必然导致的恶果是：经济发展了，人们的物质生活水平提高了，但环境质量却下降了。

为了人类社会的可持续发展，为了提高人类的生存环境质量，经济发展方式必须转变，投资也必须适应这种转变，即由过去黑色投资向绿色投资转变。20世纪70至80年代，绿色投资开始在世界范围展开。1988年，英国率先推出了第一只绿色基金——梅林（Merlin）生态基金，即现在的木星（Jupiter）生态基金。

环保投资作为绿色投资的一个重要组成部分在我国已发展多年。有资料表明，我国在20世纪70年代后期就充分注意到了环境保护投资对改善环境质量和保证经济发展的重要性。1983年，我国把"环境保护"定为国策。理论界开始了一系列研究性工作，先后提出了循环经济理论、可持续发展理论、科学发展观理论、低碳经济理论等。国际机构也召集会议，协调有关事宜，并签署有关文件、协议等。其中，联合国召开了三次关于环境问题的重大会议：

第一次关于环境问题的重大会议是在1972年6月5日至16日召开的联合国人类环境会议，地点是瑞典首都斯德哥尔摩。这是一次具有里程碑意义的世界性会议。在这之前，虽然已经有国家意识到了环境的重要性，但是在国际上还没有一个关于环境的正式会议召开过，更没有环境相关的规章制度。这次会议的召开，标志着世界各国逐渐意识到环境的重要性。这次会议之所以有如此重要的意义，还因为它证明了环境问题世界性合作的可能，开创了环境问题世界性合作的先河。这次会议规定每年的6月5日为世界环境日。这一举措标志着人类的绿色运动进入了一个新阶段。这次会议始终围绕着取得共同的看法和制定共同的原则，以鼓舞和指导世界各国人民保持和改善人类环境为宗旨，共通过了具有重要意义的文件，即《联合国人类环境会议宣言》。该会议还通过了关于机构和资金安排的决议，各国决定建立联合国环境规划署（UNEP）。至此，联合国系统中第一个专门针对国际环境事务的机构正式建立。这次会议还有一个最重要的成果，那就是通过了《只有一个地球——对一个小小行星的关怀和维护》。这个报告的通过之所以意义重大，是因为参与报告完成的国家有58个之多，参与报告完成的人数更是有152人之众。

1992年6月3日至14日，联合国环境与发展大会在巴西的里约热内卢召开。出席本次会议的主要有183个国家的代表团和70个国际组织的代表，102个国家元首和政府首脑到会并进行了讲话。这次会议堪称联合国历史上规模最大、级别最高的全球性"峰会"。这次会议通过的重要文件包括《里约环境与发展宣言》《21世纪议程》《关于森林问题的原则声明》等；在这次会议上，各参与国还签署了充分体现当今人类社会可持续发展的新思想的《联合国气候变化框架公约》和联合国《生物多样性公约》，反映了关于环境与发展领域合作的全球共识和最高级别的政治承诺。

联合国第三次关于环境的重要会议是可持续发展世界首脑会议，本次会议于2002年8月26日至9月4日召开。这次会议的举办地是南非约翰内斯堡。这次会议可以说是继1992年的巴西里约热内卢联合国环境与发展会议后的又一次全球盛会，同样具有重要的意义，关乎人类前途与地球未来，堪称里程碑式的会议，标志着全球的可持续发展由共同的未来走向共同的行动。在本次会议上，代表们探讨的主题始终围绕着健康、生物多样性、农业、水、能源等。在对这些主题进行了广泛的探讨之后，会议通过了《可持续发展世界首脑会议执行计划》和《约翰内斯堡可持续发展宣言》两个重要文件，并达成了一系列关于可持续发展行动的伙伴关系项目倡议书。

（二）绿色投资的概念界定

1. 绿色投资的概念

目前，关于绿色投资理论的研究尚处于起步阶段，因此，理论界对绿色投资的概念的解释呈现"百家争鸣"的态势，并没有得到统一。从目前已有的研究结果来看，西方最著名的是"三重盈余"投资说，这一论述是由西方学者站在企业社会责任的角度提出的，认为绿色投资就是社会责任投资，是一种基于环境准则、社会准则、金钱回报准则的投资模式，强调对经济、社会、环境三重问题的考虑，故称为"三重盈余"，又称为"三重盈余"投资。中国一些学者认为绿色投资是对环境保护进行的投资；也有一些学者指出绿色投资与绿色 GDP 有关，他们认为绿色投资包括所有用于增加绿色 GDP 的货币资金（包括其他经济资源）的投入。从个人投资理财角度来看，一些学者认为"依据国际间普遍接受的道德准则，来筛选实际的投资理财活动"就是绿色投资。这里所说的投资理财活动范围比较宽，不仅包括个别公司股票的投资，也包括个别公司债券及其他信用工具和共同基金等。为了有利于促使金融机构，更加重视社会责任和公众利益，一般将社会形象较佳、没有炒作土地或破坏环境的记录作为选择标准进行金融机构的选择。另外，我国学者借鉴了道德投资的基本观点，认为绿色投资就是依据国际普遍接受的绿色思想，发挥个人道德良知，将之具体实践的个人生活中所有投资理财行为，以促使社会公平正义之统合行动。

绿色投资实际上是为了解决环境污染，实现可持续发展而提出的。人类进入20世纪下半叶之后，世界各国开始大力发展经济。经济的发展势必会引起一系列的环境问题，尤其是一些发达国家采用掠夺式发展方式，这种发展方式带来的结果就是环境问题日益突出，环境对经济的影响也愈加明显，给经济带来的压力也越来越大，甚至严重威胁着人类的生存发展。面对如此严峻的环境问题，一个世界性的关于"绿色革命"的运动悄然在各个领域内兴起。比如，"绿色生产""绿色消费""绿色贸易""绿色技术"等"绿色"浪潮逐渐席卷了整个世界。各国纷纷开展关于"绿色"经济的研究。所谓的"绿色",实际上就是指"无污染""无公害"等。而"绿色投资"其实是针对"绿色革命"的要求提出的,为实现"绿色革命"和"绿色经济"提供动力。由此可见,绿色经济的含义很丰富,这使得很难对其进行定义。一般认为绿色投资的依据是坚持科学发展观的指导;核心是保护资源和环境;基本要求是综合考虑经济、社会和环境三重效益;目标是实现经济社会可持续发展及社会与自然和谐。

2. 绿色投资的含义

通过对绿色投资进行研究,可以将其含义归纳为以下三点:

第一,绿色投资要求投资者要有环境保护意识,更要将环境保护放置在最重要的位置,确保经济与环境的和谐统一,坚决杜绝只顾经济而忽略环境保护的现象,从而实现人与自然的和谐统一。

第二,绿色投资还要求投资者具有强烈的社会责任感,投资者进行投资除了能产生经济效益外,还能产生良好的社会效益。比如,增加就业,减少剩余劳动力,从而促进人的身心健康发展。

第三,绿色投资要求投资者要重视在绿色产业、绿色技术方面的投资,只有这样,才能有利于增加绿色GDP。

3. 绿色投资的范围

关于绿色投资范围的界定,普遍的观点是将其分为小、中、大三种口径。

第一,小口径范围,主要包括对环境保护和环境污染治理进行的投资。当环境污染和资源破坏即将产生或者未产生但是已经预见其产生的可能性的时候,投入一部分资金用于环境污染和资源破坏的防治,称为"预防性投资";同理,环境污染和资源破坏一旦发生,就会对经济发展甚至人类生活产生危害,此时进行的污染治理投资实际上属于一种被动的补偿性的费用,称为"治理性投资"。一般来讲,在进行环境保护投资时,要更加注重预防性投资。这种投资是在环境污染产生之前进行的,因此能够将环境污染和资源破坏遏制在萌芽中,避免了污染对环境和资源的伤害,顺应了可持续发展的原则。这样的预防性投资除了治理难度较小之外,还可以降低治理成本。

第二,中口径范围,实际上是指在小口径的基础上加入一些另外的投入,比如在资源有效开发和节约利用方面的投入。

第三,大口径范围,从大口径层面来看,所有能推动"绿色GDP"的增加的投入都是绿色投资。

二、绿色投资的作用

随着经济的不断发展，人类已经进入后工业经济时代，工业的发展势必会带来环境压力，人类生活的周边环境受到工业经济发展的影响越来越明显。人们对环境问题越来越关注，并且逐渐形成了环境保护的意识。因此，人类在环境保护和环境污染治理方面做出了很多努力。随着人们对环境保护意识的增强，有关环境保护和治理的绿色投资也越来越多，其作用主要体现在以下方面：

（一）绿色投资是发展绿色经济的重要内容

早在1989年，经济学家就提出了"绿色经济"的概念，即在社会和生态条件发展良好的基础上，建立一种"可承受的经济"。经济学家强调经济的发展不能盲目地追求经济增长而不顾生态破坏和环境危机，必须在自然环境和人类自身可承受的条件下进行，实现经济的可持续发展，否则自然资源的无休止消耗总有一日会造成资源耗竭，那将是对人类最大的惩罚。从绿色经济的概念中我们可以得出，绿色经济实际上就是生态经济。

回顾人类社会经济发展史，随着工业的发展和生产力的提高，人类从农业社会进入工业社会。在科学技术飞速发展的今天，人类已经告别了工业时代，进入后工业时代，以先进的科学技术为代表是后工业时代区别于工业时代的最明显的特征，随着科学技术的发展和互联网的普及，信息技术应用到了各个领域，因此后工业时代又被称为"信息经济时代"或"知识经济时代"。与经济相对应的就是人类文明的发展，纵观人类文明的发展史，人类首先从农业社会的农业文明进入工业社会的工业文明；然后，随着后工业时代的到来，又从工业文明进入当今的后工业文明。后工业文明同后工业时代具有相同的特征，那就是在发展中都应用科学技术。后工业文明最明显的标志是坚持可持续发展思想的指导，努力实现人与自然环境的和谐发展。因此，从实质上看，后工业文明就是发展绿色经济，从而实现绿色发展，以进行生态文明的构筑。

绿色经济的内容繁多，但绿色投资无疑是其重要内容。投资处于生产环节，即社会再生产的首要环节，因此绿色经济发展的规模、结构和质量均在很大程度上取决于绿色投资的发展。也就是说，绿色投资规模大，绿色经济就发展得快；绿色投资结构合理，绿色经济结构就合理；绿色投资起点高，绿色经济发展的质量就高。

(二)绿色投资是科学发展观的体现

作为绿色经济中的重要内容,绿色投资是坚持以可持续发展为指导的一种新型的投资模式。这种投资模式的目的是有效实现资源节约和环境保护,大力发展循环经济,从而真正意义上实现可持续发展。随着经济发展和人口数量增多,人类与环境、资源的矛盾日益凸显,环境和资源甚至已经成为制约经济发展的"瓶颈",因此发展循环经济已成为世界各国广泛讨论的话题。许多国家根据科学发展观的要旨提出可持续发展战略,并且大力发展循环经济,以在经济可持续发展和人与自然之间建立和谐关系。

绿色投资的主要目的是建立社会、经济、生态之间的和谐关系,因此绿色投资是基于可持续发展的投资。具体来讲,在传统的投资中,人们不顾环境和生态的承受能力,过度消耗资源,污染环境,依靠掠夺式的方式来获得经济增长,对资源和环境造成了严重的损害,致使人类与环境的关系变得愈加紧张,甚至人类已经得到了环境的报复,比如雾霾天气、温室效应等。绿色投资模式是人们为了把经济发展同环境保护统一起来而提出的。在绿色投资模式下,经济在发展过程中不仅要节约资源,还要更加科学化地利用资源,实现利用和维护并举,从而使得自然资源和环境在为经济发展提供支持的基础上能够得到恢复,以实现真正意义上的生态平衡,从而充分体现科学发展观的理念。

(三)绿色投资能够为绿色消费创造条件

绿色消费概念的提出是与绿色生产相对应的。产品经过绿色生产,对其进行的消费行为就称为"绿色消费",这是人类进入 21 世纪后,绿色经济时代到来的必然结果。绿色消费主要有两层内涵,第一层是从消费的产品来看,绿色消费是对无污染、有利于健康的产品进行消费;第二层是从消费行为来讲,消费者的消费行为能够有助于资源节约、生态保护,说明是在进行绿色消费。绿色消费主张适度消费杜绝奢侈浪费和不适当的消费,实际上就是节约型消费。从本质上讲,绿色消费是人们在满足基本生活需求的基础上,通过自身环保意识的加强,从而为追求生活质量和美好生态而产生的绿色需求,能够反映人们消费层次的提高,也能反映社会的进步和人类文明的发展。绿色投资能够促进绿色生产,从而为绿色消费创造良好的条件。

(四)绿色投资有利于扩大出口,进而促进经济增长

在全球化不断发展的今天,国际贸易日趋频繁,各国在不断加强合作的同时,

为了自己国家的贸易安全而实施了一系列政策进行贸易保护。另外，随着各国贸易交流的不断加强，经济合作的程度不断加深，使得国际安全也有可能受到威胁。为了杜绝上述问题，各国纷纷设置了贸易壁垒。通常情况下，各国在设置贸易壁垒的时候主要采取关税壁垒和非关税壁垒两种，这也是传统的贸易壁垒的种类。随着科学技术的突飞猛进，一种新的更隐蔽也更加复杂且破坏力更强的贸易壁垒出现——技术性壁垒。它实际上是货物进口国采取的包括技术性法规和标准、产品检验的合格评定程序在内的技术限制措施。进口国设置技术性壁垒的理由主要包括：一是保护本国国家安全，二是保护人类、动植物生命安全和健康，三是阻止欺诈，四是保护环境，五是保障产品质量。技术性壁垒的设置在保证国家安全和本国贸易正常发展方面的作用无可厚非，但是技术性壁垒的设置，进行贸易保护主义，对国家经济发展也会产生一定的消极影响。

随着越来越多的国家不断设置技术性贸易壁垒，使技术性贸易壁垒的数量急剧增多。近年来，作为技术性贸易壁垒一员的绿色壁垒逐渐盛行。绿色壁垒实际上是各国为了顺应绿色消费的时代潮流而设置的一些绿色技术标准、法规和检疫制度等，进行贸易限制或贸易禁止。具体来讲，各国设置绿色壁垒中的绿色技术标准、法规和检疫制度的适用范围主要包括从初级产品到中间产品，再到最终制成品，以及后续的包装、运输、销售、消费等处置环节。保护消费者的安全和保护生态环境是绿色壁垒的目标，因此绿色壁垒具有合理性。正是由于绿色壁垒的设置对消费者安全和生态环境保护起着促进作用，有利于世界经济可持续发展，因此世界贸易组织（WTO）鼓励世界各国设置绿色壁垒，并对各国的绿色壁垒予以保护，使得越来越多的国家纷纷设置绿色壁垒，大大促进了贸易保护主义。鉴于各国纷纷设置绿色壁垒，对于出口国来说不加强绿色投资、发展绿色经济，是很难扩大出口的。

（五）绿色投资有利于加快经济发展方式转变

改革开放以来，我国经济得到了快速的发展，人们的生活水平不断提高。然而，我国的经济成就是建立在大量投入资源和环境污染的基础上的，所取得的经济增长在很大程度上也是非经济的。按照传统国际关系理论，制约各国发展的最大因素往往来自现有国际体系中的霸权国及其盟友。但如果我们从现有全球化的新时代背景下去看待中国的和平发展的过程，会发现其他地缘政治对手甚至体系中支配性强国并未给这一进程带来最大的制约和阻碍作用。相反，中国当前所面临的最大挑战可能正来自自身的急速发展所产生的资源短缺和环境压力。换句话说，中国发展现有的成功可能正是未来其所面临的最大挑战的源头所在。在2002年的中国，铁矿还不需要进口，油气等能源进口也保持在相当低的水平。但近年来，随着我国经济的发展，对资源需求量不断增加，我国在资源方面已经逐渐变成以依靠进口为主的国家，因此，如果不改变我国旧的经济发展方式，我国的资源和环境必将难以承受如此大的消耗，那样我国经济、社会、生态环境根本不可能实现和谐发展，也难以践行可持续发展观。绿色投资正是在这一背景下，成为改善我国经济发展方式的催化剂和根本动力。

（六）绿色投资是我国参与国际竞争的客观需要

随着人类对生态环境保护意识的增强，世界经济已经开始朝着绿色产业、绿色投资、绿色增长的方向发展，甚至在不久的将来，世界经济的格局将被绿色发展所改变。随着绿色经济在世界范围内的发展，我国必须跟上时代的步伐，加快经济增长方式的转变，进行经济结构的调整，注重发展清洁能源产业、再生能源产业等，提高我国在国际经济竞争中的优势地位。

第二节　我国绿色投资的现状

一、我国绿色投资的发展成果

（一）投资额增长迅速

随着我国改革开放的实行，经济得到飞速发展，经济体制方面逐渐从传统的计划经济体质转变为市场经济体制。而在之前的计划经济体制下，我国的绿色投资基本来自国家财政预算，这时的绿色投资也只是主要用于工业污染的治理，而且呈现投资额较小、效果不明显的特点。随着环境破坏的危害不断加大，人类生态环境保护意识不断增强，世界各国纷纷开展循环经济。与此同时，我国环境污染问题日益严峻，我国政府也充分认识到绿色投资的重要性，在投资力度上也不断加大。

（二）投资主体多元化

改革开放实行后，单纯依靠国家财政已经很难满足经济发展中环境保护和治理的需要，我国政府意识到这一点，开始引进外资来促进环境保护，发展环保产业。从1978年到2002年期间，我国政府颁布了多个关于环境保护的文件，比如1984年的《关于环境保护工作的决定》；2000年对《当前国家重点鼓励发展的产业、产品和技术目录》进行重新修订，并且将环保项目和环保产业列入鼓励发展的范围；2002年，在国家环境保护总局在公布的关于实施《中国城市垃圾填埋气体收集利用国家方案》中，明确鼓励民间资本和私营企业以及国际商业机构参与我国城市垃圾处理。与此同时，国家将垃圾的综合利用项目列入国家优先发展的产业目录中。由此可见，国家对垃圾综合利用的重视程度进一步加深。在一系列政策出台后，绿色投资的资金渠道由单一渠道转变为多个主体，形成了多元化的投资格局。

（三）投资结构逐渐完善

随着我国政府对环境保护投资的重视，过去重点对工业污染的点源治理的投资已经不能适应经济与环境和谐发展的需要，其弊端也日益凸显，比如集中控制力度不够，严重缺乏城市环境基础设施、环保管理部门建设、跨区域环境综合治理的投入资金。这些弊端严重阻碍了我国经济和生态的和谐发展。近年来，为了大力发展循环经济，我国不断加大绿色投资，并且绿色投资结构也得到了完善，比如我国一些地区将循环经济的理念融入传统经济投资结构中，在企业、生态工业园区、城市和产业等多个层面同时推进循环经济，实施绿色投资。

（四）投资模式趋于合理

回溯世界经济发展历史，不难发现，在工业化初期阶段，经济发展处于粗放增长阶段，此时对自然资源尤其是不可再生资源的使用较经济处于集约增长阶段时高。造成这种差异的重要原因之一就是科学技术。具体来讲，当人们在进行资源开发以满足新的产业活动和消费领域的需求时，科学技术能够为其提供技术支持。从这个层面上讲，科学技术是人类对自然资源进行更全面掠夺的"帮凶"。除此之外，科学技术也使人类有可能进行全过程控制。我国政府开始重视对工矿企业废弃物的回收和再利用是在进入20世纪80年代后，当时便已经提出末端治理的概念。进入20世纪90年代以后，源头治理这一概念出现。

自从发展循环经济以来，经济学认为其与传统经济最大的不同就是内部化了企业和个人对环境保护的外部效益。换句话说，就是谁造成了环境污染，谁就要为此付出相应的代价。在这种情况下，国家制定污染排放的总量限定，每个企业都拥有"排污权"。而且，污染排放量大的企业可以向污染排放量小的企业购买"排污指标"。在这样的方式下，经过市场自动调节，污染排放量大的企业对环境污染造成的破坏将由其自身承担治理的费用；慢慢地，污染排放量大的企业将逐渐被淘汰。久而久之，重视环境保护、废弃物回收利用将成为所有企业的自觉行为。

绿色投资要选择符合绿色产业的规划内容，当选中一个项目的时候，首先对该项目进行市场调研，然后对该项目的可行性进行分析，实施投资的时候更加注重加大对科研开发和环保监督的投入经费。除此之外，绿色投资还大大增加了在教育培训和投资评价等方面的投资。因此，绿色投资的实施使投资模式也发生了较大变化。

（五）环保法规日益健全

在1972年世界第一次环境大会上，我国虽然是参与国，但是由于我国当时对环境问题的认识不够深刻，在会上只就政策性概念进行了阐述，并没有提出实质性的问题。自从我国实施改革开放政策以后，随着经济的发展，我国对环境问题的关注度日益增多，到了20世纪80年代的时候，我国积极参与世界性的有关环境问题的会议，并且加入多个国际环境组织。我国在环境问题方面积极参与世界性的环境保护活动，批准或加入数十项国际环境公约，在国家环境问题上做出众多努力，尤其是1922年公布的《21世纪议程》更是表明了我国针对环境问题的国际立场。

第一，明确了环境与发展协调发展的原则，强调可持续发展和保护环境是人类共同的任务，其中发达国家要承担主要责任。

第二，《21世纪议程》强调国际上要在尊重国家主权的基础上加强国际合作。

第三，一个稳定的国际社会不但是人类和平发展的诉求，更是环境与经济和谐发展的基础，只有国际社会处于稳定发展的状态，国家之间才能针对环境问题有良好的合作，也才能真正促进环境与经济的协调发展。因此，各国要控制军事扩张，以谈判的方式解决国际争端，反对诉诸武力。

第四，各国在处理环境问题的时候，要兼顾各国的实际利益和世界的长远利益。

我国关于环境保护的法规最早的是1974年国务院颁布的《中华人民共和国防止沿海水域污染暂行规定》，这是我国第一个防止环境污染的法规。在1978年时，我国在《宪法》中加入了环境保护的相关条例，至此环境保护和污染防治第一次被写进国家根本法,这个举措将环境保护和污染防治分为两个领域,其中环境保护被确认为国家的一项基本职责。可以说,《宪法》中关于环境保护的规定,为中国环境法制体系构建了基本框架,提出了《中华人民共和国环境保护法》的主要内容,为中国环境法制建设奠定了基础,从此开启了中国环境法制化的进程。随着绿色投资的兴起,我国在环境保护和污染防治方面出台了多个相关的法律法规,并且这些法律法规与行政法规一起构成了我国环境法的体系,从而使我国的环保法规日益健全。

二、我国绿色投资的发展问题

(一)资金需求超出了国家现有的投入能力

目前,我国的绿色投资资金需求的强劲增长主要取决于以下几个因素:

第一,污染治理的难度不断加大。过去那些使用简单技术、较少投资就能解决的问题现在已经越来越少,污染的治理难度和对资金的需求程度都有了明显的变化,环境治理的成本不断增大。

第二,污染的性质发生了明显的变化。区域性、流域性、面源、生活性污染逐渐成为新的矛盾,而这些污染的解决相对于传统工业企业的末端治理来说则需要更大的规模性投资。

第三,历史上环境投资欠账太多。多年来,我国在环境污染上的投资远低于应有的基本保障水平。根据国外的经验,污染治理投资只有达到国内生产总值(GDP)的1%～1.5%时,环境恶化的趋势才能得到基本控制,而我国还没有达到这一要求的最低限,环境"包袱"越背越重。同时,社会对于环境改善的要求有了普遍的提高。

(二)绿色投资渠道仍显狭窄

随着人们环保意识的增强,国家关于环境保护的法规不断出台,绿色投资呈现每年递增的态势。但是,由于目前的环境问题相当严峻,再加上用于治理环境问题的资金仍存在很大的缺口,因此目前绿色投资的增长幅度还有待提升。制约绿色投资的重要因素之一就是投资渠道。就目前而言,在各种管理、体制等方面的制约和困扰下,许多已有的投资渠道已经呈现萎缩状态甚至名存实亡,导致这样这些投资渠道无法发挥其应有的作用,从而严重制约了环境治理项目的实施。特别是一些大型的环境综合治理项目,由于投资渠道的缺乏,这些大规模项目在资金筹措和调度方面都面临着困难。在众多环境治理项目中，资金问题已经成为这些项目正常实施的"瓶颈"。

（三）绿色投资管理方式落后

以环境保护投资为例，我国的环保投资属于国家垄断性行业，既不允许国内社会资金的有效介入，又缺乏一套严格规范的、可操作性的管理模式。以当前中国的经济和社会现状，要想在一定的时间内遏制环境整体恶化的势头，仅仅依靠国家有限的财政支撑是远远不够的，国家要在保持经济适度高速发展的同时，投入巨大的经济力量治理和保护环境也是不现实的。因此，我们必须按照市场经济的要求实行对外开放，将环保投资领域向社会开放。

第三节　绿色投资的未来发展

绿色投资在世界范围内的兴起只是近年的事情，虽然时间短，但发展迅速，未来必然是一个大趋势，其发展也必然呈迅猛增长的趋势。可以断定，随着科技的发展和各国在制度和政策方面的日渐完善和成熟，绿色投资必将以更快的速度发展。

一、绿色新政引导绿色投资的未来发展趋势

随着全球化的不断发展，全球经济在2008年时遭遇金融危机，使经济发展陷入困境，再加上资源消耗过度、环境污染、生态破坏等多重危机的威胁，要求世界各国走一条新的发展道路。在这样的背景下，全球"绿色新政"应时代要求而生。"绿色新政"的政策导向以实现人与自然可持续发展为目的，包括众多与环境相关的议题，例如全球环境保护、全球节能减排、全球气候变化的应对和全球经济可持续发展等。其具体含义包括绿色领导力（即各国政府引导和激励社会发展绿色经济目标的努力及行为组合，既包括提高信心，也包括采取行动的措施和综合能力）、绿色政策改革（不仅要求各成员国改革国内政策框架，确保绿色投资在国内经济发展中的成功；还要求改革现有国际政策框架，实施全球协调的、大规模的刺激政策和政策措施）、绿色经济（绿色经济是一个宏观层面的、广义的概念）包含了从资源开发到产品生产、流通和消费的再生产全过程。

绿色经济的范围很广，只要是朝着资源节约、环境保护和可持续发展的方向

发展的经济活动，就可以被认为是绿色经济。绿色经济的主要途径包括发展循环经济、低碳经济、知识经济等；主要方法包括培育新的清洁产业、发展清洁技术等。在全球金融危机发生以后，联合国环境规划署倡议，各国大力提高在可再生能源开发领域中的投入，其中最主要的就是提高新旧建筑的能效；发展风能、太阳能等可再生资源；推广清洁能源车辆；加大对淡水、森林等地球基础生态设施的投资。

面对全球化的金融危机，无论发达国家还是一些发展中国家都开始意识到全球未来经济发展的趋势，各国开始高度重视"全球绿色新政"政策倡议并迅速行动起来，取得了很大的进展。例如，英国2008年颁布《气候变化法案》（CCA），这是世界上首部包括温室气体排放量目标的法规，英国的这一举措为其向低碳社会转型提供了法律框架。美国在2007年至2009年，为了完善有关"绿色新政"的法律，先后颁布了《低碳经济法案》（2007）、《美国复苏与再投资法案》（2009）、《清洁能源安全法案》（2009）等法规。

事实上，绿色投资理念对于经济发展和环境保护协调发展的贡献有目共睹，世界各国纷纷积极加大绿色投资。随着投资不断扩大，世界经济将朝着清洁、创新、资源有效、低碳技术与基础设施的方向转型，最终使世界经济的发展实现有复原能力的、可持续的、绿色复苏的目标。

二、可再生能源绿色投资未来发展趋势

从全球趋势来看，彭博新能源财经（BNEF）以美元测算，可再生绿色投资在2004年以后出现大规模的增长。2000年至2010年，可再生绿色投资增长超过20倍，从70亿美元增长到1540亿美元，主要的推动力包含全球经济的增长、化石燃料价格的上涨、技术升级、政策支持和大众对清洁环境需求的增长。绿色技术成本的缩减也已经通过经济范畴、工艺过程和较低利率得以实现。

从区域趋势来看，2000年至2010年，可再生绿色投资在所有主要区域都稳定增长。2004年至2010年，欧洲和北美的可再生绿色投资增长了4倍，而亚洲和大洋洲则呈10倍的增长。北美、欧洲和亚洲是可再生绿色投资的最大市场。欧洲主要的投资者是意大利、德国和西班牙。

在绿色投资的发展中，中国已成为亚洲的领跑者。事实上，中国在2009年的时候在可再生能源领域的投资就已经超过美国，成为世界上在该领域投资最多

的国家，特别是对风能开发的投资，位居世界第一。在 2004 年至 2010 年，绿色投资的区域构成已经发生了变化，即投入的主体已经从欧洲转移到亚洲。中国在绿色投资上，对比欧洲地区更加突出。目前，中国有关风能的开发设备的生产已处于全球领跑者的地位，中国的研究和开发能力已经升级，而且在可再生领域的清洁技术专利和首次公开募股（IPO）中处于领先位置。

三、绿色投资未来发展方向与重点

实际上，绿色投资的领域主要包括生态建设、环境保护和节能减排三个部分。具体来讲，在生态建设领域，主要包括对对林业、水利、水土流失治理、荒漠化治理等方面的投入；在环境保护领域，主要包括对对水、大气、固体废物污染的防治；在节能减排领域，主要包括在绿色建筑、绿色材料、新能源汽车等方面的发展。

随着经济发展，绿色投资的比重不断加大，在与绿色发展有关的产业的投资中，除了政府主导的公共投资以外，还包括一些社会资本的投资。根据投资咨询机构的研究分析，自 2008 年以来，风险投资和股权直接投资投向清洁技术的案例，呈现出快速增长的趋势。2009 年，中国首次超过美国，位列全球清洁技术领域投资额第一位。

绿色投资能够实现经济发展与环境保护和谐统一。因此，尽管绿色投资的投资量大且周期长，但是无论是国家还是企业都会在绿色投资方面加大投入，使绿色投资在全球"绿色工业革命"竞争中占据绝对优势地位。不仅如此，无论是国家层面还是企业都在针对绿色投资进行科技研发，推进其产业化发展。可以预见，随着生态文明建设上升到与经济建设、政治建设、文化建设和社会建设并列的重要地位，未来必将催化出更多的新技术、新产业、新商业模式。

值得注意的是，并不是所有的绿色投资的回报都可以用货币单位来衡量，还有很大一部分是无法用货币单位衡量的，比如用于生态文明建设中的绿色投资，带来的回报是包括清洁的空气、干净的水源、宜人的环境等在内的"生态产品"，这些"生态产品"实际上是人类共享的"绿色财富"，是人类赖以生存的基础，也是社会发展和经济发展的基础。

第二章 绿色投资与经济发展的关系

本章将讲述绿色投资与经济发展的关系,主要通过三个方面的内容对两者的关系进行阐述,依次是绿色经济发展的重要性、绿色经济发展的方式、绿色投资与经济发展的关系。

第一节 绿色经济发展的重要性

一、绿色经济思想演变的三个阶段

跟随时代发展的步伐是企业在经济新形式之下的生存与发展之道。绿色经济的时代已经到来,那么究竟什么是绿色经济呢?绿色经济的内涵又是什么?绿色经济是构成绿色经济的核心,这一概念在不同的阶段有着不同的具体内涵。以下是绿色经济三个阶段的不同内涵:

(一)第一阶段(1989年至2006年)

1989年至2006年是绿色经济这一概念的兴起阶段。1989年,环境学家大卫·皮尔斯(David Pearce)在《绿色经济的蓝图》一书中,首次提出了绿色经济的概念。但早在1972年,绿色发展的模糊概念就已面世,而绿色发展是绿色经济的核心所在。

绿色反思是1972年的年代性特征,在这一年中出现了许多具有历史性意义的文献资料。例如,罗马俱乐部发表的《增长的极限》,对西方工业化国家以高耗能、高污染为核心的褐色经济增长模式和方法提出质疑,认为这种经济模式与可持续性发展背道而驰,并对当时的企业发出警告:地球资源的消耗极限与工业无序增长的天花板,将会成为制约企业发展的关键。

同年,联合国意识到人类环境与经济增长之间无形的联系,于是在斯德哥尔摩举行了联合国人类环境会议。正是这次会议，让联合国环境规划署得以诞生。在会议上，各个参与会议的国家代表就"只有一个地球"达成共识，并推出了《人类环境宣言》。

至此之后，环境保护与绿色发展逐渐传播开来，生态环境与经济发展之间的联系获得了更多人的认可。这是绿色经济的萌芽，是皮尔斯提出绿色经济概念的前提。

1987年，世界环境和发展委员会发表了《我们共同的未来》，从环保与发展的角度继续深化绿色发展的思想：强调对新资源的开发与利用，提高资源利用率；强调降低污染排放，实现经济发展和环保的双赢。此时的绿色发展已经于趋近皮尔斯的绿色经济。皮尔斯在吸取他人理论的基础上，从环境经济的角度深入探讨了可持续发展的途径与方法，从而提出绿色经济。皮尔斯阐述了环境保护与经济发展的具体联系与发展改善问题，但其本质是对可持续发展经济的阐述。

在绿色经济的兴起阶段，以皮尔斯提出的思想为阶段性特征。虽然，在这一阶段，有人提出了环境保护与经济发展的问题，但并没有提出具体的、有效的措施与方法。这让大众形成的绿色经济认知只停留在环保层面，人们并不理解保护环境对经济发展的具体推动作用与过程。

综上所述，绿色经济思想的第一个阶段是兴起阶段，此阶段的绿色经济更多的是作为改善生态环境的被动措施。

（二）第二阶段（2007年至2009年）

绿色经济发展到2007年到2009年已经趋于成熟，这一阶段是绿色经济这一概念发展的完善时期。

在2007年，联合国环境规划署发布了《绿色工作：在低碳、可持续的世界中实现体面工作》，将绿色经济重新定义，即重视人与自然的和谐，能够创造并面向广大人民群众提供高薪工作的经济模式。

这一定义突破了人们对于绿色经济的单一的环保层面的认知，使绿色经济发展成为多维度理论。

2008年10月，这一阶段的绿色经济概论开始付诸行动。联合国环境规划署拉开了全球绿色新政的序幕，并将绿色经济计划提上日程。除此之外，联合国环境规划署还提出了系统性地发展绿色经济的思路与建议，获得了大众与国际社会的回应与拥护，将绿色经济打造成为国际社会保护环境与经济发展的新趋势与新潮流。

本阶段的绿色经济开始从多维度对环境保护与经济发展进行研究，强调整体性的经济系统的转型与完善。但本阶段并未将生态系统与经济系统较好地融合起来，实现生态环境与经济发展的平衡是本阶段的重点，这使生态环境系统与经济系统仍旧属于两个系统。

（三）第三阶段（2010年至2018年）

绿色经济每个发展阶段的思想内核都会产生相应的变化与升级，其第三阶段的思想内核是2010年联合国开发计划署提出的绿色经济新定义。

本阶段发展的绿色经济的目的在于给全人类带来幸福感，展现社会的公平，并通过改善生态环境降低发展经济的环境风险。绿色经济至此阶段成为多重含义、立体的复杂概念，即将生态环境系统、经济系统与社会系统相联结，在经济发展、环境保护和社会公平层面达到平衡状态，从而提升经济收益，促进长久发展。

综上所述，绿色经济的内涵随着时代的发展而不断地发展变化，在未来也许还会根据生态系统、经济系统与社会系统的变化，进行完善与丰富。但在目前阶段，我国各个企业的实践重点依旧在于实现各系统的平衡与融合，实现可持续性发展。这就要求企业大力发展绿色经济、循环经济与低碳经济。

二、我国发展绿色经济的必要性

由于我国的工业化发展起步较西方国家晚，因此对环境污染问题引起重视也比较晚。随着我国改革开放的实施，工业开始快速发展，随之而来的环境问题也日趋凸显。在20世纪90年代，我国开始关注绿色经济。到目前为止，我国的绿色经济价值观还没有完全形成，因此迫切需要对绿色经济理论和实践进行进一步研究。在这个背景下，对我国发展绿色经济的必要性进行分析，将有助于我国绿色价值观在全社会范围内成达共识。

具体来讲，我国发展绿色经济的必要性主要体现在以下方面：

（一）有助于改善资源环境问题

人类无法脱离自然生态环境而生存，可以说自然生态环境是人类生存的最重要的基础。我国是拥有几千年文明的国家，数千年来，人们在生活实践中总结了众多经验和哲学道理，在人与自然的关系方面也有很多谚语，体现了自古以来人们就开始思考人与自然的关系。例如，古语有云："留得青山在，不怕没柴烧"。

从字面上理解，吃饭是人得以生存最基本的也是最重要的保障，"留得青山在"，就能烧火做饭，使人的生命持续下去。而实际上，其中还包含着更深的含义，"留得青山在"就是保护自然生态环境，也就是留存生产力，只有这样，才能在以后的生产生活中有足够的资源和生产力。而对生态环境的改善，实际上就是对生产力的发展。人类在发展过程中，绝对不能为了使经济短暂、快速发展，而不顾自然资源的承受能力，对其进行过度开发。如果依靠高投入、高消耗来换取经济的短暂、快速增长，则将给自然资源带来巨大的压力，同时自然生态环境也会迅速恶化，使经济的长远发展难以持续。这是典型的只顾眼前利益、不顾长远发展的做法。

作为一种新的发展观，绿色经济发展观将自然环境资源看作经济发展资源，将生态环境优势看作社会发展优势。从本质上看，绿色经济就是一种经济模式，这种模式要求以保护环境和节约资源为前提进行经济发展。针对我国的资源问题，采用绿色经济的发展模式能够帮助改善我国的资源环境问题，从而实现我国经济的可持续发展。

（二）有助于促进产业转型升级

目前，我国的产业结构出现了一些困境，一方面，部分传统产业产能严重过剩；另一方面，新型产业发展的基础比较薄弱。因此，我国经济发展的产业结构亟须调整和升级。面对我国产业结构出现的上述困境，我国多个省份已经开始通过发展绿色经济、增加绿色投资、发展新型绿色产业的方式，来实现产业结构的优化。具体来讲，包括以下方面：

第一，部分省份将其省内产能过剩的一些钢铁、水泥、玻璃等高耗能、高污染的行业淘汰，从而突破产能过剩的困境。

第二，将绿色技术和绿色工艺应用到传统产业中的各个环节，通过对传统产业的改造、升级，使其向着更加环保和更加节约的方向发展。

第三，积极发展新兴绿色产业，注重对新兴绿色产业基础技术和前沿技术的研发，并加大此项研究的资金投入和政策支持力度，从而促进本省工业的绿色转型。绿色经济的发展必然会引发新的观念、新的机制、新的方法，这些将为产业机构转型提供源源不断的新动力，也是实现经济可持续发展的动力。

（三）有助于提高人们的幸福感

发展绿色经济就是在自然环境、经济发展、人类社会发展等方面实现绿色化，以达到保护自然环境、经济平稳发展、人类社会和谐的目的。近年来,在我国,人们的物质生活水平已经得到了大幅度提升,人们的基本生活已经得到保障。但是,随着人们生活水平的提高,产生了巨额的社会成本和生态成本,因此单纯的经济增长并不能代表社会福利的增加。发展绿色经济是一种新的发展观,也是一种新的民生观,发展绿色经济能促进绿色投资的发展,使产业结构得到优化,还可以扩大绿色就业,从而提高人民的幸福感和满意度。

(四)有助于提升自主创新能力

绿色经济是一种可持续经济,是在创新驱动下发展起来的。绿色经济除了致力于发展节能环保行业之外,还在发展过程中重视科学技术。绿色经济有助于自主创新能力的提升。从经济发展的宏观层面来看,在新常态下,经济发展若是仍旧按照传统的粗放型增长方式,即依靠生产要素和环境资源的低成本,或者依靠生产技术的简单模仿,是难以得到长期的可持续发展的。要想解决这一问题,就必须将传统的经济发展动力转变为以科技创新为核心的创新驱动,通过不断创新生产方法和生产技术,优化调整产业结构,压缩过剩产能,减少低效供给,增加有效需求,培育经济发展的可持续性,为经济发展提供持久动能;另外,要加快科技创新,全力推进高新技术产业发展,从而为经济创造新的增长点。

三、绿色经济是未来经济发展的必然趋势

(一)传统投资的弊端

中国借助于改革开放致力谋求经济的快速发展,在缺乏可持续方式开发利用自然资源能力的情况下,生态环境的污染和破坏一直伴随经济增长过程,根本无暇顾及和保护生态环境资源以供未来之用。但是,超越环境容量的不可持续经济活动带来的却是灾难。在传统投资模式下,未达到稀缺状态的自然资源价值被显著低估,雨水、空气、土壤等环境要素长期被低价或无价利用,导致资源、能源过度消耗并且利用效率较低,环境被严重污染。这种高废弃物、高污染,低效率的"两高一低"的传统经济增长模式显然不具有可持续性,违背科学发展观与可持续发展目标。特别是目前一些减排任务仍然难以完成。究其原因,一方面,地方政府与个别企业从自身利益出发,进行非绿色投资建设等非节能减排支出;另一方面,没能脱离以经济建设为中心的政绩观,使节能减排投资被人为分割为两部分,一是固定资产投资所带来的区域经济增长,二是投资建成后的环境治理设

备的使用缺失。而为了解决这些盲目投资，非绿色投资行为应从改革现行投资管理体制入手，坚决遵循"谁投资，谁承担风险"的基本原则，规范政府投资职能，提高投资决策科学化和民主化水平，特别是重点建立投资决策责任追究制度，强化权责利关系，不以国内生产总值为目标，而实实在在转向以提高生态文明水平为宗旨，以提高环境质量为核心的可持续发展战略上来，真正实现绿色投资。

总之，随着资源稀缺情况日益显著并且环境污染的状况仍未得到显著控制，转变传统的经济增长方式、转变传统的投资模式仍是中国当前面临的重要任务。所以，建立绿色投资模式、推进绿色经济、实现可持续发展已成为大势所趋。

（二）发展观念的转变是实施绿色投资的关键

转变发展方式，即要转变传统的发展观念，在今后的投资与消费等经济活动中，要始终贯彻科学发展观，谋求经济、社会与资源环境的高度融合的可持续发展观。只有在坚持可持续发展观念的基础下，社会、企业和公众才会有动力探索新的投资和消费方式，从而大力推进循环经济、低碳经济和清洁生产。这种新的发展理念和发展模式不仅是发展绿色投资的指导思想，而且有利于推进投资的绿色化发展。

1. 观念转变

这种观念的转变体现在以下三个方面：

第一，从全社会的角度转变单纯追求国内生产总值增长的经济发展目标，尽力引导投资行业和投资方式从人类和环境相冲突的传统投资模式向可持续发展观念下的投资模式转变，寻求一种能使经济、社会、生态环境协调发展的绿色投资模式。

第二，企业和公众作为投资和消费主体，应转变投资和消费理念。在追求可持续发展的总体目标下，企业和公众不仅是社会经济增长的主要推动者和社会财富的创造者，更是具有社会责任的生态人，应转变"环境无价、资源低价"的观念。

第三，传统投资方式下积累的资本没有考虑对环境的损害，在可持续发展理念下，必须将环境成本计入投资成本，从社会、经济、生态环境三个角度衡量投资的效益和成本。

2. 树立的理念

发展绿色投资需要树立以下正确的理念：

第一，在社会经济发展中将环境保护与产品生产统一起来，提倡节约资源和科学利用，环境要素被明确纳入公众消费和企业投资决策中，资源环境利用与维护并举，消费者和企业需要为其消费和生产行为对环境产生的负外部性负责。

第二，政府应首先树立可持续发展的理念，并将其体现在产业结构调整以及相关政策的制定中。

第三，投资者在进行投资决策时，需要适应新的发展理论，不断改进生产技术，尽量采用清洁生产方式，减少废弃物的排放，并尽力实现资源的循环利用。

（三）绿色经济为绿色投资奠定基础

绿色经济就是少投入、少排放、多产出的经济，其基本要素就是通过生态技术支撑保护环境和节约资源，走可持续发展道路，遵循保护环境和节约资源理念，实现经济效益、社会效益和生态效益相统一的目标。实现可持续发展是发展绿色经济的指导思想和依据，并贯穿整个发展的全过程。其中，科学技术是发展绿色经济的重要手段，即用科技支撑绿色经济的发展，实现经济、社会和生态的有机统一和良性互动，是绿色经济发展的最终目标。

我们认为，绿色经济是绿色投资的发展目标，绿色投资是实现绿色经济的手段，最终保障经济社会在保护环境和节约资源理念的指导下，实现经济效益、社会效益和生态效益有机统一和良性互动的可持续发展。

因此，绿色经济的发展也需要充分尊重市场在资源配置中的基础性作用，宏观经济政策的调整也应适应绿色产业转型的需要，而技术进步与创新则是绿色转型的保障条件。通过绿色经济发展，全方位构建减量化使用资源、保护环境，谋求资源永续利用的经济增长，形成以技术、生态、制度创新为保障机制的持续发展模式。

第二节　绿色经济发展的方式

一、循环经济——工业化生态学

（一）循环经济的含义与原则

1. 循环经济的含义

早在20世纪60年代，美国的经济学家便已经提出了循环经济思想。到了20世纪80年代，这一思想才得到西方主要发达国家的重视，从而在西方国家中得以发展。随着西方国家工业化发展，经济在自然资源无节制的开采下迅速发展，这必然会引起经济发展与自然资源之间矛盾日益加深。在这样的背景下，要想使经济继续长期得到发展，就不得不考虑经济发展与自然资源的关系。循环经济就是在这样的背景下形成的。循环经济的本质是一种经济运行形态，是指通过清洁生产、市场机制、社会调控等方式促进物质在生产与生活中循环利用。它具有以下特点：坚持以可持续发展思想为指导；以实现自然资源为人类发展提供源源不断的保障，即以自然资源的永续利用为目的；遵循生态循环体系的客观要求。

除此之外，循环经济与传统经济在流程、基本思想和资源利用方面也存在很大的区别，如表2-2-1所示。

表2-2-1 循环经济与传统经济的区别

	传统经济	循环经济
本质	物质单向流动的经济	物质反复循环流动的经济
流程	资源—产品—废弃物	资源—产品—再生资源—产品……
基本思想	高开采，高生产，高消费，高排放	低开采，高利用，低排放
资源利用特点	粗放的、一次性的（地球上的资源被非保护性地高强度开采出来投入生产与消费中）	高效的、循环利用的（最大限度地减少废弃物排放量和实现废弃物的循环利用）

2. 循环经济的原则

（1）减量化原则

循环经济的第一个原则是减量化原则（reduce），这一原则的提出是针对生产或经济过程的输入端而言的。这一原则的具体内容是指在进行经济生产的过程中，采取一些手段降低生产和消费过程中的物质和能源投入，如创新生产技术或者加强生产管理，从而减少生产中的资源投入。减量化原则对于自然资源特别是不可再生资源的利用意义重大。这是因为自从人类进入工业时代以来，随着工业经济的迅速发展，每天的工业生产活动都要消耗大量的自然资源，以至于包括石油、煤炭、淡水、森林等在内的资源面临着消耗殆尽的危机。资源短缺已经成为世界经济发展的最主要的制约因素。具体而言，发达国家在进入后工业经济时代之后，对资源和能源的消耗不断扩大；发展中国家纷纷开始进行工业化和城市化建设，进一步掀起了资源利用高潮。这无疑给地球资源带来沉重的压力。随着经济的发展，自然资源的存量急剧下降，致使目前可供开采的资源无法满足经济发展的需要。减量化原则的提出能够节约资源，减少消耗，有利于实现循环经济。

（2）再利用原则

循环经济的第二个原则是再利用原则（reuse）。顾名思义，这一原则要求对使用过的物品或者产品进行再次或多次使用，通过再利用减少垃圾或者废弃物的产生。具体而言，企业如果在生产设计阶段就对企业生产的产品进行标准化设计，那么将有利于实现产品的反复利用，从而减少废弃物的产生。例如，电路元件的生产企业将电路元件进行标准化设计，使其能够在电视、计算机以及其他电子产品中通用，那么当其中一个产品毁坏，其中的电路元件还可以安装到其他产品上，从而实现该电路元件的循环再利用，不仅减少了废弃物的产生，还能节约生产新元件的资源。

（3）资源化原则

循环经济的第三个原则是资源化原则（resource）。这一原则要求对废弃物质进行再加工后使其成为再生资源，并重新进入市场和生产过程，从而减少资源消耗和环境污染。通常的方法是将固体废弃物进行筛选、粉碎，这样既可以使其成为生产中的原料，又能缓解垃圾填埋或焚烧的压力。对污水进行除污处理，实现中水回用、变废为宝。

一般可以通过以下两个途径进行资源化：

第一，原级资源化，是指将消费者丢弃的物质经过处理后形成与原物质相同的新产品。采用这种途径进行资源化的最具有代表性的就是对废纸、废水、废钢铁的处理，将消费者丢弃的废纸、废钢铁进行回收处理，可以再次生成新的可使用的纸和钢铁，另外还可以对废水进行处理，以便再生新水等。

第二，次级资源化，是与原级资源化相对应的，是指将废物进行处理后，生产出与原来性质不同的产品或原料之后再利用。

（4）再生化原则

循环经济的第四个原则是再生化原则（reproduce），是指对原有的资源和环境进行投资，使其重新生长或者更新，能够继续为人类所用。这个原则既适用于可再生资源，也适用于不可再生资源。一方面，对于可再生资源来说，在对其进行开发的同时，要注意扩大投资进行维护，以为其再生提供良好的条件，从而确保可再生资源的良性循环；另一方面，对于不可再生资源来说，要增加替代资源的研究和开发，用新能源替代旧的不可再生的能源，从而解决一些不可再生资源目前消耗殆尽的困境。除此之外，对环境进行美化和人工维护也属于是再生化原则的体现。

（二）我国循环经济发展中存在的问题

虽然循环经济的一系列措施使得实践已经初见成果，但中国的循环经济发展从总体上看仍然处于起步阶段。与发达国家相比，中国的循环经济发展还存在以下几个方面的问题：

1. 政策方面存在的问题

在循环经济的发展过程中，政策的指导和规范是必不可少的，但是还存在以下问题：

（1）缺乏有效的激励机制和约束机制

由于循环经济所具有的外部性，在循环经济的发展过程中极容易产生悲剧，因此生产者责任延伸制度、垃圾分类处理回收制度、排污费制度等都是应对市场失灵的重要措施。这些措施在推动循环经济发展，实现资源再循环利用等方面发挥着重要的基础性作用，而这些措施均需要依靠政府的相应宏观调控政策和政策激励措施，才能使循环经济相关产业在市场机制下得以健康发展。

（2）目前的税收制度不利于促进循环经济发展

在我国，主要税种增值税是指按企业增值的比例缴纳税收。而且，我国的资源税普遍较低，造成资源价格偏低，不利于激励企业节约和循环利用资源。

（3）发展循环经济的法律法规体系不完善

循环经济政策是由一系列政策组成的一个政策性框架，包括经济政策、技术政策、资源环境政策、法律政策等。我国虽有一些相关政策，但不完整。大多数相关政策是独立的部门政策，而不是相互配合、相互支撑的，没有形成发展循环经济的法律法规体系，政策效率低下。目前，涉及循环利用资源的政策和法规主要体现在环保法律和法规之中。国家主流宏观经济调控政策还没有把发展循环经济作为基本内容。另外，在循环经济法律法规体系的制定与实施过程中，更多地照顾了部门的利益，而没有邀请更多的利益相关方参与讨论意见，也没有建立起与循环经济法律法规体系相配套的实施评估机制。

2. 实施方面存在的问题

（1）企业缺乏足够的资金

发展循环经济需要企业进行多方面的投入，不仅包括设备上的投入，还包括技术方面的投入。然而，循环经济具有其特殊性，属于见效慢、成本高的经济形态。对于生产者来说，要发展循环经济，长期稳定的资金投入是关键也是困难所在。资金回收过程比较漫长，所以，许多企业可能会为了短期盈利而不愿加大对循环经济的投资。从循环经济实施和推广的角度来说，资源使用的低成本支撑了企业按照传统模式发展的业绩增长，发展循环经济的高成本则给地方政府和企业带来了负激励。另外，发展循环经济的前期还需要比较多的资金，高成本导致企业缺乏足够的资金，进一步阻碍了循环经济的发展。

（2）企业技术水平低

发展循环经济一方面要求节约资源，提高资源综合利用率；另一方面要减少工业废弃物的排放，降低环境污染，这些都需要技术作为支撑。而且，循环经济的减量化、再循环、再利用各个环节也存在诸多的技术问题。技术水平低及其发展循环经济的技术装备问题成为发展循环经济的重要瓶颈。没有经济适用技术的突破，发展循环经济的措施只能是纸上谈兵。

（3）实施层次不高

目前来看，我国的循环经济主要在企业内部实施，主要以清洁生产为主，围绕环境治理和企业内部资源循环利用展开。循环经济城市和循环型社会发展模式主要还是依靠由市场自发形成的广泛的垃圾回收处理网络，主要包括分散的城市农民工垃圾收集者和城市个体垃圾集散站等，这一垃圾回收处理网络只是对利用价值较高且处理起来简单的垃圾和废弃物进行收集，处理后再利用。而对于大部分利用价值不高、需要深度加工处理的生活垃圾和废弃物，目前仍然没有形成生活垃圾和废弃物循环利用网络，主要采取直接填埋的方式向大自然排放。过量的生活垃圾和废弃物以填埋的方式处理，造成了对自然环境极大的破坏。

二、绿色能源

（一）绿色能源的含义与种类

人类生存和发展都离不开能源，纵观人类社会发展史，能源为人类发展提供了物质基础。可以说人类每一次对能源的改进和发掘，都标志着人类文明的进步。人们通过对能源的开发和利用不断地推动经济的发展。经过长期的消耗，能源已经面临枯竭，能源短缺必然影响经济发展。在全球化石能源日益枯竭的背景下，绿色能源应运而生。

绿色能源又称为"清洁能源"，对其含义的分析，可以从广义和狭义两个方面进行。具体来讲，狭义的清洁能源其实就是指可再生能源，例如，水能、太阳能、地热能、生物能、风能和海洋能等都是属于消耗之后能够恢复的能源，而且在消耗过程中很少产生污染。

广义的绿色能源主要包含两个方面的含义：

第一，绿色能源通过现代技术对风能、太阳能等干净、无污染的新能源进行开发。

第二，绿色能源利用现代技术将城市中的垃圾等废弃物中蕴藏的能源开发出来，从而化害为利。由于绿色能源是从城市废弃物中开发能源，因此在开发过程中要结合城市环境改善进行，与此同时，还要大力普及自动化控制技术和设备，以提高能源的利用率。

1. 风能

风是世界上普遍存在的一种自然现象，它是由太阳辐射热引起的。太阳照射到地球表面，地球表面因受热不同就会产生温差，冷热空气发生上升或下降，引起大气对流运动，就会产生风。因此，风能是取之不尽、用之不竭的，最重要的是风能的总量是十分可观的，全球的风能约为 2.74×10^9 兆瓦，其中可利用的风能为 2×10^7 兆瓦，这样大的储量甚至比地球上的水能总量还要大 10 倍。

风能不仅有着巨大储量还属于无污染的可再生能源，因此具有巨大的发展潜力，特别是在一些风能比较发达的地区，如沿海岛屿、草原牧场、边远山区等远离电网或者电网难以到达的地方，利用风能作为生活能源不失为一种可靠的途径。我国目前可开发风能位居世界首位，陆上风能可达 2.5 万亿千瓦，近海约 8 亿千瓦。由于我国风能储量高，再加上风能的开发又具有一定的成本优势，因此，我国政府非常重视并大力支持风电行业。

2. 太阳能

太阳光的辐射能量称为太阳能。对太阳能的开发，在现代一般用作发电。可以说，地球形成之后，地球上的生物之所以能够生存就是依靠太阳提供的热和光。人们在古时候就知道利用太阳晒干衣物和食物，并且知道将太阳晒干作为储存食物的方法，如晒咸鱼干等。随着经济发展，化石燃料日益减少甚至面临枯竭，人们开始探索让太阳能进一步发展，代替化石燃料提供能量。太阳能可以说是地球上许多能量的来源，比如风能、水能等都来自太阳能。

太阳能具有很多优点，主要包括：一是数量庞大；二是每天无限量供应；三是具有特殊性，既是一次能源，又是可再生能源；四是免费使用，无须运输，成本低；五是对环境无任何污染。

太阳能的使用为人类创造了一种新的生活状态，比如太阳能蓄电池、太阳能热水器等，不仅方便了人们的生活，也为人们的日常生活降低了成本。随着太阳能的大力推广，人们进入了一个节约能源、减少污染的时代。

太阳能是一种新兴的可再生能源，太阳能发电分为太阳能热发电和太阳能光伏发电。太阳能热发电是通过收集太阳能，用水或是低沸点流体直接或是间接产生的蒸汽驱动汽轮发电机。太阳能发电的主要优点是：太阳能电池可以设置在房顶等平时不使用的空间，无噪音、寿命长，而且一旦设置完毕就几乎不再需要调整。现在只要将屋顶上排满太阳能电池，就可以实现家中用电的自给。如今太阳能的主要用途已不再是小规模的，从性质上来说是专业化的。它在军事领域、通信领域到城市建设领域等都起到了重大的作用。目前，太阳能的利用存在着巨大的发展空间，有关的技术有可能在短时间内实现突破。太阳能已被许多发达国家作为其能源战略的一个重要组成部分。

3. 生物质能

生物质能来自太阳能，它实际上是太阳能以化学能形式储存在生物中的，是一种以生物质为载体的能量形式。组成生物质能的是各种有机体，这些有机体是在光合作用下产生的。生物质能除了包括自然界所有的动植物之外，还包括所有的微生物。生物质能是人们发现的地球上继石油、煤炭、天然气之后的第四大能源，具有其他可再生能源所不具有的一些特点。例如，它是太阳能在经过生物质储存后的另外一种能源形式，是可再生的碳源。它既可以转化成固态燃料，也可以转化为液态燃料，还可以转化为气态燃料。

生物质能由于清洁、无污染、可再生而备受青睐。开发利用生物质能源已成为世界能源可持续发展战略的重要组成部分。以燃料乙醇为代表的生物质液体燃料产业开始于20世纪90年代，2000年以后进入快速发展时期，经过几年的试点和推广使用，乙醇汽油与柴油在生产、混配、储运和销售等方面已拥有较成熟的技术。生物柴油是可再生能源，对经济可持续发展、保护环境有重要的意义。

4. 海洋能

海洋能是一种可再生能源，它依附于海水，是指海洋通过各种物理过程对能量进行吸收、储存和散发。这些能量在海洋中的存在形式很丰富，比如波浪、潮汐、温度差等。

（1）波浪能

海洋中的波浪主要是风浪，而风的能量来自太阳，所以说波浪能是一种很好的可再生能源。另外，世界能源委员会（WEC）的调查结果显示：全球可利用的波浪能达20亿千瓦，数量相当可观。同时，波浪能具有的优点也保证了其具有良好的可开发性。

波浪能是一种机械能，是海洋能中质量最好的能源，同时其能量转化装置相对简单。尽管波浪能的能流密度偏低，但蕴藏量大。如太平洋、大西洋东岸中纬度 30°～40° 区域，波浪能可达 30～70 千瓦/米，某些地方甚至高达 100 千瓦/米，可以保证可开发利用能源的总量。冬季可利用的波浪能最大，可以有效缓解该季节能耗巨大的问题。波浪能是海洋中分布最广的可再生能源，因此波浪能可以成为海上偏远地区的能量来源。

（2）潮汐能

海洋中的潮汐能是在涨潮、落潮的过程中，随着汹涌而来的海水而产生的，蕴藏着巨大的能量。具体来讲，当涨潮的时候，海水汹涌而来并产生动能，随着海水水位的不断升高，海水巨大的动能便被转化为势能；当落潮的时候，海水奔腾而去，使海水水位降低，势能转化为动能。如此反复就形成了巨大的潮汐能。世界上的潮差值大的可达 13～15 米，而通常情况下只要平均潮差值大于 3 米就有实际应用价值。

潮汐很复杂，不同的地区有不同的潮汐系统。虽然能量都是来自深海的潮波，但不同地区的潮汐有着各自的特点，而各地区都可以对潮汐进行准确的预报。

人们目前对潮汐能的利用主要是发电。因此，潮汐电站在选址时通常选择经常出现大潮的地方，并且该地适合建造潮汐电站。因为只有大潮，能量才会集中，也才能提供足够的能量来发电。尽管潮汐电站的选址条件比较苛刻，但是目前各国已经选定并建造了大量的潮汐电站。

（3）海水温差能

顾名思义，海水温差能就是由于表层海水和深层海水之间的温度差异而产生的一种能量。海水温差能是海洋能中一种重要的形式。海水温差能的产生过程为：第一，太阳照射到海面上，太阳辐射能使海洋表面的温度升高，这是因为海洋表面可以把太阳辐射能转化为热水储存在海洋表层。第二，接近冰点的海水大面积地在不到 1000 米的深度从极地缓慢地流向赤道。这样，就在许多热带或亚热带海域形成终年 20℃以上的垂直海水温差。人们利用这一温差可以实现热力循环并发电。

5. 地热能

地热能是来自地球深部的热能，也是一种可再生能源，来源于地球的熔融岩浆和放射性物质的衰变。地热能的存储量远比人们所利用的总量大得多，其分布也有一定规律，主要分布在构造板块的边缘，也就是火山和地震多发区。地热能在用完之后是可以自行补充的，如果开发的速度不超过其自行补充的速度，那么就可以说地热能是可再生的，属于可再生能源。人们目前对地热能的利用主要分为直接利用和地热发电两种。具体来讲，地热发电实际上就是通过对地热能的开发，使用其所产生的蒸汽动力进行发电。全世界地热资源存量庞大，目前的应用还没有开发出地热能的巨大潜力。

6. 氢能

氢能本质上属于二次能源，是人们运用一定的技术，经过一定的过程，从其他能源中制取出来的，而不像煤、石油和天然气等能源是直接开采出来的。一般的可再生能源虽然有恢复能力，但是其恢复需要的时间非常长，而氢能是被制取出来的能源，因此氢能的使用有望缓解能源危机。

在自然界中，氢和氧结合成水，必须用热分解或电分解的方法把氢从水中分离出来。燃料电池就是利用氢与氧的电化学反应产生电与水，用以发电，较传统方式更有效率。商品化后，这样的发电系统很适合一般家庭使用，其副产品所产生的水的温度为40℃～60℃，相当适合家庭洗澡和厨房利用。

因为氢可以经过热分解或电分解从水中分离出来，所以有人想到利用煤、石油和天然气等作为燃料进行氢的分离，而事实上这种做法是不可取的，虽然制取了氢，但是同时也消耗了煤、石油和天然气等能源，得不偿失。目前普遍采用太阳能来制氢，经过这一过程，比较分散的太阳能转化成了高度集中的清洁能源——氢能。

7. 核能

核能又称为"原子能"，是通过核反应从原子核释放的能量，符合阿尔伯特·爱因斯坦（Albert Einstein）的方程 $E=mc^2$；其中 E=能量，m=质量，c=光速常量。

核裂变、核聚变、核衰变是核能的三种核反应，核能就是通过三种核反应释放的。核能目前也是主要用来发电。

（1）核能发电的优点

第一，核能属于清洁能源。其他化石燃料在燃烧后会排放大量的废弃有害物质到大气中；而核能在使用后不会向大气中排放任何污染物质，因此核能发电不会造成大气污染。

第二，其他燃料如煤、石油、天然气等燃烧后会产生大量的二氧化碳，增加温室效应；而核能在使用后不会向大气中排放二氧化碳，有助于遏制温室效应。

第三，核能发电所使用的铀燃料，除了发电外，没有其他的用途。

第四，核燃料能量密度要高出其他化石燃料数百万倍，因此核电厂的燃料体积很小，运输和存储都很方便。

第五，利用核能发电时，所用的燃料的费用比较低，核能发电的成本受国际经济的影响较小，因此核能发电是一种比较稳定的发电方式。

（2）核能发电的缺点

第一，在利用核能进行发电的过程中，会产生一些高低阶放射性废料，废料虽然体积不大，但是具有放射性，因此要慎重处理。

第二，核能发电厂的热效率比较低，在发电过程中，会向大气中排放更多的废热，而且核能在利用中排放的废热远高于其他化石燃料，因此核能发电厂产生的热污染较严重。

第三，建造一座核能发电厂的成本是巨大的，一般的电力公司无法承担，就算大的电力公司能够承担，其所要承受的财务风险也是较高的。

第四，核能电厂较不适宜做尖峰、离峰的随载运转。

第五，由于核电站在发电过程中会释放一些具有放射性的废料，因此核电厂的兴建具有很大的政治困扰，甚至可能引发政治歧见纷争。

第六，核电厂发电是靠核燃料在反应器中反应并释放核能而实现的，因此在核电厂的反应器中存有大量的放射性物质。如果一旦处理不慎，这些放射性物质被释放到外界，则将会给民众和自然生态造成巨大的伤害。

（二）我国绿色能源的发展

能源专家认为，中国在发展绿色能源的时候，应根据本国能源现状实现多元发展。中国主要需要发展三种绿色能源：一是节约能源、提高能源效率、零污染的绿色能源；二是发展可再生能源、核能等新型绿色能源；三是推进煤的洁净化技术，使煤这个黑色能源绿色化。

根据我国的中长期发展规划，能源发展的结构思路是"煤为基础、多元发展"。在中国的能源结构中，煤炭是主体。因此，在倡导环保和节能减排的前提下，实现清洁煤的发展是必由之路。与此同时，大力发展天然气也是我国在改善能源结构方面必须要做的。

我国"十一五"规划纲要明确提出，建设资源节约型、环境友好型社会，推进经济结构调整，转变增长方式的理念。我国能源结构不断优化升级，呈现煤炭、电力等传统能源清洁化，水电、核电等清洁能源规模化的喜人形势。

我国还建立了绿色能源示范县，它是指经国家能源局、财政部和农业农村部共同认定，以开发利用绿色能源为主要方式解决或改善农村生活用能的县（市）。绿色能源示范县开发利用的绿色能源主要是生物质能。

三、绿色工程

（一）绿色工程的定义

绿色工程是指在现代化建设的工程从开始到结束的整个过程中不仅要充分考

虑环境影响，还要注重资源的利用效率，从而使工程建设过程中环境破坏降到最低甚至为零污染，资源利用高效以达到资源节约的目的。绿色工程的目标是工程在实施过程中做到环境污染极小，资源利用率极高。值得注意事的是，绿色工程在建设中不仅要考虑环境的负面影响和资源的利用率，还要将工程的社会效益与经济效益协调优化。绿色工程要求企业在追求经济效益时必须坚持可持续发展原则，并且还要在坚持可持续发展原则的基础上寻求优化。绿色工程不是单纯针对工程中的部分环节，而是要覆盖整个工程建设的所有环节。具体来讲，从工程最开始的设计、选址到工程实施中的选材、内部装修设计、选材与施工，再到上下水系统、通风采暖系统、能源系统的设计与施工，甚至到最终用户的使用和维修等都要考虑，都要符合绿色环保的要求。

（二）绿色工程实施的必要条件

1. 理论支持

用来支撑绿色工程的理论包括可持续发展理论、循环经济理论、系统科学理论。实际上，可以将绿色工程看作可持续发展战略在工程建筑中的体现。关于绿色工程的理论支持，现分析如下：

（1）可持续发展理论

绿色工程主张利用先进的技术将"绿色"概念引入到工程中，这里的"绿色"不单单是干净、无污染的意思，还包括资源的节约和资源结构的优化。因此，绿色经济追求的是经济发展与自然环境资源协调发展，注重环境保护和资源合理利用，体现可持续发展的内涵。

（2）循环经济理论

绿色工程本身就是围绕着循环经济的理念展开的，因此需要循环经济理论的支持。

（3）系统科学理论

系统科学理论就是以系统及其机理为对象，研究系统的类型、一般性质和运动规律的科学。系统科学理论是一个综合的理论，包含了系统论、信息论和控制论等基础理论、系统工程等应用学科以及近年来发展起来的自组织理论。它要求从要素之间、要素与系统、系统与系统、系统与环境之间的相互关系去把握客观的对象，去思考和解决问题，要求人们具有整体观点、动态观点、择优观点，以达到优化思维的目的。可见，绿色工程离不开理论的指导。

2. 社会支持

（1）法律和行政的支持

通常情况下，一个国家绿色工程的实施是通过该国家的立法、政令或者其他形式来规定的。由于绿色工程是一个长期复杂的过程，覆盖工程的所有环节，因此，要有一定的规范性的条文对绿色工程进行约束，确定相关的法律法规，有法可依、有章可循是实施绿色工程的保障。目前来看，与绿色工程确立相关的法律法规还不是很完善，不能为绿色工程的实施提供有力的支持。因此，应该加强这方面的立法。只有有了强有力的法律作为依据，再在环境保护或者其他行政主管部门制定的方法和原则的指导下，绿色工程才能顺利实施。

（2）公众参与的支持

战略决策本身就具有影响广泛的特点。绿色工程在实施过程中，要注意公众的参与，征求公众的意见，同时建立由不同专业、不同部门的专家、学者组成的专家系统对评价过程进行完善。除此之外，社会还需要设立专门机构对规划和绿色工程认证的人员进行技术培训，使他们熟悉进行绿色工程的理论和方法。这样，他们在认证某项重大绿色工程计划或战略时，就更具有前瞻性和科学性。

3. 技术支持

（1）绿色设计技术

绿色设计是指在对工程的全过程和各个生命周期进行设计时，不仅要考虑工程的功能、质量等基本属性，还要考虑其实施过程中的环境属性，例如通过优化相关设计因素，从而使得工程的建设过程中对环境的危害降到极低，甚至为零；并且提高资源的利用率，减少资源消耗，达到资源节约的目的。

绿色设计的特点包括：

第一，工程的设计力求更充分地利用资源，提高资源的利用率。

第二，工程的整个生命周期都不损害人体的健康和自然生态环境，否则该工程应该被给予限制甚至被淘汰。

第三，在设计过程中，注意对工程规模的控制，要把握好工程规模，以资源利用率最高、污染物排放最少、经济效益最高为宜。

（2）绿色材料选择技术

绿色材料又称为"环境协调性材料"。之所以称其为"环境协调性材料"，是因为绿色材料的选用能够使资源和能源的消耗少，对环境污染小且能够循环再生。绿色材料选择技术是一个兼具系统性和综合性的复杂问题，主要体现在以下方面：

第一，绿色材料实际上到现在都没有一个明确的界定，因此对其进行选择存在一定的难度。

第二，在选用材料方面，不能仅考虑其是否具有绿色性，还要考虑选择的材料是否符合工程在功能、质量、成本等方面的要求。因此，这些要求为选择绿色材料增添了复杂性。

正因为绿色材料的选择技术存在系统性和复杂性，为绿色材料的选择增加了一定的难度，所以在绿色材料的选择过程中，应遵循以下几点原则：

第一，尽量选用回收材料或者资源丰富的可再生材料，并且在设计的时候采用节材的结构。

第二，在选用材料的时候，将低能耗、少污染的材料作为首选。

第三，有些危险材料会使生产过程的危险性增加，因此在选用材料的时候，要选用安全且环境兼容性好的材料，不要选用有毒或者有辐射性的材料。

第四，选用的所有材料都应该符合再利用、再回收、再制造的原则，并且易于降解，不会给环境带来压力。

（3）绿色生产工艺规划技术

绿色生产工艺规划就是从工程的实际情况出发，为工程的实施选择一条既适合该工程，又能体现可持续发展观的工艺路线。首先，该工艺路线对物料的要求主要包括：环境污染小，能源消耗小，产生的废物少且毒性小。其次，该工艺路线对生产工艺也有一定要求：注意改革生产流程，使第一道工序中工具及能源的利用率得到最大程度的提高，在生产过程中有效地利用输入的工具和能量，从而使生产过程中的能源浪费和污染物排放大大降低。最后，该工艺路线还要求在生产过程中向自然界排放的废弃物要无毒并且能够被微生物分解。以上便是绿色生产工艺规划中所要注意的地方，利用绿色生产工艺规划技术为工程的实施设计一条资源利用率好、污染小的工艺路线，是实施绿色工程的一个重要的条件。

（三）绿色工程的原则

绿色工程的原则主要包括以下十二项：

第一，努力保证使进出的所有材料都基本上是无害的。

第二，污染预防取代末端处理。

第三，应尽量使分离和纯化操作少用能源和材料。

第四，最大程度提高效率，设计产品、流程和系统应最大限度使用物质、能源、空间和时间效率。

第五，产出拉动型而不是投入推动型生产，例如不额外投入材料、热量。

第六，保存复杂性，设计师宁愿考虑处置高度复杂的产品，如硅计算机芯片，而不是循环利用一般产品。

第七，设计目标要考虑耐用性。

第八，设计时避免不必要的产能或容量。

第九，在多组分产品中尽量少使用材料品种。

第十，设计产品、流程和系统时必须整体考虑能源和材料物流。

第十一，设计产品、流程和系统时要考虑产品使用期后的运作。

第十二，投入的材料和能源最好是可再生的。

四、绿色运输

（一）绿色运输的含义

随着经济的发展，作为经济活动的一部分，物流活动同样面临环境问题，如运输工具的噪音、污染气体的排放、交通阻塞、交通事故，以及生产和生活中的废弃物的不当处理等，其中运输对环境的影响最为严重。运输是物流活动的一个重要环节，在物流业迅速发展的今天，为了社会、经济的可持续发展，为了物流业自身的可持续发展，建立绿色低碳运输体系显得尤为重要与迫切。

绿色运输实际上就是站在环境的角度对运输体系进行的改进，从而在运输系统中体现绿色环保、资源节约，并形成一个与环境协调发展的运输系统。因此，绿色运输的实现一方面要求在运输过程中不能对环境造成破坏，并采取相关措施实现运输环境的净化；另一方面要求在运输过程中避免资源浪费，使资源得到充分利用。

（二）传统运输对环境的影响

1. 运输工具对环境的影响

运输对环境的影响首先表现在运输工具对环境的影响上，运输工具（如汽车、火车、轮船等）虽然为商品的流通带来了便利，为社会发展做出巨大贡献，但是在运输过程中也使得环境受到污染。这些运输工具会向自然界排放废弃物，造成大气污染，另外，机器在运行中还会造成噪声污染。

（1）大气污染

运输工具对大气的污染主要体现在尾气的排放方面，汽车等运输工具在运行过程中燃烧汽油等燃料后会向大气中排放废气，而废气中包含很多成分，如一氧化碳、氢氧化物、铅氧化物、未充分燃烧的碳氢化合物，以及浮游性尘埃是大气污染的主要来源。

（2）噪声污染

运输工具造成的噪声污染的来源是多方面的。运输工具在运行过程中，由于机器运作会产生各种声音，如果这些声音达到干扰人们休息、学习、工作的程度，就会造成噪声污染，主要包括发动机运行发出的声音、车辆喇叭的声音、汽车排气的声音等。另外，在工程建设中，无论是施工机械还是运送施工材料的机器，所发出的声音都会对附近学校和居民区造成影响，形成噪声污染。从医学角度来看，大量的噪声会给人带来全身性的危害，既可以影响听觉系统，也可以影响非听觉系统。除此之外，噪声还可能影响施工现场工人的语言交流，增加事故发生率等。因此，交通运输工具引起的噪声污染不可忽视。

2. 运输物质对环境的污染

运输是为了满足人们生产、生活的需要，随着社会经济的发展，运输物质的种类越来越丰富，除了运输一些普通的无害的物质外，有时候还会运输一些有害的物质。当然，普通的物质对环境的污染相对较小，但有害、有毒的物质在运输过程中存在泄露的可能性，一旦泄露就将给环境造成大的污染和危害，不容忽视。比如，酸性液体在运输过程中，一旦泄露不仅会对环境造成污染，还会腐蚀基础设施。除了陆路运输，目前水上运输也很普遍。一旦大型油轮发生泄露，就将给水体带来灾难性的后果。

3. 运输功能的资源代价

除了运输工具和运输物质给环境带来的危害，在运输系统中还有一个对环境的影响不容忽视，那就是运输过程中的资源代价。这里说的资源不仅包括运输中所使用的自然资源，还包括人力资源和资本资源。具体来说，为了方便运输，建造的公路、铁路占用了相当多的土地资源，特别是高速公路和铁路的占地数量更是巨大，有的区域甚至占据了大量耕地或者有经济价值的土地资源。另外，运输中的司机、装卸工人和调度人员等都是投入的人力资源。传统运输工具需要能源的支持才能运行，能源的使用是对自然资源的消耗，另外购买能源需要大量的资本资源。

（三）如何实现绿色运输

传统的运输方式给资源和环境都会带来不小的压力，在可持续发展战略下，运输系统要走资源利用少、污染小的的可持续发展道路。在这样的背景下，绿色运输应运而生。

绿色运输完美地体现了可持续发展观，具有以下优点：

第一，它可以提高运输效率、节约资源。

第二，它可以减少环境污染、优化人类生存环境。

第三，它可以降低物流成本。

第四，运输效率的提高、环境污染的减少，也能够使相关企业树立良好的公众形象，扩大知名度和影响力。

既然绿色运输有这么多的优点，那么企业应该如何实现绿色运输呢？实际上，绿色运输的实施除了企业自身的努力外，还要有政府的法规和政策的支持。

1. 政府层面

（1）加强绿色低碳运输的宣传力度

政府可以通过召开物流、运输企业研讨会等向辖区内的企业倡导绿色低碳运输。

（2）加强相关法制建设

近年来，随着经济的发展，交通运输工具的数量每年呈激增的态势，面对交通运输工具给环境带来的伤害，政府要强化交通运输管理，完善相关法律法规，以行之有效的法律和强有力的行政管理来对交通运输工具进行控制。具体来讲，政府可以针对交通运输工具排放尾气的事项制定相关法律，做出严格的规定。

（3）加强公路系统的合理规划

随着科技的进步，社会已经进入智能化时代，政府应对全国公路系统做合理规划，加快智能公路系统的建设。

2. 企业层面

（1）开展共同配送

共同配送，顾名思义就是多个企业联合起来由一个物流公司对货物进行配送。这种方式一方面提高了资源的利用效率，包括人员、资金、时间等，从而实现了经济效益最大化；另一方面，避免了大量不必要的交错运输，既可以缓解交通，又可以保护环境。

（2）发展第三方物流

除了供方和需方之外的第三方物流企业，对供需双方的货物进行运输。第三方物流由于是跳出供需双方之外的第三方企业，因此能够从更高且更广泛的角度考虑运输中的合理化问题，从而使配送环节更加简化，运输线路和方式更加合理，节省人力、财力。第三方物流能够最大限度地对物流资源进行合理的配置，从而避免了大量人力、物力的浪费，减轻了企业的负担，降低了城市污染问题。

（3）采取复合一贯制运输

复合一贯制运输就是指在运输过程中不仅仅采取一种运输方式，而是通过合理规划，坚持运输成本最低化、运输效率最高化的原则，采用多种交通运输方式。具体来讲，日常生活中常见的运输工具包括火车、汽车、船舶、飞机等，复合一贯制运输要求合理地利用这些交通工具的长处，将这些长处结合起来，制定一种高效、低投入的运输方式。

复合一贯制运输方式具有以下优势：

第一，克服了单一运输方式固有的缺陷，如容易受天气条件的影响。

第二，从物流的渠道来看，复合一贯制运输能够有效解决由于地理、气候等造成的商品在产销空间、时间上的分离等问题。

五、绿色旅游

（一）绿色旅游的起源与定义

1. 绿色旅游的起源

历史上，绿色旅游源于封建贵族享受的田园度假。实际上，农村旅游在社会上以休假行为出现是在18世纪后半期。在两次世界大战之后，绿色旅游才发展成为主要的旅游形态之一。20世纪60年代以后，西方工业化进程的加快和世界经济的高速发展导致了资源的掠夺性开发和无节制耗费，砍伐森林、破坏草原、水土流失、沙漠化等生态问题越来越突出，环境污染、人口剧增、交通堵塞的状况激发了人们对绿色旅游的追求，回归大自然成为时代的心声。都市人群开始向往返璞归真的田园生活，到清新恬静的田园乡村度假，亲近自然、呼吸新鲜空气，放松身心，绿色旅游应运而生。

2. 绿色旅游的定义

"绿色旅游"一词自20世纪80年代就已传入我国，但目前还没有明确、统一的定义。学者对绿色旅游的定义可谓仁者见仁、智者见智，其中具有代表性的观点有以下几种：

第一，将"绿色旅游"分为广义和狭义两种概念，广义的绿色旅游是指具有亲近环境或环保的各类旅游产品和服务。狭义的绿色旅游是指农村旅游，即发生在农村、山区和渔村的旅游活动。

第二，绿色旅游即生态旅游，主要是指受人干扰较少的自然遗产或能体现人地关系较协调的民族文化遗产。绿色旅游的内涵就是让游客在良好的生态环境中旅行、休憩和疗养，同时在此过程中增强环保意识。

第三，绿色旅游包括旅游者、饭店、景点管理者、旅行社和导游在内的旅游参与者。在整个旅游过程中，各个环节都必须尊重自然、保护环境，以保证旅游资源和社区经济的可持续发展，并且让游客在良好的绿色环境中获得欣赏美景、享受生活、探究自然与地方文化的体验。这种观点涉及所有的旅游参与者。旅游对象不仅仅限定于自然环境，还包括文化资源，既重视旅游全过程中对自然、环境、文化的保护，也考虑了游客的旅游体验和社区经济发展，充分体现了全面、持续和协调的科学实践发展观。

由此可见，绿色旅游有别于传统的旅游类型。作为一种新型的旅游形态，它不仅具有观光、度假和休养的功能，还具有科学考察、探险和科普教育等多重功能，使得旅游蕴涵的内在功能更加丰富，作用也不断提升。对旅游者来说，绿色旅游不仅是享受和娱乐，同时还增加了旅游者与自然亲近的机会，深化了人们对生活的理解。

（二）我国绿色旅游的发展

绿色旅游在我国起步较晚，但是，随着我国加入世界贸易组织，我国旅游业及相关行业加速与国际接轨；可持续发展正在成为当今时代发展的主题，各个国家都大力倡导保护环境、节约能源以实现可持续发展；随着2008年"绿色奥运"效应的逐渐显现、国民环保意识的增强，受国际旅游发展的影响，绿色旅游也正在中国开始流行。

改革开放以来，我国旅游业持续快速发展，从无到有，从小到大，产业形象日益鲜明，产业规模不断壮大，成为国民经济中发展速度最快的行业之一。中国凭借得天独厚的条件实现了由旅游资源大国向亚洲旅游大国的历史性跨越。旅游生产力得到全面、快速的发展，旅游业已成为中国国民经济新的增长点。但是，与此同时，旅游资源和环境也在遭受破坏。随着全球变暖，人们逐渐认识到这种破坏的严重性，于是绿色旅游的实践得以在我国快速展开。

我国的绿色旅游主要以森林公园、自然保护区、野生动物园和生态农业园为依托，由于它顺应了人们回归自然的愿望与需求，全国各地都看好它的发展前景，纷纷对此进行投资。例如开发"农家乐"、增设自然保护区和野生动物园等。湖水资源丰富的区域推出了"湖乡农家乐"，花卉资源丰富的区域推出了"花乡农家乐"，鱼虾资源丰富的区域推出了"渔乡农家乐"，竹林资源丰富的区域推出了

"竹乡农家乐"等。这些"农家乐"旅游商品具有"乡土性""民俗性""参与性""自然性""体验性",形成了不同的风格和特色,满足了旅游者的不同需求。这些努力充分体现了我国对绿色旅游的高度重视,成为我国绿色旅游发展的缩影。

绿色旅游是中国旅游业发展的必然趋势。生态旅游是现代世界上非常流行的旅游方式,尤其是在欧美的发达国家已经发展得非常成熟。近两年来,生态旅游概念被引入中国并逐步推广开来,很多旅游者开始尝试这种新时尚的旅游方式。随着对环境保护的大力宣传,人们关心生存环境、注重生态养生的意识也在不断地增强。走进大森林,回归大自然,到青山绿水中去休闲度假、猎奇览胜、陶冶性情的绿色旅游将追随着生态旅游的热浪冲击,成为人们新的选择。另外,随着绿色营销、绿色消费浪潮的来临,绿色旅游将得到进一步发展。

(三)我国绿色旅游存在的问题

1. 对绿色旅游的理解不充分

绿色旅游的概念是从国外引进的,目前,我国学术界对绿色旅游及其相关概念,如乡村旅游等的理解仍不够充分,还存在分歧,甚至出现了一些错误的认识,如认为绿色旅游严重损坏生态的现象。

2. 对绿色旅游的管理不足

绿色管理主要包括绿色文化管理、绿色服务管理、绿色社区管理、绿色消费管理等方面。以前,国内旅游景点并不对游客量进行限制,而是来者不拒,大量游客涌入超过其承载力,从而给资源本身造成致命的破坏。现在,一些旅游景点虽然对客流量提出了限制,但在实施方面还不是很到位。

3. 绿色旅游游客素质有待提高

虽然人们的环保意识增强,但是人们在旅游的同时不自觉地就会对大自然造成破坏,如随意丢弃难以降解的废弃物、采摘花木、驱赶恐吓动物等。人们尚未形成对景区负责、对后代负责的旅游观。

(四)我国发展绿色旅游的措施

1. 实施绿色标准

《绿色环球21国际生态旅游标准》是目前全球旅行旅游业公认的可持续旅游标准体系,于1994年由世界旅游业理事会(WTTC)正式创立。实施《绿色环球21国际生态旅游标准》是为了增强旅游组织对环境和社会的责任感,以及让观众了解该组织对环境与社会和谐发展的承诺。自1999年起,《绿色环球21

国际生态旅游标准》体系开始建立运作，成为国际绿色环球21基金会的一部分。到目前为止，全球已有超过2000家企业开展了《绿色环球21国际生态旅游标准》认证，中国有九寨沟国家级自然保护区、黄龙风景名胜区、吉林长白山国家森林公园、长青国家级自然保护区、三星堆博物馆、蜀南竹海风景区、北京蟹岛绿色生态度假村、北京王府井大饭店、浙江世贸中心大饭店等。中国国家环境保护总局和绿色环球21组织于2002年10月15日签订了在中国推行绿色环球21可持续旅游标准体系的合作协议。

我国需广泛推行绿色标准，从而规范企业，达到减少温室气体排放、减少水体污染、减少固体废弃物、节约能源、节约原材料、实现资源的再生利用和循环利用的目的，进而保护环境，提升国际竞争力。

2. 进行绿色开发

绿色开发是指对旅游资源的开发利用，是旅游业可持续发展的基础保证。绿色开发强调旅游业发展要从追求规模转向追求效益。对旅游资源进行深度发展，加大旅游资源开发利用的文化含量，延长游客在旅游景区（点）的停留时间，变资源消耗型开发为内涵拓展型开发。绿色开发还强调要将经济效益、社会效益和环境效益统一起来。

绿色开发还要求广泛利用社会资源，把一些看来没有用的社会资源通过旅游的组合形成有效资源。通过旅游发展提高有效的社会资源的附加值，如工业旅游，原本是废弃的厂房、废弃的设备，通过展览再现或流程模拟等手段，变废为宝，成为旅游产品中的时尚品种。科教旅游、文化旅游和体育旅游等都是对社会资源的广泛利用。这些创新性事物的形成，使整个社会资源在旅游发展过程中得到了充分凝聚。

3. 开发和生产绿色旅游产品

绿色旅游产品主要是指旅游企业所提供的各项满足旅游者绿色旅游活动的有形旅游商品或无形的旅游服务。绿色旅游产品除了具有一般旅游产品的属性和功能外，还必须具备改进生态环境条件的功能。

生产绿色产品要形成绿色景区体系、生态旅游产品体系和企业体系。绿色景区体系强调减少有害气体的排放、净化空气、净化水源，形成良好的旅游环境。生态旅游产品体系强调大力发展森林旅游、滑雪旅游、海洋旅游、沙漠旅游、民俗旅游等注重生态保护的旅游产品，绿色企业体系包括绿色饭店、绿色交通、绿色商店、绿色旅行社和绿色娱乐场所。绿色饭店强调酒店服务和管理的绿色理念，建筑材料和设施设备符合环保要求。绿色交通要求节约并使用无污染的电能，强调提速并使用高速列车、磁悬浮列车和飞机，绿色商店强调出售的商品具有绿色环保标志或达到环保要求，引导消费者进行绿色消费。绿色娱乐场所则强调其装修材料要无害、防火，并且有好的隔音和隔光效果。

4. 开展绿色营销

绿色营销是指以促进可持续发展为目标，为实现经济利益、消费者需求和环境利益的统一，市场主体根据科学性和规范性的原则，通过有目的、有计划地开发及同其他市场主体交换产品价值来满足市场需求的一种管理手段。该定义强调绿色营销的最终目标是可持续性发展，而实现该目标的准则是注重经济利益、消费者需求和环境利益的统一。

开展绿色营销是推行绿色开发和生产绿色旅游产品的深化。绿色营销在开展过程中注重市场主体的有效配合。在开展绿色营销的同时，企业还要大力推行绿色管理与绿色服务，从而获得更多的经济利益，实现经济社会和人类的可持续发展。

第三节　绿色投资与经济发展的关系

绿色投资主要分为对自然资源保护利用的投资和生态环境保护投资。同时，绿色投资还可以具体表现为对绿色企业的投资、对绿色产业的投资、对绿色园区的投资、进行绿色城市打造的投资以及对绿色技术的投资等。

一、绿色投资与绿色经济发展的关系

（一）绿色投资能解决资源匮乏与社会福利需要不断增长的矛盾

过去中国的经济增长主要靠消耗大量资源，资源"瓶颈"和环境约束使得传统的经济增长遇到了障碍，而发展绿色投资可以较好地解决中国的高投资率支持高经济增长率，但经济福利并没有按同样速度增加的问题。以国内生产总值为主要指标的单一投入产出核算体系忽略了生态环境恶化所带来的经济损失和自然资源的耗费，使实际财富并没有增加多少，使得人们所获得的经济福利并不会相应增加多少，反而由于疾病及健康受损使经济福利减少。所以说，经济发展更强调的是伴随着国内生产总值增加各方面是否发生了改善性变化，比如健康的提高和

卫生条件的改善以及政治、经济、文化、教育等各方面的改进，而绿色投资恰恰能实现环境保护和经济发展的"双赢"目标。

（二）绿色投资能够全面促进绿色经济的形成与发展

绿色投资有利于资源使用减量化，减少污染排放，实现可持续发展。

第一，绿色投资过程是绿色资本形成的过程，而不断累积的绿色资本成为可持续发展的基础，最终实现国民经济的绿色化发展。

第二，由于绿色投资同样离不开市场机制和政府职能发挥的共同作用，因此会促进市场的绿色资源配置机制的形成，同时，也有利于引导政府在绿色投资领域的职能发展，从而使整个经济机制体制绿色化，形成绿色经济社会。

第三，绿色投资获得的是绿色收益，投资获取收益是投资的本质，因此绿色投资能够获得绿色收益。

由此可见，绿色投资有利于使投资、生产、产出的各环节以及组织管理机制等各方面都绿色化，有利于实现经济、社会和环境的协调发展。可持续发展要求人们根据可持续性的条件来调整自己的生产方式和生活方式，要求经济和社会发展不超越资源和环境的承载能力，实现人类社会的绿色化发展，其最主要的实现途径就是绿色投资。

（三）绿色投资是实现整个绿色经济战略的重要一环

由于绿色投资就是要投向绿色产业，其中的关键一点就是鼓励使用绿色技术。而先进的科学技术是实现绿色投资的重要组成部分。作为绿色投资的上游环节，投资绿色技术的投入产出比有明显优势。如果把绿色投资比喻为一棵参天大树，那么生态技术就是它的根。在产品设计中，企业要充分考虑减少资源的浪费，保护环境，产品要易于拆卸、分解，零部件等可翻新和重复利用。如果没有先进技术的输入，绿色投资所追求的经济和环境多目标效益从根本上就将难以实现。由此，绿色技术的采用就是要加速科技进步、持久利用资源、改造耗竭型的工业发展模式，这是国际经济发展的一种趋势。为此，需要加大对绿色技术的推广与应用的投资。

所以，绿色投资是以达到保护环境、促进循环经济发展、建立人与自然和谐社会为目标的投资，是建立资源节约型和循环型社会的必要手段。中国应尽快建立起完善的绿色投资体系，加快推动经济的可持续发展。

二、绿色投资与提高经济绿色化程度的关系

（一）提高经济绿色化程度为绿色投资开辟了广阔空间

2015年3月24日，中共中央政治局会议审议通过了《关于加快推进生态文明建设的意见》，并明确提出了一个新的概念——"绿色化"。这个概念在中央政治局会议上首次提出，是对党的十八大提出的"新四化"概念的提升，即在"新型工业化、城镇化、信息化、农业现代化"之外，又加入了"绿色化"。

2015年3月26日，《人民日报》发表评论："绿色化"的新提法，充满希望，饱含深意。它重申了这样一种价值判断：我们的现代化，不能让车水马龙的喧嚣、雾霾围城的迷惘，淡漠了田园的乡愁，湮没了绿色的生机。"新四化"增至"新五化"，强调的正是将生态文明融入现代化建设的各方面和全过程。

绿色化，首先是经济绿色化，即不断提高经济绿色化程度，让绿色经济成为经济社会发展新的增长点。

经济绿色化是一种生产方式——"科技含量高、资源消耗低、环境污染少的产业结构和生产方式"，有着"经济绿色化"的内涵，可以带动"绿色产业"，"形成经济社会发展新的增长点"。另外，它也是一种生活方式——"生活方式和消费模式向勤俭节约、绿色低碳、文明健康的方向转变，力戒奢侈浪费和不合理消费"。

绿色化的提出有着深刻的历史背景和现实意义。我国经过改革开放，一方面经济取得了有目共睹的巨大成就，另一方面资源和环境遭遇了空前的压力。缓解这种压力的出路，就是在观念、指导思想、发展方式和途径等方面进行一次全面的调整，即调整到绿色化发展上来。

1. 绿色化发展的现实意义

第一，绿色化发展是顺应绿色世界潮流，承担全球共同责任的重大决策。近几十年来，为解决人类社会在能源资源和生态环境领域遇到的日益严峻的挑战，越来越多的国际组织和国家参与并推动全球绿色化发展倡议。加快向低碳经济转型、加快绿色发展，已经成为世界发展的历史趋势和潮流。我国一贯重视生态文明，提出绿色化发展是我国在新时期的重大战略决策，有利于融入绿色世界发展潮流，在国际上树立并加强我国负责任大国的形象。

第二，绿色化建设是全面建成小康社会、实现全面协调可持续发展的必经之路。全面建成小康社会是到21世纪中叶实现中华民族伟大复兴中国梦的关键一步。当前，全面小康社会建设已经迈上了一个新台阶，但生态文明领域的进展与

人民群众的期待还存在不小的差距。我国高投入、高消耗、高排放的传统发展方式仍在转变之中，尊重自然、顺应自然、保护自然的生态文明理念还未完全得到贯彻。通过生产、生活方式的绿色化实现人口、资源、环境相协调，通过对传统产业进行绿色化改造实现可持续发展，加长全面建成小康社会的绿色短板，实现全面协调可持续发展。

第三，绿色化建设是适应和引领经济新常态、培育经济增长新动力和结构优化升级的重要突破口。当前，我国经济已经进入新常态，经济正在从高速增长转为中高速增长，经济结构不断优化升级。生态文明建设和绿色化发展是推动新常态下经济发展的不竭动力。经济增长方式的转换和结构优化对发展提出了更高的质量要求，为绿色经济的发展打开了巨大的市场空间。

2. 打造适宜生态文明要求的生产方式和生活方式

各地区在树立生态观念、完善生态制度、维护生态安全、优化生态环境等方面，开展了多种形式的实践探索，部分地区已经初步形成了有利于绿色化发展、资源节约和环境保护的格局，打造出了适宜生态文明要求的生产方式和生活方式，其含义包括如下内容：

第一，打造适宜生态文明的生产方式，推进产业结构绿色化。青山绿水、大草原、大森林既是重要的自然财富，也是生产生态产品的"耕地"。好的生态环境不仅能提供生态产品，更能增加生态财富、提升生态价值，带动产业结构升级绿色化，创造新的经济增长点。

一是大力发展纯绿色产业，带动生态、旅游、文化深度融合和发展。许多地区越来越重视绿色种植、特色养殖、绿色农副产品加工、生态旅游等循环经济，越来越重视因地制宜地发展资源环境可承载的特色经济、适宜产业，带动了生态经济的产业链条延伸和产业价值链提升。特别是有历史文化底蕴和自然生态优势的地区，应充分利用生态优势，以旅游为突破口带动本地产业的绿色化升级，带动生态、旅游与文化深度融合发展。

二是大力发展节能环保产业，打造新的支柱产业。节能环保产业作为国家加快培育和发展的7个战略性新兴产业之一，面临难得的发展机遇。节能环保领域的链条较长，市场需求大，对拉动投资和消费的带动作用强，更有利于促进产业结构优化升级、提高能源资源循环利用效率。许多地方已经认识到节能环保产业的巨大市场潜力和生态潜力，广东、山西、安徽等省纷纷制订发展战略和行动计划，以税收、财政补贴等多种方式大力发展节能环保技术、加快培育节能环保市场，培育了一批有影响力的节能环保骨干企业，力图把节能环保产业打造为本地区能够接替传统产业的新兴支柱产业。

三是以节能服务业为突破口,带动传统产业升级改造绿色化。节能服务业主要是指为节能技术、装备研发、应用示范和项目执行提供技术、金融、合同能源管理和宣传推广的服务行业,其中,合同能源管理是节能服务产业的主导模式。到2013年底,全国从事合同能源管理业务的节能服务公司已接近5000家,产值接近2200亿元,从业人员达到50万人。当前合同能源管理主要应用在8个重点高耗能行业,包括钢铁、水泥、冶金、焦炭、电石、煤炭、玻璃、电力行业,并逐步向化工、新能源、建筑节能和绿色照明等多领域发展。

第二,打造适宜生态文明的生活方式,引导社会公众走向低碳绿色生活。政府和社会对生态文明的认识和理念在不断深化,生态空间不仅归属于当代人,也属于子孙后代,不能为了追求当代人的幸福而损害后代生存发展的权利。生态文明的建设呼吁社会大众共同参与、共同治理和共同维护,低碳节能、适度节约的生活理念正在得到越来越多人的认可,适宜生态文明的生活方式正在加速形成。

一是公共服务领域率先绿色化。政府在公共服务领域推行节能环保绿色化政策,对公众的生活方式和生活习惯有积极的引导作用。例如,在出行方面推进公交系统绿色化,在新购置公交车辆时优先购置节能环保新能源或清洁燃料公交车辆。又如,在用电方面推广节能环保的绿色化设备。在公共机构、财政或国有资本投资建设的公共场所的照明工程中推广、普及LED(发光二极管)照明,要求新建照明工程一律采用LED产品,原有使用的非LED产品应分期分批改造完成。政府机关和公共机构带头采用绿色节能产品,能够对社会形成示范效应。

二是推动社会公众形成低碳绿色生活方式。随着我国经济水平的提升,生活方式绿色化正在成为社会公众的自觉选择。各地实践表明,我国居民的消费模式正在向勤俭节约、绿色低碳、文明健康的方向转变,奢侈浪费和不合理消费越来越少,崇尚生态文明的公众越来越多,绿色化发展的社会群众基础越来越扎实。

三是引领新常态的重要引擎。围绕"绿色化"建设,"美丽中国"相关政策陆续出台。生态文明建设和"美丽中国"已成为经济社会发展的主要内容。

（二）绿色投资是经济绿色化程度提高的重要途径和重要手段

经济发展离不开投资,投资是经济发展的第一推动力。同样,经济绿色化程度的不断提高也离不开绿色投资的不断增加。绿色投资是经济绿色化程度提高的重要途径和重要手段。

不断提高经济绿色化程度的途径众多,除了法律、制度规范外,投资是主要的途径。用于经济绿色化的投资即为绿色投资。绿色投资是不断提高经济绿色化的基础和动力。没有绿色投资，经济的绿色化就无法实现。唯有不断加大绿色投资，才能使经济绿色化的程度不断提高。

近年来，我国部分行业，如钢铁、水泥、玻璃、风力发电等，出现了严重的产能过剩，投资自然不会流向这些行业。高新技术行业技术门槛相对较高，所需投资较少，因此唯有绿色投资是大有作为的项目。

近几年来，全国各地都在绿色投资方面有所作为。如果说经济绿色化有了良好的开端，那么在很大程度上应是绿色投资推动的结果。"十二五"期间，根据绿色经济和绿色产业的口径来看，中国绿色产业的投资是 6.08 万亿元，绿色经济以及含有绿色元素的经济成分已经成为国民经济中的一支重要力量，对整个国民经济已经形成举足轻重的贡献和影响力。

第三章 影响绿色投资的因素

本章将主要讲述影响绿色投资的因素，主要介绍了影响绿色投资的三个方面因素，依次是绿色投资内外环境因素、绿色投资制度政策因素等。

第一节 绿色投资内外环境因素

一、影响企业绿色投资的外部环境

（一）市场机制

在市场经济条件下，投资者受到市场机制的制约和激励。对于不同的绿色投资者，市场机制将产生不同的制约或激励作用。

1. 价格机制

价格机制对投资的制约和激励表现为企业购进污染治理设施和技术时的价格高低。环境产业生产的产品的价格高低，会对有关企业的成本和利润产生巨大的影响。企业绿色投资的收益是按照成本—收入的对比关系计算的，因此，相关商品价格的高低直接影响企业的利润。如果投资者是一家使用环境治理产品的企业，那么在绿色投资增加的成本大于其预期的收益时，它会设法降低或减少绿色投资；反之，则会增加绿色投资。如果投资者是绿色产品的供给者，那么在收益大于投资的成本时，它将增加投资；反之，则会减少投资。

2. 利润机制

利润机制对企业绿色投资的作用表现为投资者进行绿色投资，一般以获取一定的利润为目的，或者获得直接的经济利润，或者获取间接的经济利润，如提高了企业的商誉，为提高企业的产品竞争力做出贡献等。因此，利润的大小是投资者进行绿色投资的重要依据，并已成为企业绿色投资的强大动力。

（二）融资制度

企业绿色投资需要融资制度的支持。融资制度是关于融资方式、融资渠道、融资政策的制度安排。西方发达国家如日本、德国、丹麦等都制定出了有关制度对环境产业、企业的污染治理、生态产业的融资支持政策。目前，西方国家在原来直接融资和间接融资的基础上，大力发展生态投资基金，特别是社会责任投资基金，更加促进了绿色投资。

（三）法律制度

环境保护的法律制度和相关规定具有强制性特点。只有制定严格的法律和制度，做到有法可依，有法必依，违法必究，才能对环境污染者起到威慑作用。

二、影响企业绿色投资的内部环境

（一）企业制度

企业制度是指企业的组织制度和组织形式的安排。在西方国家，企业组织除了一小部分是采取独资建立的私人企业外，多数是通过股份公司的形式建立起来的。股份制对于企业融资、投资和抵御风险等，都起到了积极的作用。在股份制下，企业投资的决策方式是以股东投票一致通过的方式进行的。

从投资决策上讲，投资选择原则是由企业制度规定的。一方面，企业制度和运作方式对投资流向选择产生一种内在规定性；另一方面，企业制度的性质使企业在融资选择、资本运作等方面做出适合企业制度的安排。

（二）企业绿色管理制度

环境保护与绿色管理制度密切相关。环境管理体制、管理办法和手段，如排污收费制度、污染监督检测制度、绿色 GDP 核算制度、社会责任评价体系等，都能够对绿色投资产生巨大的影响。因此，如果企业绿色管理制度不健全、体系不合理，管理制度有缺陷，都可能不利于绿色投资的发展。

企业的生产经营活动以追求利润为主要目的，在多数情况下会不顾对环境的影响和破坏性使用资源，致使环境恶化、资源短缺，社会经济发展的不利因素大大增强。绿色投资需要法律制度上的保证和经济利益上的激励。

环境保护和资源节约具有外部经济性，如果没有政府的干预和法律的制约，则大部分企业不主动也不愿意进行污染治理的投资，因为环境和资源具有准公共品的性质，在法律和管制放松的情况下，对环境和资源的使用能够给使用者带来收益，而对环境和资源不承担或少承担成本，收益大而付出小，因而使用者（例如企业）将多耗费资源环境，而不对资源环境进行投资维护。

要解决投资者环境保护投资供给不足的问题，就必须采取经济、法律和行政等激励措施。通常的办法是：

1. 经济激励

例如，对进行环境保护的厂商给予税收减免、财政补贴、政府采购优先、优惠贷款等，而对于环境保护不力的厂商进行罚款、征收污染费、加重税收等。

2. 法律制裁

制定相应的环境保护法，对违法者追究法律责任。这是目前国内外很多国家的普遍做法，对环境保护起到了促进作用。

3. 行政管理

对投资者的行业进入制定严格标准，完善行业规范制度，对经营者进行行政监督、审查，将不合乎环境保护要求的企业清除出去。

第二节 绿色投资制度政策因素

一、经济体制和投资体制

投资体制是关于投资的主体、投资渠道、投资方式、利益和风险的分享与承担等制度的安排，对投资行为产生决定作用。从发达国家的经验看，市场主导型投资体制的投资效率大于计划型投资体制的投资效率，完全市场型投资效率从理论上高于市场主导型投资体制，但这种体制在现实中几乎不存在。完全市场型投资体制是以完全竞争市场为基础的，条件十分苛刻，如充分竞争、完全信息和资源自由流动在现实中几乎不存在。

投资体制是经济体制在投资制度上的体现，受经济体制决定和制约。有什么样的经济体制，就有什么样的投资体制。在计划经济体制下，投资体制就是以政府计划为核心的计划投资体制。计划投资体制的特征是，政府是投资计划的制定者，企业是投资计划的执行者；政府是出资人、投资者，企业是由政府委托的代理人；投资的剩余索取权是政府，风险完全由政府承担。在市场经济体制下，投资体制以市场为核心。混合经济体制下的投资体制是计划和市场共同发挥作用的投资体制。

在市场经济中，绿色投资是投资者的投资行为，是在相应的市场投资体制下进行的。投资者的绿色投资选择和决策必然按照市场的规则进行。因此，必须建立适合绿色投资发展的市场主导型绿色投资体制。

二、产业规划与经济政策

绿色投资流向决定绿色投资结构，最终形成一定的绿色产业结构，即符合环境保护、资源合理利用、有利于社会经济和人类健康发展的产业结构。产业结构的调整是实现经济结构优化的基础。一个国家的经济发展，不仅体现在经济增长的速度上，而且体现在经济结构的调整上。只有优化产业结构，才能实现产业升级，增强产业的竞争力。

产业竞争优势是一个国家产业取得国际竞争力的重要条件。在世界贸易组织框架下，国际贸易中的商品必须符合有关组织制定的标准，特别是 ISO 14000 环境管理系列标准。一些国家还制定了更为苛刻的环境标准来保护本国的产业。近年来，更为隐蔽的国际贸易壁垒不断出现，大多是以保护本国的环境和人身安全为借口。因此，对产业结构进行调整和升级，强化环境管理，是增强产业国际竞争力的重要措施。

第四章　绿色投资渠道

本章将主要讲述常见的集中绿色投资的渠道，主要通过两节内容进行论述，其中第一节对传统环境保护渠道进行了详细介绍；第二节对新型环保投资渠道进行了详细介绍。

第一节　传统环境保护渠道

在改革开放之后，我国工业得到快速发展，同时环境污染问题也随之而来。而治理环境污染的费用仅仅由国家财政提供，所以其资金十分紧张。为了解决环境污染治理资金问题，1979 年，国家颁发了《中华人民共和国环境保护法（试行）》，该法律法规采用了"污染者负担"的原则，并在条文中明确提出"谁污染谁治理"的政策。1982 年，为了进一步解决环境污染治理资金问题，国务院颁发了《征收排污费暂行办法》，正式在全国企业范围内征收排污费，并将企业所缴纳排污费的 80% 用于企业以及其他主管部门治理污染源的补助资金。1984 年，国务院再次针对环境保护资金问题颁发法律法规即《国务院关于环境保护工作的决定》，并在其中确定了 8 条环境保护资金渠道。

这些资金渠道中用于污染治理投资包括：第一，新建项目"三同时"（同时设计、同时施工、同时投产）污染防治资金；第二，老企业更新改造投资中的 7% 用于老污染源治理资金；第三，城市基础设施建设中的环保投资；第四，排污收费的 80% 用作治理污染源的补助资金；第五，企业综合利用利润（5 年内不上交）留成用于治理污染的投资；第六，防治水污染问题的专项环保基金；第七，治理污染的示范工程投资。

1984 年，七部委针对环境保护资金问题发布了《关于环境保护资金渠道的规定的通知》，这不仅是我国首次针对环境保护资金问题在政策上做出的明确规定，同时也对我国环境保护工作的开展有重要意义。它顺应了我国投资体制改革形式，也在一定程度上改善了我国的环保投资状况。

一、基本建设项目"三同时"环境保护资金

经过不断实践，我国关于建设项目方面的环境保护管理制度已经相当完备，自建设项目开始至项目竣工验收中的各个环节都有明确的环境保护规定。与此同时，我国基本建设项目环境保护资金受多个机构的层层把关，以确保"三同时"规定的贯彻落实，其中包括基建部门、银行、环境保护厅（局）等。截至目前，建设项目"三同时"环境保护资金是治理环境污染资金的重要组成部分。

自1990年以来，建设项目"三同时"环保投资呈现出良好的发展趋势，尤其是近年来，建设项目"三同时"环保投资的增幅尤为明显。从投资占比上来看，建设项目"三同时"环保投资占项目总投资的比例基本保持在4%左右，在2008年该比例达到6%，这在一定程度上说明环保投资已经成为建设项目投资的稳定组成部分，这对于建设项目环境污染治理以及新污染源的防治有十分重要的意义。

从某种意义上来讲，"三同时"环境保护资金与国家基本建设投资规模有着密切的联系，二者呈正相关关系，也就是说，"三同时"环境保护资金会随着国家基本建设项目投入资金的变化而变化。"三同时"环境保护资金的增长主要有两方面原因：一是国家基本建设项目投资数量的增长；二是环保投资比例在基本建设项目中发挥着巨大的作用。

二、技术更新改造投资中环境保护资金

各级相关部门以及企业每年要从更新改造基金中拿出7%的资金用于环境污染治理，当然，用于环境污染治理的资金比例也可做灵活变动，如对于污染严重、治理困难的企业，其用于环境污染治理的资金比例可以适当上调。此外，企业留用的更新改造资金应当优先用于环境污染治理。同时，企业中的生产发展基金也可以用于环境污染治理。技术更新改造投资中的环境保护资金主要是针对老企业的环境污染治理而制定。自该渠道开通以来，它对老企业环境污染治理起到了重要作用。

三、城市基础设施建设中的环境保护资金

城市基础设施建设中的环境保护资金，主要是大中城市按照固定的比率提取

的城市维护费用。这些费用用于城市综合性环境污染防治工作,如污水处理、垃圾处理、能源结构改造等。城市基础设施建设中的环境保护资金是环境保护资金较为稳定的部分,而且它占环境保护资金的总比例越来越大。

四、排污费补助用于污染治理资金部分

1979年,我国建立了排污收费制度,经过多年的发展我国的排污收费制度已日益完善,并具有了较为完善的法规体系,不仅包含了国家层面的法律法规,也包含了地方行政规章。从内容上看,我国排污收费制度涉及五大类(污水、废气、放射性、废渣、噪声)一百多项收费标准。目前,我国排污收费制度已在全国全面实施。在排污收费制度中明确规定,企业所缴纳的排污费用中,应当有80%的资金用于企业或者主管部门环境污染治理补助资金,以此来缓解老企业环境污染治理资金不足的问题;而剩余的20%的资金则由当地环保部门支配,并用于环保自身建设。通过不断实践,发现排污收费制度不仅是一项行之有效的环境管理制度,同时也在极大程度上控制了污染物的排放。

我国于2003年对排污收费制度进行了完善,并于同年7月1日颁布了新的《排污费征收标准管理办法》。新的排污收费制度主要有两个明显的改动:一是提升了征收标准,更新之后的排污收费制度主要按照污染物的种类、数量和污染物排放量征收费用。二是将原本当地环保局用于环保自身建设的20%的资金全部用于环境污染防治,并将其纳入财政预算,同时列入环境专项保护资金进行管理。排污费主要用于重点污染源的防治、区域性污染防治等。排污收费也是中国环境保护工作的一项稳定的资金来源,新的《排污费征收标准管理办法》的颁布,进一步提高了排污费的征收额度。2004年,排污收费上升幅度较为明显,是环境保护资金的重要来源之一。

五、综合利用利润留成用于污染治理的资金

综合利用利润留成用于环境污染治理资金在一定程度上体现了经济效益与环境效益统一的理念。1979年,国家为了解决工矿企业"三废"(废气、废水、废渣)环境问题,颁布了《关于工矿企业治理"三废"污染开展综合利用产品利润提留办法的通知》,此项法规规定,工矿企业在综合利用产品中产生的利润可以在5年内不用上缴,工矿企业可以用这些资金继续治理"三废",以此来改善环境问题。此外,此项法规对工矿企业提供了银行优惠贷款政策,即工矿企业为了治理"三

废"问题所使用的综合利用项目的资金可以享受超低银行利息贷款。国家相关部门于1987年颁发了《关于对国营工业企业资源综合利用项目实行一次性奖励的通知》,这些奖励政策的颁布在无形中推动了企业"三废"综合利用的进程。总而言之,综合利用利润留成的政策不仅减少了环境污染,也为企业发展积累了一定的环境污染治理资金,从而使环境污染治理进入良性循环。

从综合利用利润留成的情况来看,这部分资金用于环保投资的数额十分有限,占全部环保投资的比例维持在1%左右。有关分析表明,用于环境保护的资金占工业"三废"资源综合利用产值的比例不足10%。"三废"综合利用留成是指允许企业将综合利用利润交财政的那部分资金在最开始的5年内可留在企业治理污染,但"八五"期间经济体制改革后企业税后利润全部归企业自有,这条政策已不起作用。

六、银行和金融机构贷款用于污染治理的资金

在环保投资构成中,银行和金融机构贷款具有十分重要的作用。通常情况下,银行和金融机构贷款主要用于经济效益较高且具有还贷能力的"三废"综合利用项目。站在金融体制改革和环境保护发展的角度来看,我国在1996年之前,环境污染治理项目很难从银行手中拿到贷款,其主要原因是此阶段的环境污染治理项目所产生的经济效益不明显,而银行贷款遵循效益原则,导致在这一时期银行和金融机构贷款在环境保护总投资中所占的比例较小。近年来,金融机构加大了对环境保护的重视,并制定了相应的环境保护信贷政策,如我国针对淮河流域污染治理发放的专项银行贷款,以此来加强淮河流域内的污水处理厂建设以及重点污染源的治理。

2005年10月29日,在首届九寨天堂国际环境论坛举办期间,国家环境保护总局与国家开发银行举行了《开发性金融合作协议》签字仪式。根据协议,在此后5年内,国家开发银行为国家环境保护"十一五"规划项目提供500亿元人民币政策性贷款,支持中国环境保护事业发展。2009年,环境保护部与国家开发银行签署了《开发性金融合作协议》。国家开发银行将在符合规定的情况下为实现我国环境保护"十一五"和"十二五"规划项目提供1000亿元人民币的融资额度,双方的金融合作主要集中在4个领域,包括规划合作、融资顾问、融资合作以及其他金融服务,双方的融资合作主要包括中长期贷款、技术援助贷款、短期贷款和应急贷款。

为了推动环境污染防治工作的开展，国家环境保护总局和中国人民银行决定将企业环保信息纳入企业信用信息数据库，并将企业的环保守法情况作为企业信贷的重要依据。随后在 2007 年国家环境保护总局、中国人民银行以及中国银行业监督管理委员会（简称为银监会）共同颁布了《关于落实环境保护政策法规防范信贷风险的意见》，这是我国首次多部门协作落实环境保护政策法规，也间接推动了企业加大治污投资力度。

七、污染治理专项基金

污染治理专项基金主要指的是国家发展和改革委员会以及省市拨出的治理环境污染的专项资金，主要来源于国家或地方的财政收入，主要用于重点污染区域和重要污染源的治理。另外，污染治理专项基金会随着国家对环境污染治理重视程度的提升而增长。近年来我国部分省市加大环境保护力度，并设置专项资金治理环境污染。

八、环境保护部门自身建设经费

通常情况下，国家每年会拨出一部分资金用于环境部门自身建设，如环境监测、环境科研和环境宣传教育。此外，此部分资金也被用于放射性废物处置库建设等方面。我国在进行排污费制度改革之前，20% 的排污费由环保部门支配用于自身建设。随着排污费的改革，环保部门建设经费难以保障，环保能力建设资金渠道不畅通，给环保部门自身能力建设带来了较大难度。总而言之，以上环境保护资金主要按照计划管理的方式筹集，受国家经济发展形势的影响较为明显。具体影响包括以下几个方面：

第一，受国家、地方、企业固定资产总量的影响。通常情况下，随着国家投资总量的增长，绝大多数的环保投资渠道的环保投资也会随之上升，尤其是基本建设"三同时"的投资量，反之则会下降。

第二，受企业经济效益的影响。当一个企业经济效益较好时，其排污费投资就相对较多，反之则会较少。

第三，受国家财政支出规模的影响，如从政府财政资金中安排的环保专项资金。

第四，投融资和信贷政策的影响，如企业污染治理投资与金融机构贷款受政策影响较大。

第二节 新型环保投资渠道

我国环境保护投融资的方式和渠道在不断发展，出现了一些新的融资手段。我国已经形成了比较完善的环境保护融资渠道体系，该体系主要建立在传统投资渠道的基础之上，能够适应当前市场经济发展，并呈现出多融资主体的局面。虽然目前环境投资渠道仍然以计划管理渠道为主，以其他融资渠道为辅，但是随着我国投融资体制的不断发展，政府拨款在环境融资方面的比例将会下降，而其他部分融资的比例将会逐渐提升。

一、"211 环境保护"科目

2006年3月，财政部制定的《政府收支分类改革方案》和《2007年政府收支分类科目》将环境保护作为类级科目纳入其中，设立"211 环境保护"科目，并于2007年1月1日起全面实施。这是国家财政预算支出首次设立专门的环境保护科目。该科目的设置和实施是环境财政制度建设的重大进步，对环境财政制度建设具有里程碑意义。

二、环境保护专项资金

中央财政环境保护专项资金的设立具有十分重要的意义，不仅有利于我国环境保护资金的筹集，同时也有助于加大我国对环境保护的投入力度。在"十一五"期间，中央财政加大了对环境保护的投入力度，在原有环境保护专项资金的基础上，分别增设主要污染物减排专项资金、重金属污染防治专项资金。另外，中央财政专门针对农村环保问题设置中央农村环保专项资金。除此之外，"十一五"期间，我国环境保护资金的投资渠道逐渐增加。中央财政仅在"十一五"期间就累计投入746亿元环境保护资金，该资金主要用于解决重点领域及区域的环境问题。

三、预算内基本建设资金

中央预算内基本建设资金将环境保护作为重点支持内容，支持了危险废物和医疗废物处置设施建设、重点流域水污染防治、城镇污水垃圾处理设施及污水管网工程、环境监管能力建设等工程建设。在扩大内需新增4万亿元投资中，国家也将节能减排和生态环境保护列为新增投资支持的重要方面。仅在"十一五"期间，用于环境保护的国家预算内基本建设资金就达820亿元左右。

四、环境转移支付

从2008年起，财政部开始实施重点生态功能区转移支付，并增加对国内部分重点生态功能区的均衡性转移支付力度，以此不断提升该区域的基本公共服务水平。财政部于2009年对环境转移支付进一步完善，并制定《国家重点生态功能区转移支付（试点）办法》。该制度在一定程度上使环境转移支付办法得到了进一步完善。同时，地方政府也响应中央号召，制定了一系列生态转移支付政策。为了能够更好地推动地方政府生态环境保护工作的开展，发挥国家重点生态功能区转移支付政策的导向作用，并最大限度地提升转移支付资金的使用绩效，2011年，财政部印发了《国家重点生态功能区转移支付办法》，就资金分配、监督考评、激励约束等予以明确。

五、环境保护基金

我国的环境保护基金呈多样化的发展趋势，如政府基金、污染源治理专项基金和投资基金等。不同的环境保护基金的来源也有所不同。不同的环境保护基金的融资渠道和投资方向也有所不同。在环境融资中，环境基金拥有双重属性，既是投资的主体，又是融资的载体。将环境保护资金的作用发挥至最大化是目前完善我国投融资体制的主要内容。中华环境保护基金会于1993年4月正式成立。中华环境保护基金原始基金数额为800万元人民币，来源于该基金会的发起人及社会有关组织和个人的捐赠。所募资金和物资用于表彰和奖励在中国环境保护事业中做出突出贡献的组织和个人，资助和开展与环境保护相关的各类公益活动及项目，促进中国环境保护事业的发展。

为了进一步完善环境保护基金建设，我国于2011年颁发《国务院关于加强环境保护重点工作的意见》。该文件对环境保护基金的建设做出了指示，要求从多方面、多渠道建立环保产业，同时也要不断拓宽环保产业的融资渠道。2012年，我国加强了对节能环保产业的重视，并印发了《"十二五"节能环保产业发展规划》。该文件不仅鼓励拓宽节能环保产业融资渠道，同时也针对节能环保产业投资基金建设做出了研究，并支出投资9000亿元用于节能环保产业八项重点项目的建设。

通用环境产业基金首期发行规模为20亿元，主要针对供水、污水处理、固废处理、可再生能源和节能减排等运营类项目及具备高成长性的环保类企业进行股权投资。中宸基金是专业推动环保产业发展的投资基金，旨在协助地方政府搭建金融创新平台，重点在垃圾处理等方面进行系统投入，首批100亿元的基金项目将主要投向垃圾处理产业。除上述基金外，风投基金对节能环保项目和环保企业的投资也成为环境保护资金的筹措渠道之一。

六、BOT（Build-Operate-Transfer）项目融资

BOT即建设—运营—转让，主要指的是政府在一定时期内将基础设施的建设、经营管理权赋予私人企业或外国企业，到期之后私人企业或外国企业需要将其无偿转让给政府或授权机构。从本质上来看，BOT是建立在政府和私人企业（外国企业）达成协商前提下的一种基础设施建设、经营的方式。私人企业（外国企业）在政府给予授权之后，便可以在规定时间内筹集资金建设基础设施，并经营相关产品或服务。从另外一个角度来看，也可以将BOT看作是一种政府通过转让公共基础设施管理权获得投资的方法。

现代意义上的BOT是土耳其总理奥扎尔于1984年提出的。20世纪70年代末到80年代初，世界经济形势发生重大变化，经济发达国家由于赤字和债务负担迫使在编制财政预算时实行紧缩政策，并寻求私营部门的资金，期望通过私营部门资金的注入来实现国家基础设施建设。在这一时期，BOT模式在全球范围内得到快速发展，其中较为出名的BOT项目有英吉利海峡隧道、马来西亚北南高速公路等。发展中国家把BOT看作是减少公共部门借款的一种方式，同时也是吸引国外投资的一种方式。在市场经济的影响下，BOT模式得到了快速发展，同时在BOT模式的基础上衍生出了许多种类型。BOOT（Build-Own-Operate-Transfer）就是在BOT的基础上增加了拥有（Own）环节，即建设—拥有—运营—转让，这在一定程度上明确了私人企业（外国企业）在规定时间内不仅对基础设施具有经营权，同时也具有所有权。在BOO（Build-Own-Operate）模式中，私人企业（外国企业）不再将基础设施转让给政府或授权机构。BLT（Build-Lease-Transfer）模式主要指的是建设—租赁—转让，具体指的是政府将基础设施建设权出让给私营企业（外国企业），在项目建成之后政府有义务成为基础设施项目的租赁人，当租赁期结束之后私人企业（外国企业）需要将基础设施项目转让给政府。

BOT 融资是社会化融资步伐的手段之一，绝非唯一。城市环保基础设施建设的投资渠道多种多样，如政府投入、发行国债、发行股票、合资合作等，BOT 是其中之一。对政府来说，由于 BOT 可以减少项目建设的初始投入，可以吸引外资，有引进新技术、规避风险、不增加债务等特点，因而具有较大的吸引力；但是，采用 BOT 的前期工作相当复杂，前期费用较高，对人员素质要求较高，因而在多种融资方式中是否要采用 BOT，一定要在对 BOT 操作规程详细了解和熟知的前提下进行多方面、多层次和长远的考虑，并进行科学的论证。而且，一旦污染处理收费问题得到明朗化的解决，BOT 与其他社会融资方式相比，并不具备太大的优势。BOT 不是社会化融资和企业化运营的唯一方式，而且更重要的是，并不能将环保市场化问题仅仅片面理解为投资的社会化。

BOT 模式并非真正为政府和消费者省钱。采用 BOT 模式，虽然一时省去了政府对项目初期建设资金的投入，但从项目全周期来看，并不意味着政府真正省钱了，要知道政府才是最终真正的埋单者。投资者投资的真正目的是赢取稳定、合理的利润，所得必定要大于所付出的。政府不仅要为投资和运营成本付钱，还要为投资者获取一定利润付钱，采用 BOT 方式的代价大于政府全额投资。在对排污者确定收费水平时，要考虑 BOT 投资方利润的获取，转嫁到排污者身上的收费可能比不采用 BOT 方式要高，如果污染处理收费水平仍达不到回报要求的水平，政府在较长一段时间内的财政补贴支出就是不可避免的。从实际来看，多数 BOT 项目还需要政府的支出，BOT 所表现的以未来分期付款方式支付前期集中建设资金的代价是巨大的。

七、股票市场融资

利用上市公司募集资金或出资参股、控股环保类公司是环保投资项目融资的一条新途径。目前，中国有一百多家上市公司涉足环保产业，它们的业务范围包括环保机械设备的制造及工程安装，太阳能发电，垃圾等新能源发电及垃圾处理，建筑节能，新型环境建材及绿色材料，汽车尾气、噪声处理装置、清洁汽油及环保节能型汽车、摩托车生产制造，冶金行业冶炼过程环保处理，废水、废气、噪声治理，硅酸盐、水泥化工生产的环保处理，清洁燃料生产及综合利用，造纸业生产过程环保处理，绿色农业及化肥农药环境综合治理，生态农业及林木种植业，环境技术、咨询及环境评价、监测，生产环保工业品和消费品。

节能环保板块的环保上市公司通过多种方式涉足环保产业，可大致分为以下六类：

第一，开始就从事环保产业，并且将主业一直定位在环保产业的。

第二，将原先业务剥离后专门从事环保产业的。

第三，行业的佼佼者，看好环保产业，成立了独立的投资或业务公司，专门进军环保市场的。

第四，在坚持环保主业的同时进入其他行业的。

第五，企业同时发展两个行业，并且将环保作为其中一个重点的。

第六，产品向环保设备和产品转型的。除了主业做环保的公司以外，还有很多上市公司看好环保产业的发展前景，通过募集资金参股、控股环保类公司，对自身业务进行环保型规划和改造而涉足环保行业；或者通过募集资金投向环保项目来介入环保领域。

由于环保公司在上市公司中比重不断增加，1993年以来节能环保股票的数目一直在增加。2007年以来，中国密集出台了一系列加强环境保护的措施，因此节能环保股票从2007年开始快速增多。

但是，从我国节能环保上市公司整体看来，环保上市公司的整体财务表现并没有显著优于其他公司，获取的市场资源也没有显著优于其他公司。国家对环保产业的各项支持措施由于法规执行或是资金到位方面的问题尚未发挥显著的作用，不足以吸引市场对环保上市公司整体的关注。环保公司整体盈利能力并不乐观，缺乏形成规模和品牌效应的大型企业，具有净利润偏低、存在地方保护主义、市场需求空间巨大、面临技术瓶颈等特点。

八、利用外资

环境保护利用外资已经成为污染治理的又一重要资金渠道，利用外资包括政府利用外资（含政府出面担保的）和企业利用外资。这里主要讲的是政府利用外资。中国环保领域利用外资的渠道主要是外商直接投资（FDI）、国际金融机构的贷款以及一些国际性的环境专项基金和援助计划。由于国际金融组织和外国政府贷款开始向环境保护领域倾斜，中国环境保护利用外资进展很快。环保领域利用外资，不仅能给环保项目直接带来资金，还能带来国际上先进的技术和管理经验，利用外资还有明显的资金放大和资金带动作用。

但是，中国环保产业利用外资仍然存在一些问题：

第一，当前环保产业在利用国外资金时，主要以国外贷款为主，国外直接融资占国外资金的比重较低。目前，外国政府及国外金融机构在发放贷款方面的条件比较苛刻，对发放贷款的币种做出了强制性规定，这在无形中增加了我国环保产业在贷款过程中的汇率风险。另外，随着外国政府和国外金融机构贷款优惠政策的减少，普通贷款的比例逐渐增加，这在一定程度上加重了我国环保产业的债务负担。

第二，我国对企业的国际融资进行了严格限制，为此能够进行国际融资的企业范围较窄。国家规定，这些企业必须是经国务院授权部门批准的非金融企业法人，同时是经国家外汇管理局批准经营外汇借款业务的中资金融机构。虽然我国加强了对环保产业的重视程度，近年来我国环保产业也得到了快速发展，但是我国环保产业企业无法满足直接进行国际融资的条件，这在一定程度上也增加了环保产业企业的国际融资难度。

第五章 企业及民间绿色投资模式

本章主要从五个方面进行了论述，分别是企业环保投资促进政策、企业环保投资政策完善建议、民间资本环保投资模式、民间资本环保投资政策、完善民间资本环保投资机制的建议。

第一节 企业环保投资促进政策

企业环保投融资政策包括建设项目"三同时"制度、排污收费制度等直接融资制度，以及信息公开、价格政策、绿色信贷政策、上市公司环保核查制度、损害赔偿制度等促进环境保护投资的间接政策。

一、建设项目"三同时"制度

第一，"三同时"制度是促进企业环保投资的核心制度之一。"三同时"制度指防治污染和其他公害的设施，必须与主体工程同时设计、同时施工、同时投产。项目建成投产或使用后，其污染物的排放必须遵守国家或省、市、自治区规定的排放标准。

第二，"三同时"制度是实现主体工程生产功能的前提条件，是命令控制型的投资约束机制，是确保新建企业环保投资的重要制度安排。"三同时"制度规定了"必须投"的强制性要求，但并未提供资金筹措的来源渠道。该制度能够促使企业千方百计地筹集污染治理资金，方式包括企业自筹、银行贷款、企业债券、中期票据、股市融资、财政补助、社会资本注入等。"三同时"制度有效发挥作用的范围是具有资金筹措能力的新建企业。只要涉及受控污染物的排污行为，不管企业是否有积极性，都要进行环境保护投资，否则，将会面临新建项目不通过的窘境。

第三，作为命令控制型的政策手段，"三同时"制度对促进企业进行环保投资发挥了重要作用。命令控制型手段在一定程度上有助于环境管理既定目标的实现，其不足之处在于，如果缺乏有效监管，那么将很难迫使排污企业运行污染治理设施，即排污企业缺乏运行污染治理设施的积极性和主动性。此外，我国"三同时"项目验收监测工作得不到应有的重视，其数据缺乏法律效力。因而，在采用命令控制型手段的同时需要辅之以经济激励手段。

二、排污收费制度

排污收费是环境保护活动重要的直接融资手段之一，早期排污费返还后用于企业污染治理，后来排污费经集中后仍用于污染治理。自从 1981 年开始征收排污费以来，经过多年的发展，我国基本形成了较为健全的排污收费制度。排污收费政策的建立和实施，在一定程度上促进了企业的污染治理投资。排污收费资金的专款专用在一定程度上推动了企业环境保护能力建设的进程，同时也有助于强化企业污染治理能力。从某种意义上来讲，排污收费制度是我国一项十分重要的环境经济政策，对我国环境污染治理资金的筹集起到了积极作用，同时也在极大程度上限制了企业污染物的排放。但是，排污收费制度也存在一定的弊端，由于排污收费标准远低于环境污染治理成本，所以部分企业宁可缴纳排污费，也不愿意安装污染治理设施。为进一步发挥排污收费制度对企业污染减排的经济激励作用，许多地区纷纷提高排污收费标准。

三、企业污染治理保证金制度

与建设项目"三同时"制度类似，企业污染治理保证金制度也是命令控制型的投资约束机制，主要针对矿山企业制定。这类企业根据其原煤产量提取一定数量的保证金，然后专款用于矿山环境治理。

（一）煤炭工业可持续发展基金

《山西省煤炭可持续发展基金征收管理办法》于 2007 年 3 月颁布实施。煤炭工业可持续发展基金是山西省人民政府为实现煤炭产业可持续发展而设立的基金。山西省不仅是我国煤炭大省，同时也是我国唯一的煤炭产业可持续发展试点省。山西省之所以设立煤炭可持续发展基金，主要是为了建立两种补偿机制，即煤炭开采综合补偿和生态环境恢复补偿。山西省希望通过这两种补偿机制的建立来解决山西省煤炭开采所产生的历史问题，同时发现并解决当前煤炭企业发展过程中存在的问题，最终为实现山西省煤炭产业的可持续发展提供源源不断的财力支持。煤炭可持续发展基金征收的办法主要由以下三种要素组成：原煤产量，不同煤种标准，矿井核定产能规模调节系数。此外，基金征收办法是依据乘法公式的计算方式计算征收总额。另外，山西省对不同煤种做出了统一的征收标准：无烟煤10~20元/吨，动力煤5~15元/吨，焦煤15~20元/吨。与此同时，具体年份的煤炭可持续发展基金征收标准则由山西省政府另行确定。为了推动山西省煤炭可持续发展试点工作的开展，财政部批复山西省每吨煤的基金征收标准提升3元，原矿井核定产能规模调节系数保持不变。

2011，年山西省对适用煤种的煤炭可持续发展基金征收标准进行了调整，其中动力煤的最高征收标准为18元/吨，无烟煤的最高征收标准为23元/吨，焦煤的最高征收标准为23元/吨。此次煤炭可持续发展基金征收标准的提升主要是为了增加基金收入，并将资金用于"引黄入晋"工程及其配套设施的建设。为了确保煤炭可持续发展基金的顺利征收，山西省政府采取了相应的措施——煤炭可持续发展基金已缴证明。凡是煤炭经营企业在报送铁路运输计划、办理公路运输出省手续时必须要出示基金已缴证明，对于那些拒绝缴纳煤炭可持续发展基金的煤炭经营企业处以相应的罚款。山西省对煤炭可持续发展基金有较为明确的征收、使用规定，其中山西省人民政府是煤炭可持续发展基金的征收主体，山西省财政部门主要负责基金的征收及预算管理，山西省发展改革部门则对基金的使用负责。

煤炭可持续发展基金征收中存在的主要问题包括：

第一，原煤生产环节基金征收管理力度不够，对一些隐匿的小煤矿的税费控管难以到位，对实际产量难以准确核定，形成了漏洞。

第二，煤炭运输户为了逃避税费，往往在夜间上路或绕路，有意躲避检查征收点，未开具煤炭可持续发展基金已缴证明，恶意逃避基金征收管理。

第三，国税、地税、工商、煤管、公安、电力等相关部门的协调机制不完善，部门间缺乏有效配合、信息共享差，导致控管措施不到位，形成被动漏管。

第四，由于煤矿征收和出境煤焦管理站对运输户查补的征收比率一致，查补不带有处罚性，造成部分运输户不愿在煤矿缴纳基金并开具可持续发展基金已缴证明，存在侥幸心理。

（二）矿山环境恢复治理保证金

《矿山环境恢复治理保证金提取使用管理办法（试行）》于2007年出台，按照每吨原煤产量10元标准按月提取，计入煤炭开采企业生产成本；在所得税前列支，由当地地税部门监督缴入同级财政部门专户储存。省属国有重点煤炭企业经省财政部门同意并报经省人民政府批准可以自设账户储存。财政部门按企业分设二级明细，单独核算，专款专用。截至 2010 年，河南省、辽宁省也出台了《矿山环境恢复治理保证金管理（暂行）办法》。矿山污染治理保证金制度是确保矿山企业环保投资的重要制度安排。

然而，其在实施过程中依然存在一些问题：

第一，该制度仍然停留在国务院文件和部门规章层面上，立法层次和效力偏低。

第二，保证金的收取部门不统一。有些管理办法规定由财政部门收取和管理（如贵州省等），有些管理办法规定由国土资源部门收取（如云南省、辽宁省、新疆维吾尔自治区等），有些规定由国土资源部门和财政部门共同负责（如甘肃省等），有些规定保证金的缴纳标准由矿山所在地的国土资源行政主管部门核定，收缴工作由矿山所在地财政部门负责（如黑龙江省等）。

第三，保证金返还参照标准不统一。矿山企业完成采矿任务之后，就涉及保证金的返还。返还时多数管理规定都要求由有关部门对矿山的治理情况进行检查，但治理依据的参照标准很不明确，也不统一。

第四，保证金实际缴纳率不高。

四、绿色信贷政策

（一）绿色信贷政策的演变

绿色信贷是促进企业进行环保投资的重要政策之一。企业若不进行环保投资，就会在环境保护方面留下不良记录，很可能在争取银行信贷融资方面受到限制，如停止放贷、压缩贷款规模、降低还款年限等。随着"绿色信贷"在国际金融市场的广泛实践，以及我国产业结构调整和节能减排工作对运用信贷政策调控企业环境行为提出的需求，"绿色信贷"政策在"十一五"时期开始受到有关部门重视，可以说我国银行业正开始步入绿色金融的转型时期。绿色信贷就促进企业环境保护投融资而言，其作用表现在反向制约上，要求企业加强污染治理，对不符合产业政策和环境违法的企业和项目进行信贷控制。就企业而言，绿色信贷表现为一种间接的融资方式。2007 年 7 月 12 日，国家环境保护总局与中国人民银行、银监会联合印发了《关于落实环保政策法规防范信贷风险的意见》，就加强环保和信贷管理工作的协调配合、强化环境监督管理、严格信贷环保要求、促进污染减排、防范信贷风险，提出了指导性意见；同年 11 月 23 日，中国银行业监督委员会下发了《节能减排授信工作指导意见》，要求对银行公布和认定的耗能、污染问题凸出且整改不力的授信企业，除了与改善节能减排有关的授信外，不得增加新的授信；对存在重大耗能和污染风险的授信企业要实行名单式管理，金融机构要与节能减排主管部门主动沟通，对列入名单的授信企业要加强授信管理。这两个"意见"对加强地方金融与环保部门配合、促进银行业贯彻"绿色信贷"政策起到了积极作用，环保部门向金融部门提供了大量环境执法信息，但是一些环保部门提供的内容较为零散，银行征信系统无法使用。

基于此，2008年6月10日，中华人民共和国环境保护部和人民银行联合印发了《关于全面落实绿色信贷政策进一步完善信息共享工作的通知》，进一步规范了环保信息报送的范围、方式和时限等，对银行部门反馈环境信息使用情况也做出了明确的规定；2009年12月，中国人民银行联合银监会、中国证券监督管理委员会（简称为证监会）、中国保险监督管理委员会（简称为保监会）发布《关于进一步做好金融服务支持重点产业调整振兴和抑制部分行业产能过剩的指导意见》，明确信贷投放要"区别对待，有保有压"，要求金融机构"严把信贷关"，对符合国家节能减排和环保要求的企业和项目按"绿色信贷"原则加大支持力度。地方各级环保部门继续通过"12369"环保举报热线网站中的"环境监察专用信息管理系统"和人民银行各分支机构征信部门，向人民银行征信系统提供有关环境违法企业的信息、环评、建设项目竣工环境保护验收等环境信息。

（二）绿色信贷政策实施

1. 对节能减排项目给予优先支持

例如，福建省制定了《关于金融支持福建省节能减排的指导意见》，对于节能减排鼓励类项目，简化贷款手续，实行利率优惠，优先给予信贷支持。《太湖水污染治理工作方案》（苏政发〔2007〕97号）提出，金融机构要加大对环境基础设施建设项目的信贷支持力度，允许用污水、垃圾处理收费许可进行质押贷款，并给予贷款利率方面的优惠。又如，浙江省积极实施小微企业绿色节能贷款，台州银行积极加入由联合国环境规划署发起的气候融资创新贷款项目，将原来只适用于大中型企业的节能技术移植到小微企业，推出了"绿色节能贷款产品"，以优惠利率为小微企业提供了节能增效的融资途径，以鼓励、推动小微企业转变经济增长方式，促进节能降耗和产业结构升级。

2. 根据企业排污情况控制信贷发放

在根据企业排污情况控制信贷发放方面，以江苏省为例，中国人民银行南京分行与江苏省环保厅于2007年建立了信息对接机制，把环保信用评级作为银行发放贷款的重要标准,把企业划分为绿、蓝、黄、红、黑 5 个等级。对环境信誉良好的绿色、蓝色企业,积极给予信贷支持;对于环境信誉一般的黄色企业,保持现有的信贷规模;对于环境信誉较差的红色企业和黑色企业,则一律禁止,发放新增贷款,逐渐收缩直至收回原有贷款。

五、上市公司环保核查制度

上市公司环保核查制度是促进企业进行环保投资的重要政策之一。如果企业不进行环保投资,则很可能导致环保核查不过关,从而导致企业无法通过上市渠道进行融资。有实力并且期待上市的企业通常愿意安装污染治理设施,以防止上市风险。该制度对企业加强环境保护投资起到反向约束作用。我国在上市公司环保核查方面出台了系列政策措施。2007 年下半年,国家加大了对企业上市申请的环保核查制度,颁发了《关于进一步规范重污染行业生产经营公司申请上市或再融资环境保护核查工作的通知》,与此同时,驳回 10 家企业的上市申请,其主要是由于这些企业存在违反"三同时"制度、具有重大环境污染问题、发生过严重污染事件等行为。2008 年 2 月 25 日,国家环境保护总局又正式发布绿色证券的指导意见——《关于加强上市公司环保监管工作的指导意见》,针对上市公司的环保问题提出了三项制度:环保核查、环境绩效评估、环境信息披露。该文件中明确指出部分行业的企业在首发上市或再融资时必须要严格按照环境保护部的要求进行环保核查。这些行业主要包括钢铁、电解铝、火电、水泥。另外,跨省经营的"双高"企业在首发上市或再融资时也要进行环保核查。

环保核查主要包括以下几个方面的内容:

第一,企业所排放的主要污染物是否符合国家或地方关于污染物排放的标准。

第二,企业是否领取政府发放的排污许可证,企业所排放的污染物是否达到排污许可证的要求。

第三,企业是否按时缴纳排污费用。《关于加强上市公司环保监管工作的指导意见》不仅提出了环保核查制度,同时也明确环境保护部将联合证监会完善上市公司环境监管机制,引导公众参与上市公司环境监管。

2008 年 1 月,中国证监会下发了《关于重污染行业生产经营公司 IPO 申请申报文件的通知》。在此项通知中对重污染行业的企业申请首次发行股票进行了明确的规定。此类企业在申请发行股票时需要附带环保核查意见,对于没有环境保护部环保核查意见的企业的申请不予受理。

该项政策在实施中也存在一定的问题：

第一，关于核查信息公开方面的问题。《关于重污染行业生产经营公司IPO申请申报文件的通知》对核查信息的工作做出了一定的要求，但是仅要求对环境保护部的核查信息进行公示，而未对省级环保部门核查信息的公布做出要求。

第二，目前负责企业环保核查的部门主要是省级环保行政部门，而被核查的对象往往是地方大型的上市公司。政府的每年的税收收入基本来源于这些企业，所以省级环保行政部门是否能够做到公平核查是一个急需关注的问题。

第三，环保核查的行使主体单一，仅有环保部门，为此环保核查的公信度有待提升。另外，环保核查结果直接决定了企业上市结果，而企业上市属于市场行为，环保核查属于政府行为，其行政权力的介入是否合适也有待商榷。

此外，还存在信息披露内容不规范、不全面；信息披露缺乏统一标准；信息披露形式较为单一；披露信息内容陈旧，连续性不强；缺少对公开披露的环境信息的鉴证等问题。

六、信息公开

信息公开是促进企业进行环境保护投资的手段之一。如果企业无环保投资或环保投资力度较小，污染物排放量较大，那么待排污信息公开后，公众和政府等消费者群体就会对排污企业形成压力。出于对市场份额下降以及降低企业形象等多种因素的考虑，企业将愿意对污染治理设备进行投资。《环境信息公开办法（试行）》于2007年2月8日经国家环境保护总局2007年第一次局务会议通过，自2008年5月1日起施行。该办法对政府环境信息和企业环境信息公开范围、公开程序及方式进行了详细规定。

七、环境损害赔偿制度

环境损害赔偿制度是一项环境民事责任制度，是促进企业进行环保投资的反向约束机制，通过对环境不友好甚至是污染破坏的行为的否定性评价来引导人们不产生这些行为。任何人或者企业，如果不依法履行环境保护义务，都有可能对周边人群造成人身伤害和财产损失，从而招致巨额赔偿。为减少巨额赔偿带来的潜在风险，个人或企业通常会选择安装污染治理设施。目前，我国已经建立了以《中华人民共和国宪法》为指导，以民法和环境保护法为原则，环境单行法为主体，与部门规章、地方性法规等相配套的环境损害赔偿法律体系。《中华人民共和国宪法》规定：保障国家、社会、集体的利益，禁止任何组织或者个人侵占或者破坏自然资源。1989年通过的《中华人民共和国环境保护法》第四十一条规定：造成环境污染危害的，有责任排除危害，并对直接受到损害的单位或个人赔偿损失……完全由于不可抗拒的自然灾害，并经及时采取合理措施，仍然不能避免造成环境污染损害的，免予承担责任。《中华人民共和国侵权责任法》第六十六条明确了环境污染因果关系推定原则以及免责事由的举证责任分担。第六十八条有一定创新，主要体现在求偿权上。即如果因第三人的过错而造成环境损害的，受害人既可以向加害者请求赔偿，也可以向过错第三人请求赔偿。加害人做出赔偿后，有权向第三人追偿。《中华人民共和国民法通则》第一百二十四条规定：违反国家保护环境法律的规定，污染环境并造成他人损害的，应当依法承担民事责任。此外，对包括环境污染侵权在内的侵权行为的民事责任做出了原则性规定，还规定了承担环境侵权行为的民事责任的主要方式。

总的来说，我国已经建立了相对完善的环境损害赔偿制度，主要包含两个方面的内容：

第一，传统意义方面的环境侵权制度，是指特定受害人对某一行为已经造成或可能造成环境污染的行为提出的损害赔偿。目前，我国多项法律法规均对这一制度进行了明确规定，如《中华人民共和国物权法》《中华人民共和国侵权责任法》《中华人民共和国环境保护法》等。虽然我国的法律对环境污染损害赔偿制度进行了明确，但是其规定内容较为简单，加之没有后续法律法规对其细则完善，所以在实践中效果并不是很理想。因此，为了保障人们的合法权益，有效解决环境损害赔偿纠纷，我国应加强环境损害赔偿专门法律法规的建设，对赔偿内容、赔偿范围等细则做出明确规定。

第二，现代意义方面的环境损害赔偿制度主要体现在"环境公益诉讼"制度，主要指的是某一行为未能造成危害，但是其行为具有较大的环境污染性，且没有特定受害人的生态环境本身遭受环境损害的赔偿问题。我国环境损害赔偿制度主要属于传统意义方面的环境侵权制度，即注重对个人造成的财产、精神、人身等方面造成的损伤的赔偿，而缺乏对公益环境损害的赔偿。

八、价格政策

价格政策属于正向引导型政策，有利于促使企业积极、主动地进行环保投资。企业受经济利益的驱动，通常会主动安装污染治理设施，通过价格杠杆得到实惠，并从中获利。价格机制在脱硫脱硝领域得到广泛应用，相关政策措施相继出台。2007年6月，国家发展和改革委员会（简称为国家发改委）、国家环境保护总局联合制定了《燃煤发电机组脱硫电价及脱硫设施运行管理办法（试行）》，要求新（扩）建燃煤机组必须按照环保规定同步建设脱硫设施，其上网电量执行国家发改委公布的燃煤机组脱硫标杆上网电价；对安装脱硫设施的电厂实行脱硫加价政策，现有燃煤机组完成脱硫改造后，其上网电量执行在现行上网电价基础上每度加价1.5分；对脱硫设施投运率不达标的电厂扣减脱硫电价，明确了脱硫设施建设、验收、运行监测等制度，规定了监督和处罚办法，促进了燃煤电厂脱硫设施的建设与投资。2011年，为了尽快实现燃煤机组脱硝设施的建设、提升企业脱硝设施建设积极性、减少发电企业氮氧化物的排放、保护环境等目标，国家发改委针对燃煤发电机组制定了脱硝电价政策，此次脱硝电价政策主要覆盖北京、河北、山西、浙江、上海、广东、四川、甘肃、宁夏等14个省、市、自治区，规定上网电价在现有的基础上每千瓦时增加8厘，以此来弥补燃煤机组脱硝成本。2012年12月，国家发改委再次对燃煤机组脱硝电价进行完善，并颁布了《关于扩大脱硝电价政策试点范围有关问题的通知》，此项通知规定在2013年1月1日开始全国实施脱硝电价，价格为8厘/千万时。另外，企业在执行脱硝电价之后所产生的脱硝成本由电网垫付，之后选择时机通过销售电价解决。

第二节 企业环保投资政策完善建议

一、规范我国上市公司环境信息公开机制

加强对上市公司环境信息公开制度的规范，不断完善其环境信息公开指标与标准。目前，生态文明建设已经成为时代发展的主流。在此背景下，政府会督促金融机构针对积极承担环境治理责任的企业制定相应的信贷政策。从信息不对称理论角度来讲，政府、投资者、金融机构很难完全了解目标企业环境保护落实的全部情况，如对企业投资哪些环保项目、企业为了保护环境改善了哪些生产工艺、环保投资回报周期如何等方面都没有具体的了解途径。这些问题在无形中增加了企业环保融资的难度，同时也增加了政府环保监督的难度。为此政府要规范上市公司环境信息公开机制，具体可以从以下几个方面入手：

第一，我国仅对部分污染类行业中的企业实行强制环保信息披露措施，所以

其他行业中的企业不会积极、主动地进行环境信息披露。为此证监会应完善企业上市条件,将企业环境信息披露情况作为企业上市的指标之一。与此同时,金融机构也应将企业环境信息披露情况作为企业信贷指标之一。这种变相引导的方式能够使企业养成主动进行环境信息披露的习惯。

第二,当前企业在环境信息披露中存在应付差事的现象,并没有对企业环保信息进行深入披露,如企业环保投资规模等。为此政府监管部门应对环保投资概念进行细化,规范企业环境信息披露内容,从而使政府监管、金融机构信贷和投资者的投资等行为有章可循。

二、提高环境规制执行质效,建立健全奖惩机制

第一,环境规制是保障环境污染治理效果的关键,而环境规制的实施力度则是保障环境污染治疗效果的前提与基础。为此,相关部门务必要加大其实施执行力度,以优化环境监管法律法规体系为基础,以保证环境执法成色为目标,着力提升违规行为打击力度,全面从严法律规定执行尺度,强化环境问题防控的法律和制度支撑。

第二,严格环境规制势必会使企业环境治理费用和成本的负担加重,带来挤出效应而挫伤企业生产积极性。为避免企业履行环保责任的投入占用企业营运资本和生产资金,政府应积极出台相关政策,建立完善的奖励机制,为环保达标企业提供相应的政府补助。具体办法有:一是加大财政政策对环保达标企业的资金支持力度;二是实施更加灵活的税收政策,依据企业环保投入力度给予阶梯式税收优惠,量化企业环境保护成效,根据企业得分实施差异化税率,"一企一策"制定排污费征收标准。

三、加强执法监管力度

企业环保投资政策的完善离不开政府部门的支持。为了给企业环保投资政策的改善创造良好的政治生态环境,政府部门应当加强执法监管力度。此外,政府部门还应消除对企业在税收方面的歧视,使私企与国企拥有同样的待遇;与此同时,政府还要加强构建高效、公平的监管机制。部分地方政府为了推动地方经济发展,忽视环境保护工作的开展;此外,也有部分地方政府将关注重点放在环境绩效上。所以,政府部门应当加强对地方官员的监管力度,对"不作为""乱作为"的官员进行严肃处理,以此遏制地方官员的不正当行为,同时积极引导地方政府

对税收收入和环保支出进行协调。此外,政府还应当强化监督制约体系,最大程度上减少地方政府机关人员对税收和环保工作的过度干预。

此外,政府还应加强对企业环保责任落实情况的监督和跟进等方面的工作。从具体上来讲,政府可以从多方面加强对企业环境责任落实情况的监督,如对企业展开环境责任审计工作等。政府环保部门应定期与企业领导针对环保工作落实等情况进行面谈,可以依靠不定期的环保督导依靠来全面落实政府环保部门的监察职责。此外,制定相应的政策要求企业对外公开环境责任信息,并利用排污许可证对企业实施"一证式"环保管理,从而将企业环保规制落到实处。除此之外,政府环保部门还要不断完善企业环保信用评价制度,并联合银行等金融机构完善企业信贷政策,努力为企业打造一个"守信奖励,失信惩罚"的环境信用机制,通过奖励惩罚机制促使企业积极参与环保投资。

四、完善正向引导性的企业环保投融资政策

对环境运营服务业企业与治污企业污染治理设施运行用电、用水、用地给予优惠,统一执行大工业电价、企业优惠水价,并且尽量保证污染治理设施用电量、用水量。将价格政策试点范围扩大到其他行业污染治理设施的投资与运行中。

积极落实资源综合利用税收优惠政策,以鼓励企业采用清洁生产技术,建立环境保护设施加速折旧政策,从源头防治污染。企业从事国家重点支持的环境基础设施项目经营所得,符合条件的环境保护、节能节水、固体废物处置利用项目所得,依法享受企业所得税优惠。

第三节　民间资本环保投资模式

一、特许经营融资模式

(一) BOT 模式

目前,BOT 融资模式在全球范围内得到应用,其使用范围较广。从整体上来看,该融资模式主要用于具有收益的公共基础设施建设项目,通过收取公共基础设施使用等费用来获得利润,因此,将 BOT 融资模式应用于环境基础设施建设具有较高的可行性。从政府角度而言,BOT 融资模式最大的优点是政府通过转让基础设施建设、运营等权限获得融资，这在极大程度上减轻了国家的财政压力。BOT 融资模式使政府对环境基础设施项目建设不再是一次性巨额财政投入，而是通过转让"特权许可证"，并用环境基础设施经营利润，如排污费等来支付投资者。从企业投资者角度来讲，在 BOT 融资模式下有排污费等做担保，其投资风险大大降低，投资回报也比较稳定。

（二）准 BOT 模式

虽然 BOT 融资模式在全球范围得到广泛推广，我国各个省、市在环境基础设施建设中极力提倡 BOT 融资模式，但是，投资者投资回报的期望值与国家保本微利政策之间存在差距。在我国，无论是政府还是企业都缺乏对 BOT 融资模式的运作经验，为此双方顾虑较多。正是在这种情况下诞生了符合我国当前国情的，"准 BOT 模式"与 BOT 模式最大的区别在于"准 BOT 模式"投资结构和经营授权期限有所不同。其中，政府成为投资者之一就是其显著特点之一。通常情况下，政府投资会采用土地、资金等形式。政府投资的注入在无形中增加了企业投资者的信心，也在一定程度上减轻了企业投资者的融资和还贷压力，由此可以看出"准 BOT 模式"是我国资金实力较弱、发展起步较晚的环保企业的环境投资方运作方式之一。政府作为投资者加入，在准 BOT 模式下可以有效调控环境基础设施项目的服务收费标准。但是，需要注意的是，在准 BOT 模式下，政府和私营企业所签订的合同更加严谨，以避免在环境基础设施项目经营过程中产生利润分配纠纷，进而影响环境基础设施的正常建设与运营。

（三）TOT 模式

具体上来讲，TOT 模式（Transfer-Operate-Transfer）主要是指政府对建成的基础设施进行资产估价，然后在全社会通过公开招标的方式将环境基础设施的所有权和经营权出让给私营企业（国外企业）；中标单位在规定时间内获得环境基础设施的所有权和经营权；私营企业（国外企业）以赚取环境基础设施项目服务费的方式谋取利润；在环境基础设施项目到期之后，私营企业（国外企业）无偿将其转让给政府。从本质上来看，TOT 模式实际上就是政府将环境基础设施项目作为租赁物，并向承租方一次性收取租金。TOT 模式不仅解决了环境基础项目的运营问题，政府也能够快速收回环境基础设施建设资金，从而降低环境基础设施建设期间的风险。虽然 TOT 模式的投资回报要低于 BOT 模式，但是对于投资者而言仍具有较大的吸引力。

（四）PFI 模式

PFI（Private Finance Initiative）模式于 1992 年由英国政府提出，是一种新型的基础设施项目融资模式，其原意为"私人融资活动"，在我国则被译为"民间主动融资"。PFI 模式是对 BOT 模式的优化，其含义是公共工程项目由民营资本投资兴建，政府授予私人委托特许经营权；通过特许协议，政府和项目的其他各参与方分担建设和运作风险。与 BOT 模式不同的是，政府对项目的要求没有那么具体，往往只提出目标和功能要求，充分利用私营企业的优势，实现项目的选择、设计和运营的创新；项目竣工后，项目公司不是将项目提供给最终使用者，而是将其出售或租赁给政府及相关部门。PFI 模式主要用于解决政府基础设施建设资金不足的问题。我国环保产业在建设任务十分艰巨、供需矛盾较大的情况下，推行 PFI 模式能够广泛吸引经济领域的非官方投资者参与投资，这不仅将大大缓解政府公共项目建设的资金压力，而且还将有效地推动整个行业的产业化进程。这种做法既鼓励了民间资本的参与，也减轻了政府现时的财政压力，还促进了城市的基础设施建设；同时，也建立了新的建设和运营方式，调整了社会参与基础建设的积极性。

二、资本市场投融资模式

（一）股票市场融资

随着市场经济的快速发展，股票筹资的功能日益明显，充分利用股票市场是金融和环保建设与发展相融合的重点。经济效益好、规模大的环保企业应进行股份制改制，并应积极上市。国家对此部分企业在上市审批上应当给予一定的优惠政策，加快其上市速度。另外，国家积极鼓励、引导环保企业上市发行股票，以此来增加企业资本、扩大企业规模，进一步提升企业的环保投资能力。1997 年，我国出现了第一家环保上市公司。随着生态环境建设进程的加快，越来越多的上市企业开始将目标瞄向环保行业。此外，深证成指（深圳证券交易所成份股价指数）对样本股进行调整之后，在"行业归属"一栏中增加了"环保产业"。当前，我国上市公司参与环保产业的方式途径主要有以下几种：一是公司本身主营业务为环保业务；二是出资参股、控股环保公司；三是募集资金投入环保项目；四是对自身业务进行环保型规划和改造。其中，第二种和第三种方式是目前我国上市公司入驻环保行业的新途径。

(二) 创业板市场融资

随着科技的发展，新兴科技型环保企业在环保行业赢得了一席之地。此类型环保企业具有高科技、发展前景好等特征，因此具有较高的投资价值。新兴科技型环保企业一般规模较小、资本小，很难利用股票市场进行融资，但是可以在中小板或者创业板市场进行融资。

(三) 债券融资模式

通常情况下，债券融资主要包含两种方式：国债融资和企业债券融资。国债融资主要指的是国家将一定数量的国债作为财政支出用于环境保护工作，属于直接的环保融资方式。财政收入作为环境保护资金十分有限，通过发行国债，可以在一定程度上缓解政府的压力。政府应积极应用国债融资方式，吸收民间资本用于环境保护工作。此外，环保企业可以借助自身信誉和经营效益等优势发行企业债券，以此来达到环保融资的目的。企业债券融资具有较高的主动性，与国债融资、银行信贷相比融资成本较低。我国企业证券发行受国家产业政策和行业发展规划的影响，其发行方式依然延续传统审批模式。企业证券的发行规模和金额都有严格限制，这在一定程度上限制了我国企业证券市场的发展，所以企业债券融资能力较为有限。但是，在当前产业政策下，国家逐渐提升了对环保产业的支持力度，所以未来环保产业债券将有较好的发展空间。除此之外，环保企业具有良好的发展空间，其经营业绩也有较大的提升空间，这为环保企业债券融资提供了保障。

(四) 环保产业投资基金

产业投资基金是与证券投资基金相对应的一种基金模式，是私募股权投资基金在国内的表现形式之一。环保产业投资以私募的方式向工商企业、投资机构、保险公司等投资者募集资金，向具有高增长潜力的未上市企业以及上市公司的非交易股权进行投资，并参与被投资企业的经营管理，以期所投资企业发育成熟后通过股权转让实现资本增值。

当前设想的环保产业投资基金的设立和运作方式是：在符合国家政策法规的前提框架下，按照专业化的思路，针对不同风险偏好的投资者，募集成立如城市垃圾处理基金、城市污水处理基金等细分产业投资基金，交由具有相应环保专业知识背景、金融背景的专业人才管理，投向专门的环保产业。环保产业投资基金的建立不但可以从社会中广泛地募集资金，也使资金的筹集和使用更加公开、更加透明,增强了人们对环保企业进行社会捐助的积极性。我国在环保领域陆陆续续成立了 6 只投资基金,且资金规模达到 158 亿元。除此之外,我国部分地区还建立了专门的政府环境保护基金、污染源治理专项基金等,以及多种形式的环境保护团体基金,丰富了环保投资主体和融资载体。

(五) ABS 资产证券化

ABS 资产证券化(Asset-backed-Securities)是一种新型的融资模式,主要指的是目标项目以自身资产为基础,以自身资产未来收益为保障,通过在国际市场上发行高档债券的方式筹集资金。在 ABS 筹资方式中,依据双方签订的合同项目,资产所有权由原权益人转移至特殊目的公司 SPC(Special Purpose Corporation)。SPC 通过证券承销商销售资产支持证券,取得发行收入后,再按资产买卖合同规定的价格把发行收入的大部分作为出售资产的交换支付给原始权益人,从而将原始权益人缺乏流动性但能够产生可预见未来现金流收入的资产构造转变为资本市场可销售和流通的金融产品。同 BOT 模式一样,ABS 资产证券化模式可以为环保基础设施建设筹措大量的外部资金。与 BOT 模式相比,环保项目用 ABS 资产证券化模式融资时,项目的资产运营决策权依然归原始权益人所有,因此避免了关系国计民生的重大环保产业项目经营权落入外国投资者手中的风险。同时,这种投融资方式融资风险较低,中间环节较少,可以大幅度降低发行债券筹集资金的成本。ABS 资产证券化模式是政府从外部获得大量低成本、低风险的环保基础设施建设资金的有效途径,以环保项目未来产生的预期现金流为支撑。我国应该逐渐完善各种环保法规制度,建立起环保设施有偿使用制度,从而逐步实现环保基础设施市场化运作。环保设施经营企业可以通过直接向使用者收费而从中获得利润,这样就可以保障环保基础设施建设项目具有可预期的、稳定的现金流。

(六) 绿色信托

所谓的信托主要指的是受托人接受委托人的委托,并按照委托人的意愿对受益人的利益进行管理或者处分的行为。随着信托的发展,我国对其进行了多次整顿。在 2007 年经过第五次信托行业整顿之后,信托以制度上的绝对优势成为国内炙手可热的融资手段。将信托与环保产业融资结合在一起打造"绿色信托",能够在无形中拓宽融资渠道。

"绿色信托"主要是指环境保护项目为标的,进而实现环保行业融资的信托计划,体现了信托投资与环保融资的结合,对我国环保产业的发展有十分重要的作用。"绿色信托"早在 19 世纪就得到了实践验证,并取得了较好的成效。我国信托市场已经得到了一定的发展，并开始探索、尝试"绿色信托"。目前，我国信托市场主要以房地产信托产品为主。这种集中式的发展无疑增加了信托市场的风险，为此监管层对其进行了严格的控制。信托企业要想摆脱当前的发展困境，就要加大产品创新力度，不断丰富、完善自身信托产品，而环保产业无疑是其不错的选择。

三、环境资本运作

开展环境资本运作是指将土地开发等活动与污染治理相结合，利用土地增值等筹集环境保护资金。以江苏省为例，江苏省对无锡五里湖、南京秦淮河开展环境资本运作，筹集环境整治资金，鼓励各地通过将环境做美、做优从而带动土地增值、盘活环境资产存量，再用经营城市的收益反哺环境整治，形成城市建设和环境建设的良性循环。

四、供水和排水"一体化"模式

我国在对城市污水处理企业改制过程中不断创新，如上海、深圳等城市提出的供水和排水"一体化"模式主要是将原本分属两个企业的污水处理和自来水供应合二为一，并成立一个企业集团。供水和排水"一体化"模式主要有以下三个优点：

第一，供水和排水"一体化"模式可以在一定程度上，用自来水供应的高收益补贴污水处理项目的资金不足。

第二，供水和排水"一体化"模式可以实现"技术和管理扶弱"。目前，与污水治理系统相比，供水系统无论是在技术方面，还是在管理经验方面都有明显的优势，因此采用供水和排水一体化模式可以实现技术和管理的扶贫。这对提升我国污水治理技术和管理水平有积极作用。

第三，传统污水处理企业的性质为事业单位，可事业单位法人是不允许进行社会融资的。在改制之后，企业性质发生转变，这一问题迎刃而解了。除此之外，在实行供水和排水"一体化"之后，企业有供水收益作为保障，其融资信誉和能力也会有所提升。虽然水和供排水"一体化"模式有明显的优势，但是在实施过程中要避免机械式组合。如果在供水和排水与污水处理结合之后，供水依然按照之前的市场化经营方式运行，而污水处理依然按照之前的管理方式经营，污水处理的资金仍有政府补贴，那么就无法真正发挥供排水"一体化"模式的作用。该模式的使用应当充分尊重市场规则，通过市场作用实现供水与排水的有效结合。

五、合约模式

（一）服务合约

服务合约主要指的是一方出于降低运营成本或为了从另一方获得技术、经验的目的，将某一部分运营设施承包给另一方。在服务合约模式下，政府需要负责基础设施的基本建设，还要负责生产规模扩大、技术升级改造等方面所需的资金；而私人企业则需要在政府规定的标准下负责部分基础设施的运营，并收取相应的费用。通常情况下，政府主要以公开招标的方式来确定与私人企业的合作关系。从某种意义上来讲，服务合约是最具竞争力的合作方式，主要有两方面的原因：一是服务合约的时间一般较短，所以私人企业在经营期间必须要保持低成本经营；二是服务合约仅仅转让部分基础设施的经营权，因为门槛较低，所以参与竞争的企业相对较多。

服务合约模式存在一些弊端，如政府对私人企业资金的利用程度较低。此外，由于私人企业仅仅参与部分基础设施经营，所以私人企业的技术优势难以全面发挥。从政府角度来讲，在服务合约模式下，政府依然承担着大部分的环境风险。除此之外，政府为了降低成本，在选择私人企业时可能会过度关注私人企业报价，而忽视私人企业服务质量。

（二）管理合约

管理合约主要是指政府将设施的管理、运营权委托于私人企业。在这种模式下，政府需要定期向私人企业缴纳管理费，同时企业也应当承担一定的商业风险。在管理合约模式下，企业可以从政府得到稳定的管理费用，企业所承受的运营管理风险较小。但是，在管理合约模式下，私人企业的收益也相对较低。此外，在管理合约模式下，政府对私人企业的资金利用也十分有限，依然要耗费大量的资金用于基础设施建设、更新、改造。此种模式虽然在一段时间内可以提升设施运营效率，但是在后期较为稳定，很难有较大的突破。

（三）租赁合约

租赁合约主要指的是私营企业通过租赁的方式向政府支付一定的费用，从而获得基础设施的排他性经营权。在租赁合约模式下，基础设施的建设、固定设备的更新修理费用由政府承担，私人企业只需按照合约支付相应的租赁费用并支付一定的运营资金和日常维护费用即可。该种模式在一定程度上可以将私营企业的技术和管理优势发挥至最大。同时，政府也将大部分的商业风险转移给私营企业。除此之外租赁合约模式还可以吸收私人资金的参与。

(四) 合同环境服务

合同环境服务（Environment Service Contract，ESC）是一种建立在市场基础上的新型环保机制。合同环境服务最大的特点是"按效果付费"。企业或政府与外部专业公司签订合同后，专业公司按照合同要求为企业或政府提供综合性的环境服务，然后按照治理前后的效果差来收取费用。这种模式可以很好地满足环境需求方的需求。也只有在满足其需求的前提下，环境需求方才会支付专业公司相关费用。在一般情况下，合同环境服务的需求主体主要有排污企业和政府两类，其服务形式也分为两种：一是污染企业通过合同服务的形式与环境服务商共享企业减排所节省的费用；二是由政府出面购买环境服务商的环境服务。目前，我国环保产业发展处于初级阶段，环境服务在环保产业中所占的比重也较小，仅有15%左右。除此之外，我国大部分的环保企业主要向企业出售环保设施，而合同环境服务的引入在一定程度上可以推动环保企业向综合环境服务方向转变。

第四节　民间资本环保投资政策

一、支持民间资本投资环保领域相关政策

随着我国市场经济的快速发展，国家在2001年至2010年期间，针对我国非公有制经济发展以及民间投资活动出台了多个制度文件。2001年12月，国家计委颁布了《关于促进和引导民间投资的若干意见》，该文件对推动我国民间投资活动进一步发展有积极意义，倡导民间投资可以以独资、参股、联营等形式参与国家经营性的基础设施以及公益项目的建设，如供水、道路桥梁、污水处理等。2002年6月，国家环保总局联合国家计委、财政部、国家建设部发布了《关于实行城市生活垃圾处理收费制度，促进垃圾处理产业化》的通知。该文件对环保投融资渠道做出了要求，要求政府不断拓宽环境投融资渠道，不仅要吸引国内资金，同时也要吸引国外资金；另外，在环境保护资金筹集过程中，政府还要注重吸引私营企业资金。

2002年，我国再次对吸引民间投资和国际投资用于环境保护做出了完善，并

于同年10月由国家环境保护总局颁布实施了《城市垃圾填埋气体收集利用国家行动方案》，该文件特别强调吸引民间投资和国际投资进入城市垃圾处理领域。与此同时，我国将垃圾综合利用项目列入国家优先发展产业清单。此外，建设部于2002年12月发布了《关于加快市政公用行业市场化进程的意见》，该文件要求地方政府开放城市市政公用行业，并鼓励民间资金、国际资金参与城市基础设施项目建设，其参与形式可以是独资、合资，也可以采用合作的形式。另外，《关于加快市政公用行业市场化进程的意见》还强调通过公开招标的方式将园林绿化、环境卫生等非经营性设施的日常维护等项目承包出去。最后，《关于加快市政公用行业市场化进程的意见》明确指出允许企业跨区域、跨行业参与市政公用企业的经营活动，但经营企业需要通过公开招标的方式选拔，在中标之后由政府授权特许经营。

2004年2月，建设部针对市政公用事业出台了《市政公用事业特许经营管理办法》。在此政策出台之后，民间资本、国际资本可以踏足我国城市供水、污水处理等市政公用行业，同时在投资和运营方面采用"厂网分开、独立核算"的方式，并在这些市政公用行业中推行特许经营制度。2005年2月，国务院针对非公有资本进入公用事业和基础建设领域出台了相关文件——《关于鼓励支持和引导个体私营等非公有制经济发展的若干意见》（非公经济36条），并在此基础上倡导加快完善我国政府特许经营制度，不断规范招标、投标行为，积极推动我国民间资本、国际资本进入公用事业和基础建设领域，如供气、公共交通、供热等。

国务院于2010年5月再次为民间投资介入环保产业发布了《国务院关于鼓励和引导民间投资健康发展的若干意见》（"新36条"），该文件对我国民间投资发展有着重要的意义。从某种意义上来讲，该文件是我国首次针对民间投资发展、管理以及调控的专业性、综合性的政策文件。"新36条"之所以"新"，主要缘于其在原"36条"的基础上拓宽了民间资本的投资领域和范围，除了鼓励民间资本涉足市政公用事业建设外，还在管理体制、运营机制和财税金融等方面做出了改善，并为民间资本提供了一系列的保障措施。2010年7月，国务院发布《关于鼓励和引导民间投资健康发展重点工作分工的通知》，该文件不仅明确了相关部委和地方政府的工作任务，也要求相关部门针对民间资本参与市政公用事业建设提出切实可行的详细方案。正是在这种环境下，民间资本再次得到国家的重视。

住建部于2012年6月针对民间资本投资环保领域印发了《关于进一步鼓励和引导民间资本进入市政公用事业领域的实施意见》，该文件鼓励民间资本以独资、合资、资产收购等多种形式参与城市供气、供热、污水处理、生活垃圾处理等项目的建设和运营。此外，该文件还鼓励民间资本通过政府购买服务这一途径直接参与市政公用事业领域的运营和养护，如中水回收、雨水收集、垃圾清运、园林绿化等。另外，住房和城乡建设部发布的政策还鼓励民间资本通过购买政府债券、股票等形式间接参与市政公用设施的建设和运营。民间资本也可通过参与企业改制重组、股权认购等方式进入市政公用事业领域。

二、环保企业上市融资政策

近年来，环保产业受到国家重点关注，成为我国重点发展的新兴产业之一。国家在融资政策上也给予了环保产业较大的支持，使其融资渠道日益完善，如新三板、创业板等多层次资本市场的建立。在这种政治政策环境下，在2009年之后，我国有20多家环保企业成功完成上市融资。与此同时，证监会对上市企业募集资金运用做出了文件性规定，相关文件主要有《首次公开发行股票并上市管理办法》《公开发行证券的公司信息披露内容与格式准则第1号招股说明书》。这两个文件对拟上市环保企业募集资金的投向做出了明确规定，要求环保企业应当将募集资金投入企业主营业务；与此同时，募集资金所投入的主营业务项目也要符合国家相关法律法规，如国家产业政策、环境保护法规、土地管理法规等。

当环保企业决定好募投项目之后，企业还应当对环保项目进行投资可行性分析，以此来确保募投的环保项目具有较好的投资回报和市场发展前景。根据证监会对上市公司募集资金运用的管理，企业的募投项目应是企业的主营业务。此外，为了保障拟上市公司的健康稳定发展，证监会同时规定了拟上市公司所募集资金的数量和所投资的项目应当结合企业自身的实际情况而定，如企业现有生产规模、企业财务状况、企业技术水平、企业管理能力等。所以，拟上市环保企业在募集资金数额和投资项目选择方面应当充分考虑以上限制条件，并对其募投项目进行深入分析，了解募投项目的盈利空间和市场发展前景。

相对于主板市场上的上市公司，创业板和中小板上的上市公司具有高成长、高科技含量等特点。为此证监会对该板块拟上市公司审核时的侧重点也与主板市场有所区别，更加侧重于企业产品、服务的成长性和科技含量。环保产业是我国七大战略性新兴产业之一，高新技术是推动产业发展的动力源泉。选择在创业板和中小板上市的环保企业十分重视企业技术的发展，并将大部分募集资金用于技术研发中心建设。证监会对此提出"两高六新"，其中"两高"主要指的是科技含量高、成长性高；"六新"指的是新材料、新农业、新能源、新服务、新经济、新商业模式。

三、税收优惠政策

（一）企业所得税的税收优惠

2008年1月1日起实施的《中华人民共和国企业所得税法实施条例》（国务院令第512号）对国内的中外企业所得税法实行了统一，并对相关税收政策进行了调整。在《企业所得税法实施条例》中，关于环境保护方面的企业所得税优惠政策主要包含以下方面：

第一，凡是企业按照国家规定要求提取的用于环境保护以及生态恢复方面的资金不予计入企业所得税征收范围。

第二，此条例在企业参与环境保护项目建设方面给予了企业一定的所得税优惠政策。企业对参与符合条件的环境保护项目建设的所得享有一定的税收优惠政策，如公共污水处理、沼气综合开发利用、节能减排等项目。具体而言，以企业环境保护项目取得经营收入作为第一个纳税年，政府免收该企业在第一年、第二年、第三年的企业所得税，在第四年、第五年、第六年减免一半的企业所得税。

第三，企业在生产经营过程中，利用《资源综合利用企业所得税优惠目录》中规定的资源作为生产的原材料，且企业生产出来的产品符合国家、行业生产合格标准，企业通过此类产品所获得的收入享有一定的所得税优惠政策，此部分收入减按90%计入收入总额。

第四，如果企业在生产经营过程中使用了相关环保节能设备，则可以享有一定的所得税优惠政策。我国在《环境保护专用设备企业所得税优惠目录》《安全生产专用设备企业所得税优惠目录》《节能节水专用设备企业所得税优惠目录》中对此做出了明确的规定。凡是企业采购的设备符合法规标准，企业采购设备金额的10%可以冲抵企业当年应缴所得税金额；当年不足抵免的，可以在以后5个纳税年度结转抵免。

第五，国家对重点扶持的高新技术企业做出了"减按15%的税率征收企业所得税"的税收优惠政策。目前，国家重点扶持的高新技术行业主要包括：资源与环境技术、节能技术、新能源等。

（二）增值税的税收优惠

我国政府同样在增值税方面给予了环保企业相应的税收优惠政策，主要表现在多个方面，如废旧物资回收、资源的综合利用等。在鼓励资源综合利用方面，国家出台了相应的税收法律法规，从而为企业资源综合利用创造良好的税收环境，如2008年我国财政部联合国家税务总局发布的《财政部国家税务总局关于资源综合利用及其他产品增值税政策的通知》，此文件对资源综合利用进行了明确规定。与此同时，2011年国家财务部再次联合国家税务总局发布了《财政部、国家税务总局关于调整完善资源综合利用产品及劳务增值税政策的通知》。在这两个文件中，关于环保项目的税收优惠政策主要有以下几个方面：

第一，针对环保企业制定了免征增值税的税收优惠政策，同时对免征对象也做出了相应的规定，如再生水、翻新轮胎、以废旧轮胎作为生产原料生产出来的胶粉、特定的建材产品（产品生产原料中废渣的比例应不低于总原料的30%）、污水处理劳务。

第二，对以垃圾为燃料生产的电力或者热力实行增值税即征即退政策。

第三，对受政府委托的自来水厂或自来水公司在经营过程中随水费收取的污水处理费不予征收增值税。

第四，对垃圾处理、污泥处理处置劳务免征增值税。

如使用厨房垃圾、污水处理后的污泥、含油废水、花生壳、玉米芯、畜禽粪便、棉籽壳等作为原料生产出来的电力、热力和燃料，也包括通过利用以上原料发酵产生的沼气作为原料而生产的电力、热力和燃料。除此之外，还有以污水处理之后的污泥作为原材料而生产出来的干化污泥和燃料等。

以上这些生产出来的货物均享受增值税即征即退100%的政策，前提是以上资源必须占货物生产原料的90%及以上。

四、环保服务收费政策

当前我国环保产业发展还处于起步阶段，大部分环保服务并不收费或收费很低，如城镇居民污水处理收费以及城镇局面垃圾处理收费制度。部分数据显示，我国目前污水处理率以及污水处理费十分低。36个大中城市中污水处理率只有55%，污水处理费平均征收标准是0.8元/吨，仅占污水处理成本的67%；36个大中城市中垃圾处理费征收面为69%，几乎所有城市采取的收费方式都是定额收费制，多数城市的垃圾处理费采用每户每月5~8元这一标准。另外，企业所征收的环保费用远远不及环保项目设施建设、设施维护所需的费用。大部分环保企业的利润很低，部分环保企业甚至入不敷出，环保企业很难吸引民间资本的注入，其大部分资金来源于政府投资。

五、鼓励环境服务模式创新

在我国产业升级与转型浪潮的推动下，我国环保行业想要得到较好发展，务必要实现商业模式创新。2011年4月，我国环保部对环保行业的发展做出了明文规定，并积极鼓励环保行业创新，建立新型环保企业，如提供专业解决方案的综合环境服务企业。与此同时，积极鼓励各级政府与环保企业共同探索合同环境服务的新模式，并对此模式进行了试点试验，以试点为基础，完善合同环境服务的相应服务标准、配套政策以及支撑体系，逐步建立不同类型合同环境服务的服务模式样板和实施导则。2012年，我国环境部对综合环境服务业进行了深入阐述，并发布了《环境服务业"十二五"发展规划》（征求意见稿），《规划》强调在"十二五"期间使我国综合环境服务业取得显著成效，在全国范围内培育30～50个区域型环境综合服务商，与此同时"十二五"期间发展20～30个全国性质且具有较强国际竞争力的环境综合服务集团，在这部分环境综合服务集团中，要有10～20个的年产值达到100亿元以上。

综合环境服务主要是为环境污染集中地（工业污染严重的开发区、工业聚集区等）制定一套完整的环境污染治理方案，以此来缓解该地区的环境污染，消除环境污染隐患。我国各级地方政府积极探索综合环境服务业的发展途径。以湖南省为例，湖南省的环境服务业共四大类十一项。其中，四大类主要包括：环境服务业公共服务平台建设试点、综合环境服务模式试点、环境污染治理设施第三方运营试点和合同环境服务试点。合同环境服务模式对企业环境保护资金筹措将起到重要的作用，有利于缓解污染治理企业资金不足的局面。

六、研究发行环保彩票

自1999年开始，我国各地针对发行环保彩票提出过相关的建议和设想：1999年，上海市环保局提出发行上海环保彩票的设想，并一度就发行模式和民政部门达成共识，即收益的30%专项用于上海环保综合整治。在2001年两会上，全国人大环境与资源保护委员会主任曲格平提出防沙治沙环保彩票设想，全国政协委员徐永光先生提出"保护母亲河彩票"方案。2009年11月，湖北省有关部门着手研究环保公益彩票方案。作为武汉城市圈实施生态建设系列创新举措之一。2010年，海南省提出在海南国际旅游岛建设中，尝试环保彩票、债券、基金融资。2010年，王国海等10位老、中、青三代环保志愿者经修改补充，最后形成了《关于发行"中国环保彩票"的建议》，并向有关部门提交了该建议。

从发行者角度来讲，彩票可以使其获得免费的资金，是一种不用还本付息的融资工具；从购买者角度来讲，彩票是一种投资工具，不仅可以实现购买者的投资需求，同时也可以极大地满足购买者寻求刺激的心理。另外，彩票与股票、债券等具有一定的共同性，它们都可以不断吸收社会闲散资金。除此之外，彩票还具有独特的筹资优势，即彩票的慈善性和公益性。发行环保彩票对于拓宽环境、保护融资渠道有重要意义，在一定程度上也可以推动我国环保产业多元化投融资格局的形成。

第五节 完善民间资本环保投资机制的建议

一、改善民间资本的投资环境

（一）加强对民间投资的产业引导

应结合国家公共投资行业的特点，充分发挥市场经济的导向作用，并以此作为公共投资项目组织形式和投资形式，如公开招标、特许经营等，以此鼓励民间资本进入国家公共投资领域。在公共投资中，无论采用何种组织形式都要保障投资主体之间的公正公平；除此之外，还要逐渐形成相应的投资风险责任机制，使投资者的投资利益和投资风险对等。

（二）强化资金权益保护的外部监督

为了改善民间资本的投资环境，我国应不断完善对公共投资项目的监管方式。在这方面，我国可以借鉴国际先进的市场监管方案，使监管逐渐市场化。与此同时，随着我国公共投资项目资金来源途径的增加，我国采用多样化的监管方式，如政府、社会、中介、公众和舆论监督等。除此之外，我国还要实现对公共投资项目的全过程的监督。

（三）强化政府的投资信用约束制度

在公共投资项目中，应强化政府的投资信用约束制度，明确政府与民营企业之间的权利和义务，以此来保障公共投资项目的公开、公正、透明，最大限度地避免"暗箱操作"等不良现象的出现。另外，相关部门还应针对"特许经营"问题，出台一系列可操作性更强的法律法规，从而使民营投资企业的"特许经营"走上法制化、市场化道路，通过法律手段约束政府和民营投资者的行为。

(四)完善保障投资者利益的法律法规体系

环保设施投资领域具有投资回报稳定、投资风险小的特点。但是,由于缺乏环保设施投资运行经验和相应的法律法规体系,以及环保设施投资项目投资金额大、投资回报周期长,限制了我国环保设施投资的发展。例如,在没有完善的法律法规体系的环境中,投资者往往会觉得环保设施投资风险难料;同时,在没有相关法律条文的保障下,其合法权益在受到侵害时也难以维护,这些因素在无形中使投资者对环保设施投资望而却步。要想吸引民间资本进入公用行业,务必要建立完善的法律法规体系,以此来保障投资者的合法利益。

(五)加大财税政策对民间投资的引导和支持力度

为了增加我国的环保资金,除了国家财政预算资金之外,还应当加强对民间资本的重视程度,如鼓励民间资本通过参股的形式参与环保投资。对于民间资本投入无法收回投资成本的项目,国家应当给予一定的财政补贴,如基础设施建设、公益性事业等。另外,相关政策要做到一视同仁,如技改贴息。此外,部分税收政策也要做到一视同仁,如民间资本参与国家鼓励类产业投资时,民间投资企业的税收抵扣、税收减免、成本摊提等。最后,相关部门还要加快结构性减税政策的实施进程,清楚民间企业不合理的税收负担。

(六)实行政策补贴制度

要想加快民间资本对环保产业的资本投入,并在一定程度上降低民间资本的投资风险,政府需要制定完善的投资收益补偿制度。例如,对于一些投资预期收益率低的环保基础设施建设项目,政府可以制定相应的投资收益补偿政策使民间企业获得正常的投资收益,如价格补偿、资源补偿、经营补偿等;另外,也可以采用银行贷款优惠利率补贴的方式。

二、完善民间资本的融资环境

(一)创造更有利于民间资本进行融资的法律环境

在完善民间投资政策环境时,要充分考虑民间投资者的利益,并制定完善的民间融资法律法规,从而完善民间资本融资环境,如加大我国《中华人民共和国反不正当竞争法》的修订力度,也要加大《中华人民共和国反垄断法》修订工作的力度;除此之外,还要不断优化特许权制度相关法律条文。最后,在我国选择一些较为成熟的地区作为 PFI 等模式的试点区域，并通过不断地实践逐渐形成适合于我国国情的模式，而后制定相应的法律框架，并推广至全国各个地区。

（二）健全市场机制，充分发挥市场的作用

实现公共投资市场化管理，不仅可以优化政府公共投资管理水平，同时也能提升公共投资效益。为此，需要对政府在公共投资中的权利进行限制，使其负责公共投资规划和政策的制定，而公共投融资的全过程则交由市场运行，充分调动市场在公共投融资中的作用。

（三）发展多层次银行体系，为民营中小企业提供金融服务

由于大型、中型、小型民营企业对信贷商品与担保的需求多层次，要求银行体系与担保组织结构也应当多层次，应当构造"大中小型银行共同发展，国有、外资与民营银行互为补充，跨国、跨区与区内银行有机分工"的多层次银行体系；鼓励确有实力的民营企业资本组建一批民营中小金融机构，尤其是在国有银行顾及不到的广大社区发展民营银行。

（四）建立多极化的项目融资体系

第一，在国家批准的前提下，结合各个地区的实际情况，并在有条件的地区设置多种形式的城市基础建设投资基金，最大程度上吸引民间资本的注入。

第二，对于那些收益较为稳定以及预期收益较好的经营性基础设施项目，金融机构应当接受民间企业以政府授权的特许经营证收费权和收益权作为质押权益的贷款。

（五）建立多元化的股权投资机制

随着我国投融资市场的发展，我国已经成立了一些风险投资公司，也成立了一些风险投资基金。但是，我国缺乏关于风险资本成立、存续等方面的法律法规，导致风险投资公司和风险投资基金并未能发挥其最大作用，所以应当不断完善此方面的法律法规，使风险投资公司、风险投资基金的运行趋于规范化；与此同时，还应积极鼓励政府、国企、外资企业、国内民营企业以及个人成为环保产业投资主体，逐渐建立多元化的股权投资机制，使刚刚起步发展的环保企业得到种子资金。

三、完善以特许经营为主导的运营模式

在确保环境基础设施产权性质的前提下，应实施特许经营模式。另外，在遵

循公平竞争的原则下,应确保民间企业和外资企业、国企拥有同样的待遇,并允许其参与环境基础设施运营。在招标标准上,无论是对于国企、外资企业,还是对于民间企业都要一视同仁。企业是否中标关键在于企业的从业资质、技术水平和管理水平等,而非企业性质。我国传统的环境公用事业单位应主动、自觉完成企业化体制改革,实现政企分离。改制后的传统环境公用事业单位应当向政府申请特许经营权,只有在持有特许经营权的情况下才能继续经营。对于民间企业,政府应当按照"谁投资、谁经营"的原则,持续优化我国特许经营制度;还应加强对特许经营模式监督和管理,规范企业的特许经营活动,并对违反特许经营协议的企业做出严肃处理。

四、完善环境服务收费价格形成机制

环境服务收费价格改革对于我国环境基础设施的市场化改革具有深远影响,同时也是其市场化改革的关键。环境服务收费价格改革应遵循"投资者收益,使用者负担,污染者付费"的原则,并在此基础上强化政府对环境服务收费的补贴机制,逐渐构建适合我国国情的环境服务收费价格形成机制。具体来讲,可以从以下三个方面实施:

第一,完善环境服务产品的定价机制,环境服务产品在定价时应结合多方面因素,如社会平均成本、社会承受能力、经营者合理收益等。

第二,形成环境服务收费价格定期调整机制,价格应当随着经营成本的变动而变动,也只有这样才能保障环境基础设施正常运转。

第三,建立环境服务收费价格补贴机制,通过价格补贴的方式保障投资者的正常收益及环境基础设施的正常运行。

第六章　环境税制对企业绿色投资的影响

本章为环境税制对企业绿色投资的影响，主要介绍了三个方面的内容，依次是环境税制与企业绿色投资的理论基础、环境税制与企业绿色投资的现状及体系、优化环境税制促进企业绿色投资的对策建议。

第一节　环境税制与企业绿色投资的理论基础

一、外部性理论

新古典学派代表人物之一阿尔弗雷德·马歇尔（Alfred Marshall）最早对外部性概念进行了定义。该概念主要阐述了企业生产规模和内部资源配置效率提升的内部和外部经济问题。虽然此概念并未对外部性理论进行深入阐述，但是它对外部性理论的发展同样具有重要意义。随后马歇尔的学生庇古（Arthur Cecil Pigou）对外部性理论进行了深入研究，这也是目前最为人们接受的外部性理论。庇古的研究指出，一个人的活动行为不仅使自身获益，可还能使他人受益，也可能使他人受损；无论他人受益还是受损，行为人均无法向他人收取报酬或赔付损失，由此正（负）外部性产生。在外部性的影响下，社会成本与私人成本、社会收益与私人收益出现了不对等现象，这就在一定程度上导致了市场失灵。庇古认为政府应当发挥自身职能，矫正外部性引起的不对等现象，即政府对正外部性给予补贴，而对负外部性则通过征收税收的方式进行调节。

从外部性理论角度而言，环境治理具有正外部性，而环境污染则具有负外部性。由污染型生产过程导致的外部性，会在极大程度上致使环境保护与环境破坏的成本出现不对等现象，如处于河流上游区域的企业通过治理水资源污染，不仅使上游区域企业受益，同时也使中下游区域企业受益，然而河流中下游区域企业并不支付任何水资源污染治理费用，于是大大加剧了河流上游区域企业的负担，同时也在一定程度上降低了河流上游区域企业对于环境污染治理的积极性。这种现象需要政府出面进行干预，通过完善环境保护税制平衡上游、中游、下游企业的环境污染治理责任。

总而言之，在对待外部性问题时要做到区分对待，即"激励正外部性，管制负外部性"，在政府干预的前提下，实现环境保护成本与收益对等。

二、自主治理理论

前文所提及的外部性理论为依靠环境税制治理环境问题提供了理论依据，而自主治理理论则为企业绿色投资发展打下了理论基础。外部性理论主要是以市场失灵为研究背景，分析政府干预对环境治理的重要性。外部性理论认为，环境治理所需的资金数量庞大，且存在投资收益外溢性强、投资成效慢的特点，所以环境治理投资主体应以政府为主导。但是，在现实中，并不是所有的地方政府都财力雄厚，经济财力较弱的地方政府难免会出现对环境治理不妥当的现象，最终导致经济发达地区的环境治理得好。因此，在环境治理方面，除了依靠市场和政府之外，还应当开辟一条新的道路。

2009年，诺贝尔经济学奖获得者埃利诺·奥斯特罗姆（Elinor Ostrom）提出了自主治理理论，该理论的出现为公共资源和环境治理开辟了一条新的道路。奥斯特罗姆在研究公共资源时，对自主治理理论进行了丰富，在原理论的基础上总结出8项"设计原则"。这些原则为政府治理公共资源提供了理论依据，并获得较好的制度绩效，主要包括以下方面：

（一）清晰界定边界

公共资源使用者如果有权获得一定的自然资源，如大气、水等，那么他们就需要履行公共资源治理的义务，即使这些公共资源的边界难以界定。除此之外，公共资源使用者要保证不破坏公共资源。

（二）确定相应的供应规则

在当地条件的基础上使用并确定相应的供应规则。众所周知，在工业革命时期，西方发达国家采用"先污染，后治理"的发展方针，使其综合国力得到飞速发展。现在，它们不仅拥有了发达的经济，同时本土环境也得到了较大改善。这主要是由于近年来，西方发达国家通过对外投资将高度污染的企业转移至国外。

无论是从国家经济实力还是世界环境治理责任的角度来看，发达国家都应当承担起环境保护的主要职责。

（三）集体选择的安排

当一个人的行为活动受集体规则制约时，那么他有权利参加集体规则的制定与修改。

（四）监督

此原则主要针对政府而言，政府不仅要充分了解资源的占有情况，还要对占有者公共资源的使用行为进行监督。

（五）分级制裁

环境污染具有一定的连锁反应。如果一个地区遭受环境污染势，则必会对整体环境质量产生不可逆转的影响，从而损害其他区域的利益。所以，政府在惩处环境污染者时，除了要对环境污染直接破坏者进行处罚，同时还要对该地区实施警戒，以防他人效仿。

（六）冲突解决机制

环境治理势必会激发不同地区的矛盾，从而影响环境污染治理的进程，也不利于环境污染的跨区域协调治理，最终将损害集体利益。为此，相关政府部门需要建立完善的环境治理冲突解决机制，最大程度地上消除地区间的矛盾，推动环境治理的可持续发展。

（七）最低限度的认可组织权

资源占有者在设计时具有一定的自主权，在设计制度时不受其他地区政府的影响。这一制度在一定程度上能够激发本地治理的积极性。

（八）分权制企业

在环境治理问题上，地方机构通过分权的方式不仅可以实现环境治理的多样化发展，还可以最大限度地扩大环境治理范围。

第二节　环境税制与企业绿色投资的现状及体系

一、环境税制的现状

（一）从排污费到环境保护税的发展

环境税制的改革和发展分为两个阶段，具体情况如图 6-2-1 所示。

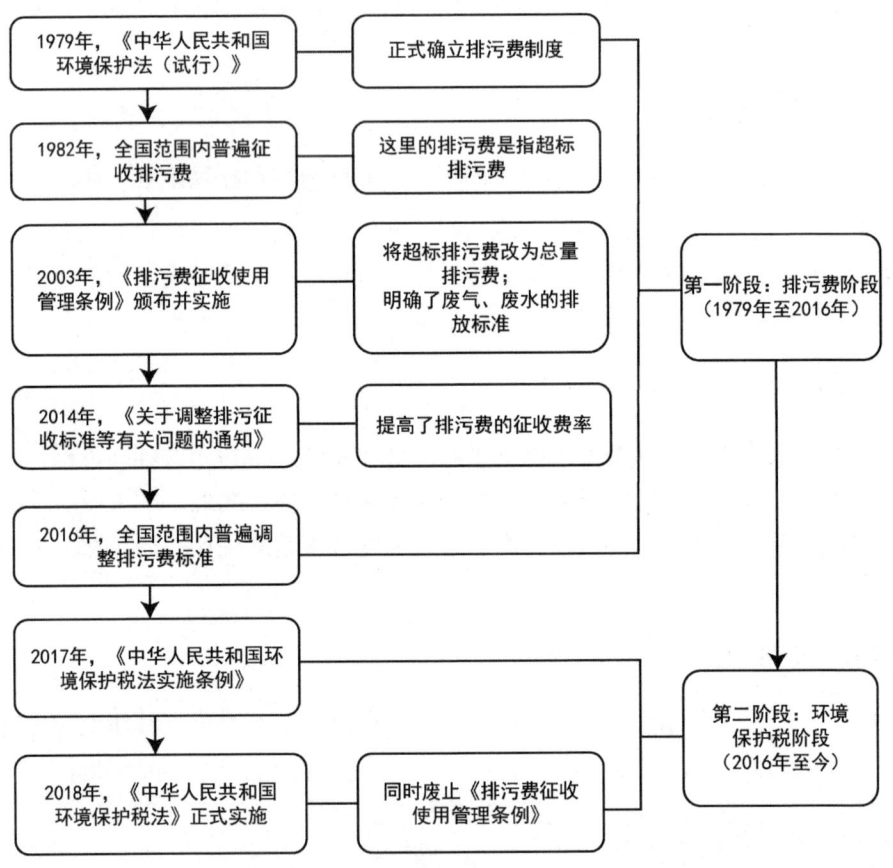

图 6-2-1　环境税制的改革和发展的相关政策及文件

自 1979 年《中华人民共和国环境保护法》的颁布到 2018 年《中华人民共和国环境保护税法》的实施，共经历了四十年。在这四十年中，我国的环境保护工作、节能减排工作以及开展绿色经济工作都趋于成熟。

如图 6-2-1 所示，我国环境保护工作有三个关键点：

第一,2003年我国政府颁布《排污费征收使用管理条例》,对污染排放量征收标准进行了修正。

第二,2014年,《关于调整排污征收标准等有关问题的通知》提高了排污费的征收费率。2016年,在全国范围内调整排污费的征收标准。

以上种种举措表明了我国对环境污染治理的重视程度逐渐提升。

如图6-2-1所示,第一阶段我国政府主要借助收取排污费用限制企业污染物的排放。在此阶段,各级地方政府结合自身实际情况可以自行调整排污费费率,这在一定程度上导致环境治理手段和形式单一,在环境污染治理方面也缺乏统一的标准。虽然我国排污费费率在逐渐上调,但是排污费增长率并不是十分稳定,在2009年、2014年、2015年甚至出现了负增长。我国税收总收入和全国排污费总收入的发展水平较低,如表6-2-1所示,虽然我国排污费总收入在2007年至2013年呈上升趋势发展,但是排污费增长率却在持续下降。在2013年至2017年期间,无论是排污费总收入,还是排污费增长率都在持续下降。在第一阶段之所以出现这种情况,极大程度上是因为企业排污费征收不力。2016年,在全国范围内调整征收标准之后,排污总收入和排污费增长率都有了明显改善。

表6-2-1 2007-2017年全国排污费收入与税收总收入对比表(单位:亿元)

年份	排污费总收入	全国总税收收入	全国排污费增长率
2007	173.6	45 621.97	20.47%
2008	185.25	54 223.79	6.71%
2009	172.62	59 521.59	−6.82%
2010	188.19	73 210.79	9.02%
2011	200.82	89 738.39	6.71%
2012	201.62	100 614.3	0.40%
2013	208.62	110 530.7	3.48%
2014	186.80	119 175.3	−10.46%
2015	178.50	124 922.2	−4.44%
2016	201.02	130 360.7	12.62%
2017	225.74	144 369.9	12.30%

数据来源:2007-2017《中国税务统计年鉴》《中国环境统计年鉴》

我国环境税制的建设需要采用循序渐进、分阶段建设的方式,具体分为三个阶段。

第一阶段:完善各种与环境相关的税种,如车船税、资源税、消费税等。与此同时,形成独立的环境税。环境税主要对各种污染物排放设置税目,如二氧化碳排放、污水排放等。该阶段需要3~5年。

第二阶段：在形成独立的环境税的基础上，完善我国税收政策。与此同时，不断完善与环境税相关的税种，使环境税的覆盖范围合理化，并展开环境税的征收工作。该阶段需要 2~4 年。

第三阶段：结合我国环境污染及治理情况，扩大环境税的覆盖范围，优化环境税税制，使环境税逐渐趋于成熟。该阶段需要 3~4 年。

（二）环境相关税种现状

1. 我国税收制度中与环境相关的税种

目前，我国的环境税税制主要有两大部分构成：

第一，直接与环境保护相关的税种，如环境保护税。

第二，间接与环境保护相关的税种，它们可以从侧面改善环境问题，提升环境质量。

以下介绍几种与环境相关的税收制度：

（1）资源税

资源税征收的主要目的是为了缓解不同自然资源所产生的级差收入。资源税的征收在一定程度上也可以体现资源的有偿使用。从理论角度来讲，资源税的征收可分为两种类型：

第一，对绝对矿租进行课征，这也是一般的资源税。

第二，对级差矿租进行课征，此类型又可称为"级差资源税"。

（2）消费税

消费税的征收对象为特定的消费品。目前，我国消费税的征收范围主要包括：化妆品、香烟、酒水、汽车、高档手表、一次性筷子、鞭炮、电池、涂料等。对不同消费品征税可以起到不同的作用，如对汽车、鞭炮、涂料等征收消费税可以直接减少环境污染；而对一次性筷子征税可以减少对森林树木的破坏，从而间接地保护环境。

（3）耕地占用税

耕地占用税的征收对象既可以是个人，也可以是企业。它主要对占用耕地建房及占用耕地从事其他非农业活动的行为主体征税。耕地占用税的征收主要依据行为主体所占用的耕地面积，并按照耕地占用税的征收标准进行一次性征税。耕地占用税在极大程度上保障了耕地资源，同时也在一定程度上避免了耕地资源的浪费。

(4) 城市维护建设税

城市维护建设税款属于一种专项资金，主要用于城市公共产品的供给和维护，如城市绿化、城市环境保护等。城市维护建设税对于环境治理有一定的作用。

(5) 车船使用税

车船使用税最初设立的目的并非环境治理。车船的使用与能源资源有直接联系，而能源资源消耗又与环境污染治理有紧密联系。例如，沿海港口地区的水污染问题十分严重，通过征收车船使用税可以在一定程度上减轻该地区的环境污染程度。

2. 我国现行环境税法存在的问题

虽然我国与环境相关的税法制度对环境保护工作的开展起到了积极的推动作用，但是其影响终究有限。目前，我国环境污染问题依然不容乐观，且逐年恶化。根据近年来我国环境税法的实施情况可以发现，我国环境税法主要存在以下几个问题：

第一，现行环境保护税征收范围过窄，与排污费区别不大。目前，我国现行的环境保护税法的征收对象只有直接排污的企事业单位和经营者，由此可以看出我国环境保护税的征收主体范围狭窄。除此之外，环境保护税中对污染物的界定也较为狭窄，其仅仅包含大气、水、固体和噪声四方面的污染。这在一定程度上表明我国现行环境保护税法的污染物界定存在极大的局限性，其本质与之前的排污费没有太大区别。环境保护税法制定是为了实现环境保护，避免生态环境进一步的恶化，而要想保护、改善生态环境，不仅要从限制排污入手，还要从其他多方面展开工作。因为，此环境保护税征收的对象不应当仅限于污染物，还要涉及多个方面，如自然资源、能源等。

第二，对环境保护的调节力度不够。目前，在我国现行的环境保护法体系中，关于环境保护的税种存在数量少、覆盖率低、调节能力不足的特征。以资源税为例，我国资源税的费率明显偏低，各个税档之间并未形成明显的区别，从而导致我国资源税无法对资源利用起到有效调节的作用。我国资源税征税的范围十分有限，采用从量计征的征收标准。另外，从我国现行的消费税并未将对大气有严重污染的商品列入征收对象。除此之外，我国现行的城市建设维护税等一系列与环境保护相关的税法的管理范围十分有限，环保调节力度明显不足。

第三，税收优惠单一且缺乏系统性。环境保护税收优惠单一且缺乏系统性，最终会在很大程度上影响税收优惠政策的效果。一方面征收依据仍有不足，当同一个排污口排除的污染物存在两种以上物质的时候，就难以做到精确计算；在计算排污量的时候，只能顾及含量高的几种。另一方面税收优惠单一，根据《中华人民共和国环境保护法》的规定，除了有五项暂予免征环境税的情况外，就只有"纳税人"排放应税大气污染物或者水污染物的浓度值足够低，即不足国家和地方规定标准的30%，在此种情况下，可以只收取75%的环保税。纳税人排放应税大气污染物或者水污染物的浓度值低于排放标准的50%，则只收取50%的环保税。①

二、企业绿色投资评价体系

（一）国外企业绿色投资与评价体系

1.《可持续发展报告指南》

1997年，由环境责任经济联盟和联合国环境规划署发起成立了全球报告倡议组织（Global Reporting Initiative），简称为GRI。该组织成立的宗旨主要是为了研究、制定企业可持续发展报告框架，并为推动企业可持续发展提供指引。1999年，该组织首次发布了《可持续报告指南》草案，该草案将环境、经济、社会三者有效融合在一起，提出了企业可持续发展的框架。此外，2016年10月，该组织发布了《全球可持续报告标准》，该标准是由全球可持续标准委员会制定。

2.ISO14031标准

国际标准化组织（ISO）于20世纪对绿色投资进行了探索研究，于1999年发布《企业绿色投资评价标准指南》（ISO14031）。该标准主要包含了两大类指标，这两大类指标与企业绿色投资发展有十分紧密的关系。

第一类指标是环境状况指标。此类指标主要是为了测量企业在生产经营活动中对周边生态环境产生的影响。

第二类指标是绿色投资指标。此类指标主要是为了提供企业在绿色投资中的各种管理信息，同时也是反映了企业开展绿色投资取得的各种成果。

3.生态效益评价标准

世界可持续发展工商理事会（World Business Council for Sustainable Development，简称为WBCSD）于2000年6月发布了生态效益评价标准。生态效益评价标准可以有效衡量企业的绿色投资，主要包含三部分内容：

第一，企业生产的产品和提供的服务所具有的价值。

第二，企业在生产经营过程中对环境产生的影响，如产品生产过程等。

---

① 详见《中华人民共和国环境保护税法》第三章第十三条

第三，企业所生产的产品时在使用对周边环境产生的影响。

在该生态效益评价指标下，通过公式计算可以直观地看到生态效益。其计算公式为：

$$生态效益 = 产品或服务的价值 / 环境影响$$

（二）国内企业绿色投资与评价体系

我国关于企业绿色投资与评价体系的探索起步时间较晚，《环境影响评价法》于 2003 年 9 月正式实行，该法律条文实行的最终目的是为了保护环境，推动社会经济的可持续发展。同年，我国开始对企业绿色投资与评价体系展开探索。随着我国环境保护工作的深入开展，国家提倡全员参与环境保护工作。在国家强化环保工作重视的基础上，国家环境保护总局联合世界银行对我国企业的环境行为做出评价。

推动我国环境保护工作开展，并对企业实施信用评价的主要力量是国家环保主管部门。该部门对企业环境行为做出的评价直接构成了企业绿色投资的重要维度。目前，我国环境信用评价体系主要分为以下几个阶段：

1. 企业环境行为评价

国家环境保护总局对企业环境行为评价高度重视，并于 2005 年出台了相关文件使评价企业环境行为的工作具体化，如企业环境行为的评价标准、企业环境行为的对象范围、企业环境行为的主体等。这对于提升社会监督作用起到了积极作用，同时也能够在一定程度上督促企业加强对环保工作的重视程度，也有助于提升相关政府部门对环保工作的重视程度。具体来讲，针对企业的环境行为评价的工作需要有所侧重，尤其是排污严重超标的企业。此类企业在生产经营过程中产生大量的有毒有害物质，对当地环境产生了严重影响。此类企业备受大众关注。在企业的环境行为评价工作中，相关环保部门要对此类企业的排污行为、环境管理行为和环境污染违法等行为进行全面评价。

2. 企业环境信用评价

2011 年 10 月，国务院对企业环境信用评价工作做出了明确指示，并以文件的形式呈现出来——《关于加强环境保护重点工作的意见》，该文件强调企业环境信用评价工作需要不断进行完善，同时也需要制度来进行约束。2013 年，国家多部委联合发布了《企业环境信用评价办法（试行）》，至此我国企业环境信用评价工作得到进一步完善。2015 年，国家发改委和环境保护部再次规范企业环境信用评价工作，发布《关于加强企业环境信用体系建设的指导意见》，强调在 2020

年基本形成企业环境信用制度，与此同时还要建立企业环境信用档案库。该档案库的建设实现了企业环境信用共享，在档案库可以查询到企业的环境信用情况，一旦出现不良记录，企业在未来发展中将举步维艰。

3. 以环境、社会和公司治理为原则的评价体系

以环境、社会和公司治理为原则的评价体系对于企业社会责任报告所披露的内容有很好的指导作用。环境、社会和公司治理原则主要包含以下三个方面：

第一，环境，主要指的是企业在绿色投资方面的长期战略，对此方面的评价往往分为正、负两个方面，其中正面评价指标主要体现在企业在生产经营活动中做出了有助于改善环境的行为，而负面评价指标主要体现在企业在生产经营过程中对环境造成损害的行为，如排污总量监控等。

第二，社会，主要指的是企业在生产经营过程中对社会创造的价值，以及其改善经营的能力，在对此方面进行评价时，主要从经济和社会两个角度出发。

第三，公司治理，主要指的是企业内部的利益相关者，如股东、债权人与客户等达到平衡和协调。

第三节　优化环境税制促进企业绿色投资的对策建议

一、突出环境税制对企业绿色投资影响的异质性

环境税制对于企业绿色投资有一定的影响，并且此影响呈现出异质性，即环境税制对高分位的企业能够产生积极影响，对低分位的企业则能够起到抑制作用，这种作用反映在模型变量的系数值上是十分小的。这在一定程度上表明了环境税制对企业绿色投资的确具有异质性，但是异质性的作用并不是很大；同时，也表明在环境治理工作上切勿实行"一刀切"，仅仅依靠环境税制无法推动企业绿色投资的进程。此外，鉴于企业在经营能力上的差异性，现阶段保持环境税制"税费平移"是一个很好的选择。在这个基础上突出强调环境税制的异质性将会成为我国环境税制优化的思路之一。具体来讲，通过扩充环境税制的税基、增加相关税目和税率档次，可以使得不同产品特质、企业特质、行业特质和产业特制的企业在完善的环境税制下所缴纳的环境税有明显不同，从而达到淘汰生产技术落后、生产效率低下的重污染企业，保留有一定竞争力的绿色生产企业的目的。

总的来说，应该对不同投资企业给予不同且相对适当的激励政策和税收优惠。

对于低分位的企业，也就是本身企业绿色投资非常不足的污染企业，由于现行的环境税制会减少这类企业的绿色投资，因此在优化针对这部分企业的环境税制时，可以暂时实施现行基于"税费平移"的环境税制；对于值得保留、有一定竞争潜力的污染企业，可以给予适当的税收优惠和政府环保补贴，以弥补环境税制对企业绿色投资削弱的影响。

对于中分位的企业，在环境税制的设计上应当主要发挥引导功能，因为这类企业在进行企业绿色投资时会把环境税制的变化作为一项很重要的影响因素。尽管最终这些企业在环境税增加的时候还是会选择减少绿色投资，但是在增加相同的环境税的条件下，这一类别的企业减少的绿色投资明显比低分位企业减少的绿色投资更少。这种从低分位到中间分位的递减趋势说明中间分位的企业比起低分位企业更重视环境污染，这类企业具有一定绿色投资规模，即这类企业的绿色投资潜力也会相对更大一些。对于这一类型的企业，环境税制要给予其更多的税收优惠和补贴政策，以帮助这些企业逐渐成长为较高分位的企业。

对于较高分位的企业，其企业绿色投资已经达到一个良好的规模，现行的环境税制对这类企业的绿色投资会有一定促进作用。这类企业在绿色生产方面已经具有一定的竞争力。现行的环境税制的确可以在这类企业之中达到预期的两种效果：减少企业环境污染和促进企业绿色生产。一方面，存在较大污染的产品和生产线需要缴纳高昂的税款，如果企业希望扩大利润空间，就需要减少产品的污染，调整生产规模，提高生产效率，让生产要素得以充分利用。在产品生产的过程中，企业要注重降低能耗，只有这样才能降低成本，在市场竞争中避免处于劣势。另一方面，企业为了降低税负，会对原有技术进行改进，提高生产效率，在技术创新的作用下降低污染排放，提高新能源使用占比。这种政策激励效应会帮助企业形成一个良好的循环。但是，这种激励效应相对较小，而且对于最高分位的企业来说这种激励效应相对来说微乎其微。所以，对于这一类企业，环境税制应当按照整个社会环境治理和建立成熟绿色投资市场的长期目标来设计，即扩大税基、增加税率档次等，并同步建设绿色投资市场体系。

二、进一步优化环境税制的结构

目前，我国环境保护税在本质上与排污费一致，其税目主要包含大气污染、水污染、噪声污染和固体污染四大项，所以环境保护税存在一定的局限性。此外，环境保护法的税率设计也存在不足之处。为此结合经济合作与发展组织对环境税的分类，并在此基础上结合发达国家的环境税制可以将环境税的税目划分为产品污染、污染排放、生态保护和碳税税目四大项。

（一）产品污染

此税目主要针对具有污染性质的产品征收赋税，如电池、涂料、农药、包装材料和煤炭电力等。其税率标准可以按照国外税率标准制定，也可以结合环境外部成本、污染损失、行业利润和回收价格等进行测算确定。

（二）污染排放

此税目主要是对当前排污费进行深入改革，使其由"费"转向"税"，主要包括水污染、大气污染、固体污染和噪声污染等，税费标准可以结合当前现行排污费标准收取，也可以按照实际损害、实际治理等方法测算确定。

（三）生态保护

此税目主要针对旅游开发过程中的生态破坏行为，以及矿产资源开发造成的生态环境破坏，其税率标准应区别对待。关于旅游开发收取的税率可以结合旅游景区游客的支付意愿来测算确定；关于矿产资源开发征收的环境保护税可以按照生态修复成本进行测算确定。另外，对于不同的矿产资源征收赋税实行"高、中、低"三档。

（四）碳税税目

此税目主要针对的是二氧化碳的排放，其税率可按照排放量计算，并采用"低、中、高"三档模式，随着时间的推移其税率标准逐渐提升。

三、加强政府监管力度与深化跨部门协作

随着我国环境税制改革的发展，政府各部门之间在环保工作上的联系日益密切，跨部门协作也成为家常便饭，强化政府部门监督具有十分重要的意义。

（一）从宏观层面建立有效的管理机制

在开展环保工作时，政府部门不仅要做到全程防控，而且在宏观层面还要采取综合治理的手段，强化企业生产经营过程中的环境管理工作，如在某一项目确立阶段就要开始规划环境保护工作，并将环保审查工作落实到实际当中；与此同时，就项目对环境的影响做出准确的预测评估，从而将环境污染治理工作融入项

目生产工艺之中；除此之外，还要加强对企业环保工作进行验收，如对单个项目及整个项目中的环保对策进行验收。

（二）监督工作贯穿整个产品生命周期

政府部门对企业生产经营活动中的环境污染监督工作要做到全过程监督，将监督工作贯穿企业产品的整个生产环节，尤其是加强对环境污染严重企业的监督，如对企业生产原材料采购环节进行监管，对企业产品生产环节产生的污染物排放量进行监督，以及应对企业产品运输环节进行监督等。将监督贯穿整个产品生命周期的最终目的是提升企业对环保工作的重视程度，使企业在生产经营活动中逐渐养成较强的环保意识，从而实现资源的综合利用和污染物减排等目的。

（三）建议监管企业已经建成的环境管控体系

目前，大部分企业都在不同程度上开展了环保工作，并在企业内部建立了相应的环境管控体系。政府或政府授权的机构作为审核主体要加强对企业环境管理体系的审核工作。通过对企业环保管控体系的审核，不仅可以了解到企业现有的环境管控体系是否符合环境税制要求，同时也可以发现企业在环境税制背景下的反应，这对推动国家环境税制改革、促进环境可持续发展有积极作用。

第七章 绿色经济发展机制

本章为绿色经济发展机制，主要从五个方面进行介绍，依次是绿色经济发展机制的理论及要素、绿色经济发展机制的内容及作用、机制创新与绿色经济发展、我国绿色经济发展机制建设的可行性、我国绿色经济发展机制创新构想。

第一节 绿色经济发展机制的理论及要素

一、绿色经济发展机制的理论基础

（一）借鉴西方经济学相关理论

1. 公共产品理论

公共产品理论是西方经济学的重要组成部分。新古典经济学对市场机制的作用进行了解释，认为市场机制作用的发挥需要建立在一系列的假设条件之下，如市场主体的完全理性、信息的充分与对称、市场体系内的完全竞争、交易费用等。但是，这一系列的假设条件不可能全部存在于现实的市场经济中，这在一定程度上使"市场失灵"现象时常出现。此处的"市场失灵"主要指的是由于市场机制出现部分问题，从而导致市场资源配置缺乏效率。导致"市场失灵"的原因之一是公共物品的存在。相对于私人物品而言，典型公共物品：非排他性、非强制性、不可分割性和无偿性。

第一，非排他性，主要指的是某一物品的消费者之间不存在排斥关系。

第二，非强制性，主要表现为某种物品的消费以消费者的主观意愿为基础。

第三，不可分割性，主要指的是此物品只能整体消费，不可进行分割。

第四，无偿性，主要指的是消费者在使用公共物品时不必付费。

绿色经济发展中的环境资源载体便具有一定的不可分割性，如环境资源的产权难以界定，因此其具有公共物品属性。从理论角度上来讲，共同使用环境资源是可行的。然而，在现实中往往是"先下手为强"，使用者在使用过程中忽视了公平性，也忽视了整个社会的意愿，导致环境资源被滥用、浪费，最终使环境资源日益稀缺。

1919 年，瑞士经济学家林达尔（Lindahl）提出的林达尔均衡是关于公共产品最早的理论成果之一。该理论对公共产品价格的决定因素进行了论述，认为公共产品价格并不受政治选择机制和强制性税收的影响，而主要受个人对公共产品的供给水平以及它们之间的成本分配的影响。这主要是由于人们往往根据自己内心理想价格购买公共产品，导致每个人所需要的公共产品的量相同，且与所供应的公共产品量保持一致。保罗·萨缪尔森（Paul A.Samuelson）对公共产品理论进行了深入研究，解决了公共产品的部分核心问题。萨缪尔森还提出了纯公共产品的经典定义，即一个人对公共产品的消费不会减少其他人对这种产品的消费。1956 年，詹姆斯·M. 布坎南（James M.Buchanan）对地方公共产品进行了理论研究，并提出了"一个地方支出的纯理论"。1965 年，布坎南首次对非纯公共产品展开深入研究，在一定程度上拓宽了公共产品的概念。

从某种意义上来讲，公共产品理论具有十分重要的意义，为政府机制的优化和发展指明了方向，还拓宽了财政分析的视野，使财政分析不再是单纯的财政收支分析，而是在原有基础上注重财政支出所提供的服务。林达尔模型和萨缪尔森模型在探索公共产品价值、价格时，以私人经济中的市场效率作为准则，对公共产品的最佳供应展开深入分析，从而说明了税收是公共产品的价格。由此不难发现，公共产品理论在我国市场经济发展中具有十分重要的作用，不仅可以解决市场失灵带来的问题，同时对缓解社会矛盾、促进城乡发展都有十分重要的意义。

2. 制度创新理论

良好的经济制度对于市场经济的发展有积极作用，可以最大程度上约束市场主体的行为。此外，它也可以在保障市场主体自身权利的同时不损害其他人的权利和利益。正如布坎南所说："没有适当的法律和制度，市场就不会产生任何体现价值极大化意义上的有效率的自然秩序"。[①] 所以，绿色经济的发展也应当有属于自己的制度框架和保障。具体来讲，绿色经济制度框架和制度保障的建设就是打造生态环境保护和经济发展一体化，将环境保护工作纳入经济发展绩效考核当中，从而推动我国经济与环境的协调、可持续发展。

关于"制度"这一概念，制度经济学和新制度经济学均给予其相应的描述，包括：一是"制度"即"组织"；二是"制度"即"规则"；三是"制度"不仅是"组织"，同时也是"规则"。新制度经济学对"制度"的解释更加偏向于第二种描述，

---

① （美）詹姆斯·M. 布坎南、自由市场和国家 [M]. 吴良健，等译. 北京：中国经济学院出版社，1988.

如美国新制度经济学代表人物道格拉斯·诺思（Douglass C.North）对"制度"进行了全面描述，将"制度"比喻成"游戏规则"，并指出"制度"是人为设定的一些制约，主要是为了确定人与人之间的关系。此外，环境制度经济学也对"制度"进行了相应的描述，同样站在"规则"的角度对"制度"进行了深入剖析。笔者认为，应当从"规则"角度阐释绿色经济制度中的"制度"。除此之外，从"规则"角度来看，"制度"不仅包括市场经济长期发展过程中已经形成且由国家正式立法的制度，还包括随着市场发展变化而产生的新制度。

人们在各种活动中所涉及的关系，总体上可以划分为两类：一是人与自然的关系，二是人与人的关系。对于生产体系这个大的体系而言，要摆脱"循环流转经济"的局面，就必须在这两个体系上有所创新，前者称为"技术创新"，后者称为"制度创新"。

制度并非一成不变的，它随着经济形态的变化而变化。美国著名经济学家约瑟夫·熊彼特（Joseph Alois Schumpeter）于1912年出版了《经济发展理论》，在书中指出，创新是生产函数或供应函数的变化，或者说把生产函数和生产条件的"新组合"引入生产体系中。从广义的角度来讲，生产体系指的是人类一般意义的活动体系。创新不仅对物质生产体系有较大的意义，同样也适用于其他领域。从宏观角度来讲，人在活动中所涉及的关系主要包含两大类：人与自然、人与人。对生产体系这个大的体系而言，要摆脱"循环流转经济"的局面，就必须实现两个体系的创新，即"技术创新"和"制度创新"。

在信息不完全的情况下，人们为了获得更多的信息就需要付出一定的费用，而信息交易双方的信息具有不对称性，为此交易双方之间便产生了交易成本。交易成本的出现必然会涉及制度问题，所以制度创新需要遵循以下几个原则：

第一，降低制度运行成本。简而言之，就是降低人与人交往过程中产生的交易成本。

第二，相一致原则。具体来讲就是，在制度创新过程中所付出的努力和制度创新所获得的收益应当一致。

制度具有公共物品的属性，从这一角度来看制度本身不应当与获利相关；然而，事实上，制度的出现必须要依靠一定的激励才会产生。新制度经济学对制度的变迁做了具体描述，认为制度的变迁缘于制度不均衡，并为了追求潜在的获利机会从而产生制度交替。依据制度变迁的主体和诱因程度可以将其分为强制性制度变迁和诱致性制度变迁。其中，强制性变迁是一种利用国家政策法规的自上而下的制度变迁，其主体是政府强制性诱因是国家实现租金和产出的最大化。而诱致性制度变迁是为了响应获利机会而自觉发起的制度变迁，其主体是个体或群体。

需要注意的是，这种制度变迁的前提必须是原制度已丧失获利机会。

绿色经济发展制度创新既可以是强制性制度变迁也可以是诱致性制度变迁，但是，强制性制度变迁的优势要明显大于诱致性制度变迁。在政府主导的强制性制度变迁背景下，政府可以凭借其在政治、法律上的优势，全面协调社会各方面的利益关系，降低制度变迁成本，甚至实现帕累托改进。

（二）生态经济协调发展理论

1. 生态学理论简述

1866年，德国动物学家恩斯特·海因里希·菲利普·奥古斯特·海克尔（Ernst Heinrich Philipp August Haechel）首先提出了生态学的概念。其后，德国波恩大学申佩尔（Schimper）教授出版的《植物生态学》和丹麦植物学家瓦明（Warming）撰写的《植物生态学》标志着生态学作为一门独立的学科正式形成。1935年，英国学者阿·乔·坦斯利（A.G.Tansley）提出了生态系统学说，进一步丰富和发展了生态学的内容。概括而言，生态学主要包括种群、群落、生态系统、人与环境的关系四方面内容。

2. 生态经济学理论概述

生态经济学是一门新兴学科，是生态学和经济学的结合体。该学科的兴起在一定程度上反映了自然科学和社会科学一体化发展的趋势。生态经济学借助生态学和经济学基础理论，从根本上反映了生态系统和经济系统之间的关系。

20世纪20年代中期，美国科学家麦肯齐（Mackenzie）首次运用生态学概念对人类群落和社会予以研究。1965年和1966年，美国经济学家肯尼斯·鲍尔丁（Kenneth Ewart Boulding）先后在其发表的《地球像一艘宇宙飞船》和《未来宇由飞船地球经济学》中首次从经济发展视角系统研究经济增长和地球容积之间的关系，由此奠定了生态经济学和循环经济学的思想基础。20世纪60年代末，鲍尔丁又在他的论文《一门科学——生态经济学》中首次提出了生态经济学的概念，并提出用市场经济体制控制人口增长和环境污染、协调消费品分配和资源的开采利用等。随后众多学者对生态经济学进行了深入研究，如1973年英国著名经济学家舒马赫（Schumacher）提出的"小型化经济发展理论"。还有一些学者出版了一系列生态经济学专著。其中，1974年美国生态经济学家莱斯特·布朗（Lester Brown）的"环境警示丛书"最为出名，此系列丛书的出版推动了全球环境运动的发展，并使其达到高潮。

20世纪80年代，生态经济学作为一门新兴学科备受人们关注。在此期间，生态经济学研究取得了一定的成绩，生态经济学家根据能量系统理论中的能量单位对自然环境资源系统和社会经济系统的本质关系进行了全面阐述。该时期的生态经济学代表人物是尤金·普莱曾茨·奥德姆（Eugene Pleasants Odum），他在生态经济学方面的理论对生态经济学的发展具有深远影响。他经过长期研究，将系统生态、能量生态、生态经济学原理进行整合。他经过多年的研究，于1987年首次提出了"能值"理论。此外，他提出了太阳的能转换率等方面的概念，论述了能值与能质、能量等级、信息、资源财富等的关系，继而基于生态系统和经济系统的特征以及热力学定律，提出了以能量为核心的生态经济系统能值分析方法，并于1996年出版了世界上第一本关于能值理论的专著。

（三）经济可持续发展理论

人类社会在经历了原始文明、农业文明和工业文明后，种种危机与人类生存发展的要求越发不相适应。可持续发展思想在学术界应时而生，并逐渐从人口、经济、生态环境、自然资源拓展至更多领域。经过两百多年的完善，可持续发展思想已发展成为一门系统、独立、更高层次的理论。

1. 可持续发展思想的产生

可持续发展思想可谓源远流长。早在春秋战国时期，中国著名思想家孔子就曾提出了"子钓而不纲，弋不射宿"的主张。孟子也曾批评过"竭泽而渔"的做法。可以说，这些传世警句充分反映了古人从实践中所感悟到的尊重生态规律、遵照时令，以保证自然资源休养生息、永续利用的可持续发展思想。

17世纪以后，西方学者从不同学科对人口、经济、生态环境和自然资源的相互关系展开了学术研究。1661年，英国出版了世界上最早研究大气污染的专著《驱逐烟气》。18世纪，法国科学家布封开始研究人类经济活动对自然环境的作用。1866年，德国学者海克尔提出了"生态学"（Ecology）这一名词，标志着该门学科的正式形成。1798年，英国经济学家托马斯·罗伯特·马尔萨斯（Thomas Robert Malthus）发表了《人口论》，该著作主要从人口、自然资源、经济三个方面进行分析，并对三者之间的关系进行了阐述。这是目前世界上最早关于三者关系的深入研究。随着时间的推移，马克思和恩格斯在19世纪中期从经济和社会制度角度出发对资本主义社会产生人口过剩的原因进行了深入剖析，同时也对人类经济活动对自然环境产生的影响进行了全面阐述。恩格斯在《劳动在从猿到人转变过程中的作用》一书中对人类活动对自然环境的破坏进行了一定的分析，如美索不达米亚平原、小亚细亚等地区的原住民为了增加耕地面积将周边的森林砍光，最终致使该地区成为不毛之地；又如生长在阿尔卑斯山附近的意大利人将南山的松林砍光，最后不仅该地区的畜牧业遭受灭顶之灾，在雨季的时候他们还要面对山洪暴发带来的灾难。

20世纪后，西方学者在结合前人研究的基础上对生态经济学进行纵深拓展，从而使生态经济学体系逐渐完善，逐步创立了植物生态学、经济生态学、人类生态学等学科，也正是在这种环境下诞生了可持续发展理论。

2. 可持续发展理论的形成与发展

可持续发展理论于20世纪80年代初被提出。这一概念最早见于1980年世界自然保护联盟（IUCN）所发布的《世界自然保护大纲》中。1987年，联合国世界与环境发展委员会针对人类所关注的环境问题展开了深入、系统的研究讨论，并将研究结果以报告形式呈现出来，即《我们共同的未来》。该报告正式提出了可持续发展的概念。可持续发展主要指的是在不断提升当前人们生活质量、提高环境承载能力的同时，不能损害子孙后代的利益。除此之外，可持续发展在满足一个国家或地区人们需求时，还不能损害其他国家或地区人们的需求。从可持续发展的定义可以看出，这种发展模式强调既要满足当代人的需求，又要保证后代人的需求；既要发展经济，又要保护自然资源和生存环境；既要实现地区繁荣，又要谋求国家和国际的共同繁荣。简言之，可持续发展指的就是经济、社会、资源和环境的和谐发展。

可持续发展理论的形成经历了漫长的历史过程。20世纪50至60年代，经济得到了快速发展，但环境资源问题日益明显。此时，西方部分学者便对经济增长与社会发展是否对等的问题展开了研究。美国学者芭芭拉·沃德（Barbara Ward）和勒内·杜博斯（Rene Dubos）出版了《只有一个地球》，该书提升了人们对生存和环境的认识。1968年，罗马俱乐部成立，该俱乐部是一个国际民间学术研究组织，主要探索人类未来发展。1972年，罗马俱乐部在《增长的极限》一书中对"持续增长""合理持久的均衡发展"等概念进行了深入阐述，这在一定程度上使可持续发展研究进入一个新阶段。随着时间的推移，人们对可持续发展的理论研究也逐渐深化，并开始认识到可持续发展的本质。可持续发展的本质是实现经济发展与生态环境保护之间的动态平衡；可持续发展的核心是实现代际公平，不能因为发展经济而损害后代人的福利；可持续发展的基本目标是在尽可能长的人类生存时间内保证最多数人的生活。

3. 经济可持续发展理论概述

经济可持续发展理论是可持续发展理论的重要组成部分。在较长时间里，可持续发展理念虽然逐渐得到认可,但不同学者由于立场、观点不同,提出的经济可持续发展的道路和政策并不相同。综合来看,大体上有"强""弱""理想的""可拟制的"四种模式主张。持经济"强"可持续发展观点的学者认为,环境保护是经济发展的前提条件,因此需要对现存的经济发展模式进行重大调整,在维持经济增长总目标的前提下,由数量型增长向质量型增长转变。持经济"弱"可持续发展观点的学者则认为,可持续增长以及对资源、环境的可持续利用是可持续发展的两个基本内容。这种观点对国际社会的影响越来越大,联合国组织和世界银行均认同这一主张。"理想的"经济可持续发展模式代表"纯粹的"可持续发展形式,其原则是人类从生态体系中取出多少就放回多少,而完全不用顾及经济增长问题。这一观点因其极端不可行性对经济社会影响不大。"可拟制的"经济可持续发展实际上是原地踏步的观点,这种观点依然主张以生产和增长的最大化为目标,集中所有可能的资源。由此可见,可持续发展的关键在于发展必须保证"持续",即经济发展必须是在生态环境的承受能力之内、在环境的自我修复能力允许的范围内、在维持生态系统平衡基础上的高效率地发展,既不应为了发展而无视环境,也不该为了环境而不进行发展,正确的做法是环境、经济、社会协调一致的和谐发展。与传统观念相比,经济可持续发展更强调发展的基础和能力,以及人类伦理道德、价值观和生产生活方式的更新。

综上所述,可持续发展理论在政府决策领域的推广与应用在一定程度上标志着绿色经济理论得到了较快的发展,并进入了一个新的发展阶段。在可持续发展理念的影响下,人们在发展经济的同时也开始关注环境、资源等问题,并从环境经济的视角出发,展开了一系列关于环境经济发展的理论和实践研究,如绿色经济、绿色产业、绿色贸易、绿色营销等,这些构成了当今世界最具影响力的绿色理论。

二、绿色经济发展机制的要素

(一)人本要素:转变思维观念

人在生产力中属于能动因素,绿色经济的最终目的是要实现人与自然的和谐相处。在这个过程中,人起到了关键性作用,尤其是人的思维方式。传统的思维方式过度夸大人的作用,认为人是世界的中心,导致在社会经济发展过程中自然遭受到严重的破坏,从而产生生态危机。

据世界银行估计,中国环境污染损失每年平均达1000亿美元,相当于每年的经济增长额。仅 1998 年，我国的灾害损失就达 4000 亿元，约占国内生产总值的 5%。这种状况如果继续下去，则中国生态环境对经济和社会协调发展带来的破坏后果将不堪设想。改善生态环境、建设生态文明、发展绿色经济，在当今中国已势在必行。而我国在发展绿色经济过程中要想实现生态效益、经济效益和社会效益三者的统一，关键在于改变人的思维方式，真正体现"以人为本"的含义。"以人为本"并不是要过度强调人的主体地位，也并不提倡为了短期而严重破坏。它主要指的是在承认自然规律和代际公平的前提下，强调人自身价值发展的意义。作为经济发展主体的人，只有转变传统的人与自然相对立或以人为绝对中心的文化观念，找到自己的正确位置，并从宏观角度正确处理好系统内部各个要素之间的观念，才能推动绿色经济的快速、稳定发展。政府在构建治理模式时应以绿色 GDP 为导向，不断完善我国经济发展体制。企业则不再依赖资源和环境，而是从企业生态效益出发，打造低碳循环经济模式，从而实现低能高效。

（二）投资要素：向"绿"掘金

绿色经济并非只要"绿色"不要经济，它的本来含义是向"绿"掘金，即从环境保护活动中获取经济效益。利润是绿色经济投资者的根本目的。美国耶鲁大学的丹尼尔·埃斯蒂（Daniel C. Esty）教授等在《从绿到金——聪明企业如何利用环保战略构建竞争优势》中指出："为什么通用电气、索尼、菲田、沃尔玛这些世界最大、最强、最追逐利润的企业现在都在谈环境保护？因为聪明的企业明白，以全新视角观察事物会带来实际收益。在过去 40 年间，越来越多的企业发现了绿色浪潮的潜在效益，正希图通过对环保挑战的战略管理获得竞争优势"。据此可知，环境保护成为新的增长点，也越来越成为企业经济利润的重要来源。绿色经济是绿色投资的核心。政府应该采取相应的举措（如政策改革、法规变革和公共支出等）促进、保障、支持相应投资。这些投资包含发展节能环保等绿色产业，要对传统的高耗能、高污染、低效率"两高一低"产业进行绿色改造、坚决淘汰落后产能、提高环境保护的准入门槛、优化经济发展的结构、提升经济发展的质量等。特别是在联合国环境规划署提出的几个优先投资领域，相关部门更要加大力度对绿色产业予以扶持，同时注意在发展路径上保持、增强并在必要时创建作为经济资产和公共惠益来源的自然资本。这一点对于生计和安全都严重依赖于自然供给的人群尤为重要。

（三）生态要素：资源环境承载力约束

绿色经济是在资源环境约束下产生的经济模式。资源环境承载力是绿色经济运行的刚性条件。绿色经济的一个重要特征是，它不仅将物质资本和人力资本作为生产要素，同时认为生态要素（资源环境承载力）是良好运行的必要条件和资本。资源承载力是指土地、矿产、森林等可持续供养的人口数量。环境承载力是指在一定时期内，某区域能容纳污染物的最大负荷量。这里的资源主要是指自然资源，包括可再生资源和耗竭性资源。当然，可再生资源和再生能力并非无限的，而是有限的。可耗竭的不可再生资源（石油、天然气等）的储量是有限的，是不可逆的。总量和通量（速率）是资源环境承载力的主要内容。资源环境承载力总量是一个相对静态的衡量指标，是指将资源和环境当成自然生态系统的全部，这样的自然生态系统所能承受的经济社会发展规模的最大压力。资源环境承载力通量（速率）是指在一定的时期内，某个地区生态系统所能供养经济社会活动所需的资源和环境的速率量，是相对动态的衡量标准。无论是静态指标还是动态指标，都说明资源环境对经济的承受能力是有限的。那么，某个时期经济发展对资源环境的消耗就一定要控制在资源环境可能的承受范围之内。因为只有这样的经济发展才能真正提高人们的生活质量和社会福利水平。如果经济发展超越了生态系统极限，则不仅经济增长难以持续，还可能引发整个人类生存系统的崩溃。

绿色经济发展决策的首要依据便是在一定时期内，某地区的资源环境承载力。资源环境承载力并不是一成不变的静态存量，而是受制于很多变量因素。当地的经济发展水平、资源环境利用程度、科技创新含量等都会影响资源环境承载力的物理数值。即使是相同的自然环境承载容量，在某地区经济发展的不同时期或同一时期不同作用因子的影响之下，自然环境承载速度也会有所不同。例如，世界银行于1997年进行估算，酸雨对中国的农作物、森林、生态系统和原料造成的损失约为50亿美元，是国内生产总值的0.75%；中国城市空气污染对健康损害成本为国内生产总值的5%。为此，相关部门既要采取相应措施科学考量当地的资源环境承载力水平，因地制宜、量力而行；又要充分利用资源环境内生变量的影响关系，改善和提高资源环境承载力总量，以便为绿色经济发展奠定更好的物质基础，前者是自然科学工作者的历史使命，而后者是社会科学研究者们的职责所在。

（四）创新要素：快速发展引擎

从广义的角度来说，经济学面临的一般是外部性的问题。经济学曾经面临的问题是一些或许已经消除的外部性问题，正在面临的问题是尚未消除的外部性问题。人类和自然的关系问题也是这样的，人与人之间尚未实现合作，使得人和自然的关系受到破坏，也使得人类的生存和发展受到影响。实践经验证明，社会发展的源动力是创新；经济和社会可持续发展的实现取决于完善的创新体系，以及能否进行有效的机制创新。绿色经济亦是如此。若欲实现可持续发展，就要通过一定的机制创新解决好这类外部性问题。其中，最主要的便是通过各要素之间的作用关系，对经济主体形成有效的激励和约束机制，推动相应的制度创新和技术创新。从绿色经济推动社会可持续发展进程的角度来说，绿色技术创新和制度创新是实施可持续发展战略、实现环境与经济的协调发展中最为重要的两种方式。

绿色技术创新与传统的技术创新是不同的。绿色技术创新从属于第一生产力中的科学技术。值得一提的是，这种科学技术需要兼顾社会效益及社会和经济可持续发展，而不是仅以经济效益最大化为己任。首先，绿色技术创新是一种可持续发展的创新，并不会加剧对环境的破坏和对资源的掠夺，可以在一定程度上实现资源的再生产、资源的再利用，在一定程度上保护自然资源和环境。其次，绿色技术可以在经济、社会、生态等方面实现创新效益。最后，绿色技术创新可以推动社会的发展和进步，促进社会文明的发展。技术创新是绿色经济发展的前提，企业只有采用绿色技术，实现技术的创新，才能在生产中使用无害的新技术、新工艺等，将污染物的排放消解于生产过程之中，最大限度地实现少投入、低污染、高产出，由此，降低成本，提高产品的竞争力，实现资源的再利用。绿色产业和绿色经济的快速、高质量发展，建立在实现绿色技术突破性进展的基础之上。绿色制度的创新不是传统的以集团利益为目标的制度创新，而是指对现有的制度进行变革，实现创新者获得追加或额外收益，其追求的是社会福利的持续优化。绿色制度创新带来的积极影响：一是其效率可以使资源和要素的配置达到帕累托最优；二是其产生的激励可以实现社会、经济、资源和环境之间的协调、可持续发展；三是在环境保护与经济发展之间的竞合中实现个人、企业、政府的博弈均衡。同时，政府的制度创新对绿色科技创新具有导向和激励的作用。制度的变革影响企业的技术创新，主要是通过消除不确定性、克服市场失灵、促进外部效用、降低交易成本和行为风险等来实现的。

绿色经济机制创新与其他类型的创新有着本质的区别：首先，绿色经济发展要求提高资源利用效率，而绿色创新为此提供了必要条件；其次，绿色创新以生态现代化为特征，具有全球化的市场潜力；最后，绿色创新是典型的政策驱动型。尽管市场也会产生自发的创新行为（包括绿色环境创新），但远不能满足复杂的技术变化。绿色经济机制创新主要依赖于政府的政策支持，政府对绿色产品设定的政策目标对创新过程具有引导作用，产生市场信息，形成正向激励。反过来，绿色创新的市场化也会对政策标准产生积极影响，应严格执行绿色标准，提升政策接受度。正所谓政府政策影响着市场发展，市场发展影响着企业的二次创新，即政府政策与市场反应和创新变化之间是作用与反作用的关系。总而言之，创新圈、政策圈与市场圈相互促进、相互发展，互为正反馈机制，在相互促进中使绿色经济政策更加完善。

第二节　绿色经济发展机制的内容及作用

一、绿色经济发展机制的主要内容

（一）绿色经济发展的动力机制

1. 内生动力

（1）资源环境压力

有压力才有动力，这点在国家经济发展过程中也是如此。各国在不同时期采取什么样的经济发展模式，一方面取决于其所处的发展阶段，另一方面则取决于其所具有的特定条件。前者决定其想要怎么做，后者则确定其能够怎么做。一般来说，在工业化初期，大多数国家面临的突出问题是社会产品短缺，因此，其采取的首要经济战略便是增加供给，即使这一决策要付出资源环境的代价。随着工业化进程的加快，供求矛盾逐渐得到缓解，经济逐渐实现了高速增长和发展。但是，资源与环境对经济的制约作用日益加强，之前经济发展中的环保问题以及掠夺性资源开发的后果开始出现，甚至可能出现资源枯竭型城市或地区以及老工业基地衰落问题，于是曾不顾环境压力实施经济赶超战略的国家便不得不面对"先增长、后保护""先污染、后治理"的残局。面对如此严峻的资源环境压力，这些国家不得不发展绿色经济，使得经济社会和资源环境协调发展。这也说明，绿色经济发展的内在变量和各国发展绿色经济的动力条件是资源环境的压力。

（2）产业结构升级要求

一个国家内生产和再生产环节之间及其内部的比例关系就是产业结构。产业结构体现了国家、社会财富和产品在各个产业的占比情况，体现了资源配置效率。产业结构越优化就意味着该国或该地区的资源配置效率越高。从生产方式的角度划分，产业结构从根本上归属于生产关系范畴，这是因为产业结构取决于生产力的发展水平。也就是说，不同的生产力发展阶段有着不同的产业结构。实际上，随着生产力水平的不断提高，农业在国民经济中所占比重会逐渐下降；工业在国民经济中所占比重呈先上升、后下降的趋势，后期稳定在一定的水平上；服务业所占的比重先是很小，而后会在工业比重下降期时迅速跟进并最终超过工业所占比重，成为国民经济中占比最高的一个产业。产业结构优化升级的过程既有市场力量的自发作用，也有政府的主动干预和战略性调整。资源最佳配置需要政府抑制某种产业的发展而应鼓励另外一些产业的发展时，政府便会通过经济手段、法律手段或必要的行政手段推进产业机构的跃迁，从而形成新的战略性产业。绿色经济的发展便是如此。随着可持续发展理念在世界范围内逐渐得到共识，循环经济、低碳经济、生态经济等发展模式开始走入各国的政策视野，限制"三高一低"（高耗能、高污染、高排放、低效率）、鼓励支持"三低一高"（低局能、低污染、低排放、高效率）的产业发展的政策和措施陆续出台。绿色经济发展机制符合资源节约型、环境友好型的"两型社会"内在要求。由此，绿色经济发展机制应运而生并获得发展。

（3）绿色消费需求

消费既受传统文化的影响，也受收入水平的限制。国际规律表明，当消费者从单纯的生存消费跃升至发展消费和享受消费时，其绿色消费观就会悄然形成。也就是说，这个阶段的消费者开始逐步形成健康、适度的消费习惯，日益关注生态环境质量的提升，也更加倾向于消费安全、环保的绿色产品。广大公众消费方式的转变将引导社会生产方式产生重大变革，由此推动绿色技术的研发、绿色商品的生产和绿色经济的发展，环保电池、绿色食品和生态洗涤剂等的产生即是如此；节能、节水和节电等工艺的产生，以及废纸、废塑料和废电池等的回收再利用也是如此。在此过程中，消费者和社会公众一方面是绿色经济发展的助力者和推动者，另一方面是政府和企业行为的外部监督者；既倡导生态消费的发展理念，也倒逼政府规制和企业整改的制度变迁。

2. 外源压力

（1）全球气候变化现实

人类只有一个地球。全球气候变暖是当今世界不争的事实，也是各国要共同面对并亟待解决的公共难题。为此，1992年在巴西里约热内卢召开了"联合国环境与发展大会里约地球峰会"，会上通过了《21世纪议程》，呼吁各国要将环境与发展有机结合；"第三次世界气候大会"通过了关于减少温室气体排放的《京都议定书》；2008年，全球环境部长会议提出了"全球绿色新政"和"发展绿色经济"倡议，在此之后，这一倡议不断文本化，于2011年发布《绿色经济发展报告》。

通过国际组织的不断努力和倡议，环境治理问题终于受到了世界关注，各国开始正视和应对全球气候变化的严峻现实，并不同程度地贯彻绿色发展和生态发展思想。例如，韩国发布《绿色增长国家战略》，英国发布《低碳转型计划》和《可再生战略》，欧盟委员会发布《欧盟2020战略》，法国公布《绿色法案》《2010—2013年国家可持续发展战略》。

但是，气候变暖是一个世界性、公共性、外部性的问题，解决这个问题需要各个国家通力合作。当下，有些国家采取了措施，但是收效甚微。探究其根本原因，主要是因为各个国家将环境治理当作一个博弈的过程。各国都在"零和博弈"的思维框架内转圈，都想以最小的成本换取最高收益，转嫁负担，推脱责任，特别是发达国家缺乏应有的责任和担当。有些发达国家虽然喊出了非常响亮的口号，但是真正的环保措施并没有落实，这就出现了"雷声大、雨点小"的环境治理困境。

（2）国际竞争应对策略

国际环境压力随着温室气体排放数量的日益增多而越来越大。各国为了应对这个现状，也为了保护国内市场和提高产品的质量，在国际贸易中，绿色贸易壁垒成为主要的门槛。这就使得参与国际贸易经济往来的国家，尤其是国际贸易数额巨大的国家必须重视绿色经济的发展，以此适应国际市场，减少"走出去"的障碍。何为绿色贸易壁垒呢？绿色贸易壁垒又称为"环境壁垒"。在国际贸易中，一国通过立法和制定强制性的法律法规，以保护环境、维护人类的健康为由，对国外要进入本国市场的商品进行直接、间接的准入限制，甚至禁止贸易，这就一种非关税壁垒措施。绿色贸易壁垒的具体内容包括：绿色补贴、绿色关税、绿色技术标准、绿色卫生免疫、绿色技术包装制度等。针对性强、灵活多变、透明度不高是绿色贸易壁垒的特性，这也是发达经济体在国际贸易中常常使用这个手段的原因。绿色贸易壁垒虽然是为了保护环境，但实际上也成为贸易保护的工具。面对这样的形势，发展中国家是很难指望发达国家降低标准的。发展中国家为了本国的安全和贸易，要顺应世界性的科技环保的发展趋势，将消极抱怨变为积极应对，将被动变为主动，将这一趋势作为自身创新发展的机遇。发展中国家可以通过政策支持和市场引导，积极融入世界经济，从而促进经济和社会绿色发展。

（二）绿色经济发展的利益机制

对于绿色经济来说，利益吸引是发展的重要诱因。在这一过程中，既要发挥市场机制的主导作用，又要有政府机构实质性的政策倾斜。

1. 市场机制的基础性作用

（1）资源环境定价机制

随着市场化改革在世界范围内的广泛普及和不断发展，环保体制也发生了深刻变化，经济手段的激励作用日益凸显。其中，值得关注的是资源环境定价机制。资源环境定价机制指的是建立和完善资源有偿使用和环境产权制度，将资源环境的外部成本变为内部成本，产生利益的驱动，以此不断推动绿色经济的发展。

资源尤其是石油、煤炭、矿产等可耗竭性资源，如果低价甚至无偿使用，就会造成效率低下。相反，如果向使用者收取全部或部分开发成本，实行有偿使用，一定程度上就可以提高资源利用效率。经济学上著名的"资源诅咒"假说就是依据这一原理。资源的富有对一个国家来说不一定是幸事，相反可能是"诅咒"。这是因为资源越丰富的国家利用对资源的效率往往越低，对资源的依赖程度往往越高，经济结构越单一，经济增长越慢，可持续性越差。虽然该假说揭示的问题并非绝对，但却反映出一个常理，即物以稀为贵。如果不能有效珍惜大自然的馈赠，那么本来的资源禀赋也可能使国家经济发展走向反向。通过资源定价机制加强资源管理，不断优化资源配置，这不仅能够提高了资源利用率，还能够促进替代资源及其技术的开发，从而降低经济对某种资源的过度依赖，从而在资源节约利用中推动经济绿色化进程。环境价格机制的作用与此同理，环境作为一种公共空间，虽然很难界定产权并直接定价，但却可以通过中间物对其产权进行间接界定，从而实现间接定价。比如，环境容量与环境产权相联系，通过排污规模或二氧化碳排放规模的确定，使环境产生稀缺性，进而形成环境空间的间接价值，并将这一价值赋予保护它的市场主体。如此一来，对于环境的使用便从无偿使用变成了有偿使用。资源环境产权制度通过有效反映环境稀缺程度、市场供求关系和环境治理成本之间的关系，使环境摆脱了无偿滥用的尴尬局面。这样既可以减少对环境的破坏，又可以提高市场主体保护环境的积极性，还可加速绿色经济发展，可谓一举多得。

（2）绿色产品价格机制

在市场经济条件下，市场可以全面调动生产者和消费者积极性。因而，对于绿色经济发展而言重要的是，一是建立价格机制，以此来反映市场供求关系；二是调整资源性产品与最终产品的比价关系。通过投资审批、土地供应、融资支持等政策工具，改变绿色生产的成本收益比率，积极引导和培育绿色新兴产业，并根据相关产业之间的关联度和紧密性，加强生态链接，推动绿色产业集群化，以此延伸产业链条，提高产品附加值，增强利益吸引力。只有让货真价实的绿色产品实现与其投入产出相配比的市场高价,才能调动起企业继续生产和供给的积极性;只有消费者选择的产品具有高性价比,消费者才可能重复购买,并以各种可能方式进行有效传播和推广,绿色经济也才会在供求双方的作用与反作用下进行良性循环。由此可见,绿色产品价格机制发挥利益驱动作用有一个前提条件,即选择具有比较完善的市场体系和市场机制,尤其是市场价格和竞争机制要具有真实性,即政府提供的制度建设能够令人信服地提供绿色产品的质量保证。如此一来,消费也就会顺理成章地为生产提供正反馈机制,从而将绿色产品市场需求的正能量有效传递出去,从而推动绿色生产、交换、分配和消费四个环节的有机结合。

2.宏观政策的导向作用

绿色经济发展具有很强的外部性和公共性特征,环境保护具有很强的正的外部效应,而生态效应呈现出非竞争性和非排他性,这就决定了在此过程中政府有着举足轻重的作用。从利益导向上看,政府的职能是通过政策的倾斜实现调节作用,弥补市场"看不见的手"的失灵,并且与市场相辅相成。政府在发挥导向作用的时候应注意,不能试图取代市场的作用。在环境问题上,虽然市场手段的适用范围和规模比政府干预弱了很多,但这并不意味着市场手段就比政府效率低下。所以,在绿色经济发展中,政府职能起主导作用,为创造或培育市场创造条件,要"扶上马,送一程",而不能过度干预,喧宾夺主。

(1)财税政策倾斜

绿色经济发展中的财政政策主要是指政府对一些地区,尤其是中西部的欠发达地区,通过转移支付、财政补贴、政府采购等手段对地区环境保护工程和生态建设给予支持和保护;与此同时,通过"以奖促治""以奖代补"等方式淘汰落后的产能,以此实现技术的升级和创新,最终将基础设施建设、产业发展及经济增长与区域生态建设相结合,建立起长效的发展机制。绿色经济发展中的税收政策主要包括以下两个方面:一方面,实施税收优惠,如对高新技术产业和有利于节约资源的企业和行业实行税收优惠;另一方面,征收排污税(费)或资源税(费),主要针对高排放、高污染、开发利用自然资源的产业。政府通过对不同类型企业采用不同税收政策,支持和保护具有节能、节水和清洁生产等特点的高新技术产业和环保产业的发展;此外,还要提高行业的准入门槛,完善相应的准入条件和标准,明确落后产能概念,以此推动低污染、低消耗的绿色产业的发展。

(2)投融资政策激励

在人类漫长的社会发展进程中,经济增长的源泉是投融资;相应地,在经济发展中，绿色投融资成为新型的投融资模式。绿色投融资在金融业务上体现了可持续发展战略，在理财活动中融入生态、环保的理念和思想，在思考环境和人类的关系中转变增长方式，以此对社会经济和人类的健康产生积极作用。对此，政府应该出台和采取一些投融资政策和举措来促进绿色经济的发展，包括：一是政府出台适当的信贷政策和金融工具，以此来鼓励企业针对环保项目进行科技研发和创新；二是对绿色融资、绿色生产和绿色贸易给予鼓励；三是针对高新技术产业化、科技成果转化和发展循环经济的企业给予资金补助、贷款贴息等，促进企业成果转化；四是高新技术产业中符合条件的企业可以发行企业债券，符合上市条件的企业也可以融资上市；五是政府要引导和监督金融机构，降低信贷的风险，防范环境风险，督促金融机构履行社会责任。

（三）绿色经济发展的支撑机制

完善的制度体系、有力的科技支持和健全的社会服务保障是最主要的绿色经济发展的支撑力量。

1. 完善的绿色制度体系

完善、良好的制度供给可以明确有效、系统的规则，以此规范经济主体的市场行为，在实现利己的同时能够利他或者至少不损害他人及后代人的权益。

（1）绿色经济法律法规

完善的法律法规是绿色经济发展的必需保障和先决条件。应建立健全法律法规体系，实现有法可依、有法必依，以此引导、约束和规范社会、政府和企业的行为，使绿色经济逐步走上法治化、规范化和秩序化的道路。要实现这样的目标，需要国家针对节能减排、环境产权、循环经济和清洁生产等制定明确、详细的法律法规，以此保障产权人的合法利益并对有贡献的企业给予政策优惠；国家对一些不法行为采取限制、惩罚和取缔，并且借助执法手段对市场经济主体的行为进行硬性约束，以此避免资源的浪费和环境的污染。

（2）绿色经济制度

环境制度是机制的条件，绿色经济机制的运行需要良好的制度环境。完善的制度体系会使社会资源在生产、交换、分配和消费各领域有效配置，并对各种经济行为进行必要的约束和规范。具体来说，健全的绿色经济制度体系应包括：绿色资源制度、绿色产权制度、绿色管理制度、绿色投资制度、绿色金融制度、绿色财政制度、绿色税收制度、绿色技术制度、绿色生产制度、绿色市场制度、绿色产业制度、绿色标志制度、绿色包装制度、绿色消费制度、绿色代销制度、绿色贸易制度、绿色审计制度、绿色会计制度和绿色国民经济核算制度等。

（3）绿色绩效考核标准

要使政府在绿色经济中的调节作用得以有效发挥，应制定有相应的政绩考核标准，为此，学界提出了绿色GDP的概念。绿色GDP标准也称为"绿色国民经济核算标准"，是从定量上将生态环境资源的存量消耗、折损保护与损失费用纳入经济绩效的考核体系之中，以便在经济发展中准确反映资源代价（土地、森林、矿产、水和海洋等）和环境因素（生态环境、自然环境和人文环境等），全面、客观地评价真实经济绩效，从而实现对个体行为的定量考核和有效监督。绿色GDP标准涵盖了重要的资源环境的量化指标，因此将在很大程度上打破工业化进程中的常规思维模式，加快寻求转变经济增长方式的新途径，并及时出台必要的激励和支持政策，加快推进绿色经济发展。

2. 坚实的绿色技术支持

（1）绿色技术创新

绿色经济不是对石油工业的全盘否定，也不是要求回归到传统的生产方式，而是通过借鉴自然经济、生态经济、可持续发展等诸多经济形式的优势，不断追求和实现产品的产量与质量、生态环境保护与经济发展之间的最佳平衡。不言而喻，绿色经济如此多目标的实现，离开科学技术的改进和管理水平的提高是很难进行的。新型经济发展模式的科学技术势必不同于以往的传统经济技术。一方面，要想实现人口、自然与经济之间的有机融合，获得高产、稳产、质量和效益的综合目标，没有先进的生物防治、有机肥料、食品安全、产品质量标准、产地环境检测和废弃物无害化利用等可持续经济生产技术，没有完善的产前、产中和产后的全程质量控制及规模化和协作化等管理技术，没有区域性关键技术的研究是不可能的；另一方面，以生产安全、无污染的优质、营养、绿色产品为目标的绿色生产技术是不会破坏生态环境且不影响农产品质量的安全、清洁技术，因而其效果要取决于自然科学与社会科学、"硬"技术与"软"技术、理论与实践的综合作用。某个单项绿色生产技术很难使整个绿色经济生产力水平得到大幅度提高。因此，地区如果要实现绿色经济的快速发展，就需要在科技创新方面有大突破，包括能够有效替代不可再生和污染性原材料及能源的技术、"零排放"和能源梯级利用技术，废弃物资源化和污染物净化技术等。

（2）绿色科技创新体制

健全、完善的科技创新体制是支撑绿色科研持续开展的条件。因此，必须以高新技术为先导，建设有利于科技研发纵深开展的体制机制，从而以富有活力的创新体系和激励创新的政策环境突破绿色经济发展的技术"瓶颈"。

第一，要通过专项资金、政策鼓励和资本市场等多种渠道保证科技创新的投入力度。

第二，要满足科技创新对人才的需求，即通过内部培养和外来引进等方式加大科技人才储备。

第三，大力开展多种形式的产、学、研结合活动，加速科技成果向现实生产力转化。

第四，发展中国家的绿色技术研发离不开发达国家的积极支持，所以两者之间要通过多种途径的博弈与合作，使发达国家在绿色科技的人才供给、体制构建和关键技术等方面给予发展中国家更多的帮助，以使各国绿色经济在发展的同时满足全球化要求。

3. 健全的社会服务保障

（1）绿色服务组织的功能

绿色服务组织是政府与企业之间的中介组织，其职能是在国家法律和政策体制框架下为绿色企业提供市场服务。绿色服务组织的职能包括技术咨询、金融服务、信息收集、管理培训、产品销售、出口中介等。可以说，绿色经济发展在很大程度上与其所在区域的服务化程度密切相关。

（2）实行绿色信息公开化

信息公开化是推进绿色经济发展的重要途径。因此信息的公开化可以增强市场、民间和社会公众的参与度，使其及时、准确地了解和掌握有关共享资源与污染程度有关的信息，从而有效监督资源利用和环境保护的决策。

（3）社会绿色思维的形成

观念是行动的指南。经济发展模式的不同取决于不同的发展观念，故而，要推动绿色经济的发展就必须转变社会群体的思维观念。制度变迁的经济学理论认为，制度安排可以是正式的，也可以是非正式的。非正式的制度安排可以通过伦理道德的软约束在一定程度上降低实施成本，引导经济主体实现既定目标。由此看来，发展绿色经济可以通过宣传教育和舆论导向，逐步转变长期以来企业和居民形成的生产和消费习惯，进而培养人们的绿色思维和绿色价值观，通过这些非正式制度的渗透和影响，夯实绿色经济发展的社会基础和文化底蕴。

二、绿色经济发展机制的作用条件

绿色经济是以效率、和谐、持续为发展目标，以生态农业、循环工业、持续服务产业为基本内容的经济增长方式。它虽然是人类社会由工业文明转向生态文明的产物，但其实现过程却并非一帆风顺。绿色经济作为可持续发展的经济模式有独特的运行机制和作用条件，其全面建设不仅需要快速发展节能环保等绿色产业，更需要加大传统产业的绿色化和生态化改造。在此期间，绿色经济发展的水平和质量就取决于经济系统各组成要素之间的相互联系、相互作用。

（一）科学认识绿色经济本质

绿色经济的快速发展得益于社会各界对这一新兴经济模式的科学认识。绿色经济相似于生态经济、循环经济、低碳经济、环境经济等很多名词，但与这些名词不等同，而是一个更加综合的概念，其核心要义在于经济发展的绿色化，即经济是内容，发展是目标，绿色是前提。换言之，绿色经济只是经济发展的一种形式，发展在这种形式中依旧是铁律；有所不同的是，这种形式下的发展所依赖的条件是其与资源环境形成良性循环，而不是与资源环境形成对抗。在绿色经济发展的模式下，人依旧是首要因素，绿色经济注重人的主体地位，突出强调人的长远和全面发展，而不是为了自然伦理故意忽视人的主体地位和价值。故而，绿色经济要求对人与自然的相互依赖给予客观看待，在环境、资源、人口、经济的相互协调中实现一代又一代人的持续发展。由此可以看出，绿色经济发展模式不能延续传统工业化进程中以原生资源过度投入换取经济增长的模式，也不能为保护生态环境而出现经济的"零增长"。绿色经济发展模式要在这两个极端中找到平衡点，实现人与自然的平衡，实现在资源承载力和环境容量范围之内的代际公平和经济增长。显然，绿色发展观体现了马斯洛的需求层次理论，第一需要是人的生存需要，之后是安全、交往、尊重和自我实现的需要；只有人的生存得到满足以后，人才能去考虑保护环境，这对于发展中国家来说具有很强的现实意义。

（二）明晰绿色经济发展机理

思想是行动的前提，理论是实践的指南。只有真正知晓绿色经济运行的内在机理，各界人士才能从不同角度发挥正能量，并形成一种合力推动这种新兴经济的完善与发展。绿色经济与传统经济的最大区别之处是它所谋求的是经济增长与环境保护、资源合理利用之间的有机平衡。那么，如何实现这种良好初衷呢？在西方国家出现了两种思想，一种是"浅绿色"思想，另一种是"深绿色"思想。在"浅绿色"观点中，人类可以通过技术创新和科技进步找到可替换的资源或者是新能源，通过技术手段来解决现实中的环境和生态问题；在深绿色观点中，虽然技术创新和科技进步在一定时期和一定范围内能够提高资源利用效率并发现可替代资源，在某种程度上有利于减缓环境和资源压力，但终究不能克服地球的极限，因而并不能从根本上解决环境和资源问题。要满足未来人类能拥有一个足够优裕的生活标准或人均资源使用量，还要依靠生态保护和资源节约利用。当然，"浅绿色"和"深绿色"两种观点虽各有侧重，但却深刻地揭示了绿色经济发展的内在机理，即绿色经济发展模式的实现既有赖于科学技术的突破，又需要观念、行为和管理等的创新。换言之，以技术创新和制度创新为主要形式的绿色创新对绿色经济发展具有内在推动力。从政治经济学的角度来看，绿色经济包括了绿色生产、绿色流通、绿色分配和绿色消费。因此，政府部门就需要在充分认识区域经济发展所面临的生态环境容量和资源承载能力刚性约束的基础上，调动各种可能的力量从激励和约束两个方面推动相应的技术创新和制度创新。

（三）形成内外合作的发展格局

绿色经济的参与主体既不能是单纯的政府，也不能是分散的企业或个人，而必须是政府、企业和公众的合作。绿色转型顺利与否在很大程度上取决于政府行政力量、市场利益导向和公众自觉意识的共同作用。除此之外，绿色经济的发展进程还有赖于国际协调与合作。在国际合作中，发达国家往往具有优势，利用其在国际上和产业链上的优势剥削欠发展中国家，或借故将低端污染产业转移到发展中国家，发达国家与发展中国家的地位并不平等。但是，人类只有一个地球，污染没有国界，绿色经济的发展如果离开了国际合作特别是区域合作，则其成效势必大打折扣。大气全球流动，海洋无国界之分。相对于传统经济发展中各国的独善其身，绿色经济具有全球化趋势。换言之，绿色经济发展中的国际合作是必要条件和战略方向，而不是锦上添花的选择性安排。绿色安全是全球利益共生体的诉求，而非某一个经济体的诉求。因此，绿色经济合作也就具有了广泛性和自觉性。虽然在现有世界经济力量对比条件下，最优结果很难出现，博弈收敛的最终均衡点还是会靠近发达国家，但相对于发展中国家的单打独斗而言，绿色经济合作仍不失为一种帕累托改进的次优之选。

第三节　机制创新与绿色经济发展

绿色发展是以传统发展为基础进行的一种模式创新，绿色发展模式受限于生态环境容量和资源承载能力，环境保护成为可持续发展的重要支柱，这种模式是一种新型的、创新的发展模式。随着经济形式新常态的发展，只有实现低碳循环，将要素驱动、投资驱动转向创新驱动，不断提高经济的绿色化程度，才能从根本上缓解环境资源与经济发展之间的矛盾。

一、创新与绿色发展

绿色经济产生的创新主要包括：生产过程的绿色化改造、创造新产品、绿色新兴市场的发展。以能源利用产业为例，新能源产业中的太阳能或生物质能的使用，可以减少人们对传统可再生能源的依赖性。传统的公用事业通过改变能源的利用方式，可加大对可再生能源的使用；普通家庭通过安装、使用太阳能等绿色消费，可以促进绿色新兴市场的发展。

绿色发展产业化的技术支撑是科技创新，科技创新是绿色经济发展的前提。实际上，绿色产业发展的主要障碍是高成本、低收益、缺乏竞争力。因此，需要采取措施促进绿色产业的发展：一方面对绿色技术进行创新，积极使用新技术、新工艺，以此实现少投入下的低污染和高产出，实现生产过程中消解污染物的排放；另一方面通过技术的变革，降低生产成本，不断提高市场竞争力，实现资源再利用将有利可图。低碳能源技术、绿色低碳工业技术、绿色交通技术、低碳农业技术、绿色消费技术和绿色发展能力相关技术等是绿色技术体系的内容。只有以上这些技术取得突破性发展，才能促使绿色产业真正的快速、有效发展。

科技创新的发展方向由绿色发展引领着，绿色发展也为科技创新提供了绿色舞台。在传统发展模式中，科技创新是一把"双刃剑"，一方面促进了经济的增长，另一方面造成了环境的破坏以及资源的浪费和过度损耗。科技发展带来的负面问题需要以进一步发展科技来解决，解决这些问题的有效手段就是绿色技术创新。支撑绿色经济发展的科学技术应该是生态化技术，是可以促进资源节约和环境友好发展的技术，对科技未来的发展方向有预示作用。在绿色经济的发展和研究中会不断出现很多新的问题和挑战，这对科学技术提出了更高的要求，从而指引科技未来的发展方向，推动科技的向前发展。

机制创新可以激励、引导和约束绿色科技创新。绿色经济的构建依托先进的技术，合理的制度会促进技术的创新。绿色经济要在传统经济线性技术范式基础上，增加绿色反馈机制。技术范式革命是绿色经济的本质，是社会制度的体现，故而，建立健全合理的社会制度是绿色经济发展的保障。政府的机制创新可以对绿色科技创新产生导向和激励作用。不同的机制会产生不同的激励和约束机制，通过克服市场失灵、消除不确定性、降低交易成本和行为风险、促进外部效用外部化等，对企业的技术创新产生影响。

二、绿色经济发展中的机制创新

绿色经济发展机制就是指绿色经济发展系统中各组成要素之间相互作用的过程和功能。该机制包含政府机制、市场机制、生态机制和道德机制等多种类型。上述不同机制在不同层次发挥不同作用，其形式和特点也不同。绿色经济发展机制以生态机制为根本指向，是计划机制、市场机制和道德机制等共同发挥作用的多元配置机制。所谓的绿色经济不是工业文明的绿色经济，而是生态文明经济形态的形象概括；不再以市场机制为主导，而是以生态法则和机制为根本导向，要遵循生态规律。首先，市场机制是一个包含供求机制、价格机制和竞争机制在内相互作用的综合性系统，是社会化大生产条件下最重要、最基础的调节方式。其次，政府机制是针对市场失灵的宏观调控手段。最后，道德机制和生态机制是绿色经济发展的特有功能。它们共同作用、有机融合，从而形成绿色经济发展机制。

（一）机制创新在绿色经济发展中的必要性

人类社会永恒的主题是发展，创新是发展的动力；只有在生态环境与经济协调发展下，创新才能永恒。新制度经济学的观点认为，制度是一个社会的游戏规则，是为决定人们的相互关系而设定的一些制约。制度构成了人们在政治、社会、经济方面发生交换的激励结构。

经济增长和发展的内生变量主要是制度及制度变迁、创新。从环境与经济的关系角度来讲，各国在工业文明经济发展的不同阶段均呈现出不同程度的"环境库兹涅茨曲线"规律（倒"U"形演替规律），这是工业文明的黑色发展规律。这种规律形成的主要原因包括：一是缺乏可以实现生态环境与经济协调发展的制度；二是人们缺乏环保意识、创新意识、法制观念，思想意识比较传统；三是在生产、交换、分配、消费整个经济再生产过程中，环境作为一种资源，缺乏激励性制度安排，对生态环境资源利用和保护的经济动力缺乏制度保障。因此，要使绿色经济长远、有效的发展，就需要建立一套完善的机制，使整个国家为绿色、低碳的目标努力。法律法规的不断完善能够促进循环型社会建设和环保产业的发展；在商品上标明制造和运输中的污染排放量或者是设立绿色税制，可以增强消费者的环保意识。从孟加拉等国的实践中可以看出，非电网解决方案能够为贫困人口提供清洁能源，具有显著的成效。欧盟国家的实践证明，生产者联盟可以通过提高有机生产者的商业意识和技能知识，降低产品认证的成本。为此，我国也应学习这些举措，以绿色促增长，以机制促发展，通过构建有效的绿色经济发展机制推动生态环境、社会效益和经济增长多重目标的最终实现。

在当今世界，世界各国都在绿色发展领域进行积极的探索和实践。如果用绿色经济制度来考核和规范人们的经济行为业绩，那么其在可持续发展战略（经济与环境协调发展）中发挥着激励和遏制作用。首先，绿色经济制度可以激励人们的经济行为沿着绿色发展道路不断前进。绿色经济制度的建立和实行会鼓励低污染、低消耗的经济行为。资源消耗越少，对生态环境的污染就越小，经济行为业绩就越好。由此可以进一步促使经济个体使用先进的、科学的技术去生产，在保护生态环境和合理利用自然资源的基础上发展经济，更好地保护环境、平衡生态，更好地促进生态环境和经济的协调发展。其次，绿色经济制度可以遏制人们不合理的经济行为，使其逐渐步入正轨。严格贯彻和执行绿色经济制度，会让经济个体放弃高污染、高消耗的经济行为。资源消耗越多，对生态的破坏就越严重，经济行为业绩就越差。由此，经济个体会采取技术手段转变经济行为，不断促进生态环境的有效配置。总而言之，绿色经济制度运用得好，可以得以严格贯彻和执行，再加上配套的行政措施、法律法规，一方面可以实现经济与环境的协调发展；另一方面会促使我国转变经济增长的方式，推进可持续发展战略的发展，是可持续发展战略在经济领域具体实行的制度框架。

（二）面向绿色发展的技术创新与制度创新

创新是推动社会发展的源泉和动力。完善的创新体系和广泛开展的创新活动都可以促进经济社会的可持续发展。绿色技术创新和绿色制度创新都属于绿色创新的范畴，这两类创新可以使经济社会转向绿色发展的道路，实现绿色经济发展；可以推动可持续发展的技术创新和制度创新；促使社会贯彻实施绿色发展战略，促进生态环境和经济社会的可持续、协调发展。

传统的技术创新主要是对生产要素的配合、对生产的条件和组织的重组，以此建立高效能的生产体系，获取更多的利润。这个体系以追求企业利润最大化为目标，忽视经济社会的可持续发展，这就会造成一系列的生态环境问题和资源问题。有学者提出，新技术虽然是经济上的胜利，但是，其在生态学上是失败的。从可持续发展的角度上来说，绿色发展的技术创新和传统的技术创新虽然都属于第一生产力中的科学技术，但是，有别于传统的技术创新，绿色发展的技术创新不是单纯地追求经济效益最大化，而是要兼顾社会效益。绿色发展的技术创新以可持续发展为前提条件，是一个技术创新的过程。首先，绿色发展的技术创新不会加剧对自然资源、环境的掠夺和破坏，而且能够促进资源的再生和保护自然环境。其次，绿色发展的技术创新要创造出综合效益，覆盖社会、经济、生态等多方面。最后，绿色发展的技术创新可以推动社会的文明与进步，促进社会的发展。总之，基于可持续发展的技术创新，不仅对可持续发展起激励作用，还能促进社会、经济、资源和环境协调发展。

绿色制度创新与绿色技术创新有很多相似的地方，绿色制度创新一方面可以通过寻求有效率的激励，使创新者获得额外利益或者追加利益，以此变革现存制度；另一方面还能提高生产率，促进经济的加速增长。通常来讲，制度的创新是以集团利益为主要目标，而不是促进社会公平和福利。所以，绿色制度创新应该将主要目标定位于追求社会福利的不断优化。绿色制度创新可以产生激励效应，以此促进社会、经济和生态等协调发展；绿色制度创新可以通过效率的实现来促进资源的合理配置，促进生产要素的合理流动；绿色制度创新产生的推动力，能使个人、企业和政府在环境保护与经济发展的通力合作和竞争中实现均衡博弈。

从广义的角度来说，经济学面临的基本上是外部性的问题，经济学曾经面临的问题是或许已经消除的外部性问题，正在面临的问题是尚未消除的外部性问题。人类和自然的关系问题也是这样的，因为人与人之间尚未实现合作，这使得人和自然的关系受到破坏，使得人类的生存和发展受到影响。外部性问题的典型代表是人类的外部环境问题。因此，需要一定的制度来解决这个问题，以此实现绿色发展。绿色制度创新就可以解决这些问题，还能使成本更低。

绿色制度创新可以通过将外部利益内部化来解决外部性问题。制度的特性之一就是公共性，虽然这一特性与利益无关，但是制度只有适当地激励才能出现。这里的激励主要包含以下两种状况：

第一，"诱致性制度创新"，这是指制度的创新来源于当事人之间的相互博弈，创新利益存在于当事人之间。只有当预期净收益超过预期成本时，制度安排才会发生创新，在社会内才可能出现改革现有制度和产权结构的期望和企图。

第二，"强制性制度创新"，这是指政府等外力强制进行制度创新时，创新利益会分享给外力。

三、绿色创新的特殊本质

绿色经济有别于传统的经济：一是绿色经济的目标是在实现经济生态化的同时遵循生态规律和经济规律；二是绿色经济发展要求经济具有效率性、生态性和人文性；三是绿色经济有着独特的资源配置方式和运行机制，这是由绿色经济的特征决定的。生态机制、市场机制、道德机制和计划机制四种机制间相互促进、相互作用的多元配置机制就是绿色经济运行机制，这四种机制作用的层次不同。绿色创新具有独有的本质特征，与其他类型的创新不同。

第一，绿色创新的首要目标就是生态效益。绿色技术创新从属于第一生产力中的科学技术，以生态效益最大化为己任，旨在实现生态环境与经济的协调统一，而不是仅以经济效益最大化为己任。

第二，绿色创新以生态为代表，其显著特征是全球化的市场潜力。虽然市场也会自发出现包括绿色环境创新在内的创新，但是这不能满足市场所需要的复杂技术变化，加之市场失灵，创新的过程主要由政府来主导和支持。因此，政府为了推动绿色生态的创新，加大创新力度，就必须采取强硬的措施和有力的手段。

第三，绿色创新所激发的推动力将促进社会的文明。因此，绿色经济发展必须以技术创新为前提。

四、绿色创新的正反馈机制

分析绿色政策以及市场圈、政策圈和创新圈的相互作用可以发现，绿色创新政策对绿色产业的创新竞争起到了加强的作用。这是因为政府的政策会影响市场的发展，企业的二次创新会受到市场的影响，而市场的发展变化与创新会反过来影响政府。在政策圈，经过宣传倡导、目标设定、决策、执行、结果五个阶段，政策才能发挥作用，而对于最后结果的评估会产生新一轮的宣传倡导；市场圈主要包含以下创新需求：产品的生产、投资、竞争、需求、价格波动、降低生产成本、提高产品质量等，以市场为导向会刺激产品的创新和创新扩散；在创新圈，二次创新主要指社会创新，比如创新光伏设备的租用方式。政策圈、市场圈和创新圈三者互为正反馈机制，在相互配合中促进绿色产业政策更加完善。

绿色技术的创新市场和政府的产业政策具有很强的相关性，是一个非常典型的"政策驱动型"市场。绿色技术的创新市场支持二次创新，为绿色新技术提供资源上的支持，通过以上措施不断降低生产的成本，提高产品质量。政府引导创新的过程，主要是通过对绿色产品设定导向性目标来实现的。政府也能提供市场信息，由此反馈政策的影响。将绿色技术创新市场化，可以对就业产生正反馈，而且规范的、有效的体制机制也能制定出更加严格、更加适宜的绿色标准。只有市场获得成功，才能增加政策的接受度。

第四节　我国绿色经济发展机制建设的可行性

一、我国绿色经济发展机制建设的优势

（一）我国已初步制定了绿色经济发展蓝图

在绿色经济改革的不断推动下，政府要加快转变发展观念，不断创新发展模式，提高绿色发展的质量和水平，在实践中不断形成具有中国特色的发展路线；要在科学发展观的统领下，以建设和谐社会为发展目标，建立人与人、人与自然和谐相处的核心价值，努力建设资源节约型和环境友好型社会，致力于实现生态文明建设与政治建设、经济建设、文化建设、社会建设的相互促进和相互发展；要不断地优化能源结构、产业结构、工业结构、国土空间，积极地探求一条生产发展、生活富裕、生态良好的文明、绿色的发展道路。2008年的北京奥运会秉承绿色奥运的理念，推动我国的绿色经济朝着更高、更强的方向发展。经过多年的实践，我国对内形成了一条转变发展方式的新型工业化道路，这条道路具有以下特点：一是能源消耗低；二是环境污染小；三是高科技含量；四是经济效益好；五是充分发挥人力资源的优势。

（二）发达国家与我国开展绿色技术合作

2009年7月14日，为促进中美在清洁能源领域的合作，时任美国商务部部长骆家辉和能源部部长朱棣文访华。在这次访华中，美国看到我国能源市场具有巨大潜力，于是不断宣传美方的可再生能源技术，推行绿色外交，希望可以加大对华的环保、能源效率、医疗等方面出口。最后，双方在减少温室气体排放方面达成共识，并展开合作。该共识的达成也成为哥本哈根全球气候变化大会达成协议的关键。这次访华是我国与发达国家开展绿色合作的开端，为我国引进了很多先进的绿色技术，对我国绿色经济的发展起到了良好的促进作用。

二、我国绿色经济发展机制创新的紧迫性

当前，我国的生态环境和资源等现状不容乐观。《中国绿色国民经济核算研究报告2004》指出，自20世纪70年代末以来，我国的经济获得快速发展，使得我国集中出现了发达国家上百年工业化过程中分阶段出现的环境问题，环境和经

济的矛盾日益尖锐。当下,我国的资源相对匮乏、生态环境非常脆弱、环境容量不足,这些问题阻碍了我国的现代化建设,一方面造成了惊人的经济损失,阻碍了国民经济的健康发展,阻碍了社会发展的进程;另一方面破坏了人们生存的环境。这些问题成为我国在社会发展和推动经济发展中必须要解决的问题。为此,我国应大力推进生态文明建设,要坚定不移地贯彻、落实节约资源和保护环境的基本国策,不断推动绿色、循环、低碳的发展,坚持以节约优先、保护优先、自然恢复为主的方针不动摇,逐渐形成保护环境、节约资源的产业结构、生产方式、生活方式和空间格局,从根本源头上挽救不断恶化的生态环境,不断减少对资源的浪费,修复、保护生态环境,提高资源利用率,为人们创造出良好生产生活的环境,为全球生态安全贡献力量,用科学发展观统领未来的经济发展全局,不断推动人与自然和谐发展,不断建设资源节约型和环境友好型社会,这是科学发展的必经之路。绿色经济的关键和有机部分就是资源、环境和生态的可持续性发展,这也是我国未来绿色经济发展的路径之一。

绿色经济项目缺乏相应的激励机制和保护措施,基本上都是由政府投入资金,这就会出现很多的问题。首先,我国的绿色经济的投融资资金主要来自政府的财政投入,很少有社会财富的投入。但是,我国财政收支有尖锐矛盾,这就要求政府的财政支出首先保证政府基本职能的有效发挥,使得政府投入绿色经济的投融资资金匮乏,不能满足绿色经济发展的投融资资金需求。其次,绿色经济缺少市场性融资手段,不能吸纳社会资金,导致资金匮乏,影响绿色经济发展的进程,不能满足社会对于节约资源和保护环境的需求。当前虽然对于绿色经济的投资在总量不断上升,但是,其在国内生产总值中的占比还比较低,绿色经济投入的力度在总体上还是比较小,不能很好完成改善资源状况、控制环境污染和提高经济效益的任务。最后,经济不断发展,对绿色经济的投资需求逐渐上升;相应地,资金缺口也会不断加大,因而绿色经济发展的机制创新要比以往任何时候更加强烈。

第五节　我国绿色经济发展机制创新构想

一、战略取向

绿色经济发展目标引导和规范社会各方的经济行为,协调和整合绿色经济运行中不同利益群体之间的关系。这是一项涉及范围十分广泛、极其复杂、具有开创性的系统工程，必须优先做好顶层设计。绿色经济发展的顶层设计要着重"转型"和"创新"两个战略。对于"转型"战略，要明确政府和企业在绿色经济中各自的定位，重点强调转型经济发展方式和转变政府管理职能。对于"创新"战略，重点强调两个方面：一是体制机制创新，保障绿色经济的发展；二是科技创新，为绿色经济奠定发展的动力基础。

（一）倡导绿色发展理念

绿色发展影响了人们的生产方式、生活方式、价值观念和思维方式，是一次根本性、全方位、系统的变革。要想推进绿色变革，就需要个体更新理念。在"十三五"期间，中共中央提出要树立绿色、协调、创新、开放、共享的发展理念。绿色发展理念是生态体制改革理念的概括和升华，为此，要想形成与之相对应的思想和思维方式，就要不断加深对绿色发展的认识。这里最重要的就是协同思维和辩证思维。

发展和保护之间是相互促进、相互制约的关系。通过牺牲环境换取发展是不可取的行为，但是只强调保护而限制发展的行为也是不妥的。这就需要寻找发展与保护的平衡，发展是第一要务，要促进发展与保护的辩证统一，达到相互促进的局面。"绿水青山"与"金山银山"之间是辩证统一的。"绿水青山就是金山银山"强调的就是经济的发展与生态文明建设之间是辩证统一的关系。绿色经济是一种转型和创新，而不是限制经济的发展。以发展的眼光来看，在遵循自然规律的基础上坚持绿色发展，使生态的优势成为经济的优势，将生态资本转变为经济发展的资本，只有这样才能将"绿水青山"转变为"金山银山"。

（二）大力推进生产方式绿色化

绿色发展的重要环节之一就是优化产业结构，应加快对传统产业的升级，形成低碳、循环的产业结构，不断推动先进制造业健康发展，促进新兴产业蓬勃发展，扩大服务业的发展规模，从而通过推动绿色产业的发展，培养新的增长点，反过来带动绿色产业的发展。为此，要按照"十三五"规划中提到促进绿色产业集聚，形成规模效应，通过延长产业链来提升价值链；发展节能环保产业，通过节能环保产品来拉动消费，形成新的增长点，形成绿色支柱产业，不断增强节能环保工程技术的能力，从而拉动投资的增长；充分发挥市场的优势，发挥市场的激励作用，将社会资金多渠道引入，推动新能源、可再生能源产业的发展；可以结合扶贫工作，因地制宜地在"老、少、边、穷"地区发展绿色产业，如生态农业、有机农业、林业经济、生态旅游和绿色服务业等，不断促进绿色经济的发展。

（三）科技创新推动绿色发展

绿色经济在生产经营的过程中解决环境问题，是一种促进经济增长的制度创新。绿色经济的发展与技术的创新有着千丝万缕的联系，绿色技术支撑着绿色经济的发展。这里的技术创新主要表现在以下两个方面：

第一，对传统经济的技术进行改造升级、创新，比如再循环技术、无害化技术、资源削减技术等，通过技术的变革实现对自然资源的利用，减少废气物的排放，提高资源利用率，促进资源密集型企业向环保型和技术密集型企业转型。

第二，培育新型的工业企业，以此拉动经济的可持续增长。新型的工业企业应该具有以下特点：低消耗、低污染、高科技、效益好、充分发挥人力资源。可节约资源、保护环境的高新技术可以促进产业结构的优化升级，促进经济活动的生态化、知识化，促进智力资源对环境物质资源的替代。对此，一是要继续深化科技体制改革，建立健全与绿色科技相应的管理制度和运行机制，建立全方位、系统化的面向产品、研发、市场、人才的绿色创新技术支撑体系；二是突出企业在技术创新中的主体作用，政府要加大财政投入和政策倾斜力度，促进绿色装备制造、新能源开发利用技术、资源循环利用技术、大数据应用等方面的发展，促进资源高效、循环使用，提高利用率；三是对绿色经济的前沿技术和关键技术进行攻关，同时对重要的科学技术和生态文明进行研究，使创新驱动真正成为推动绿色转型的动力。

（四）强有力的财政支持

绿色经济的发展需要政府财政的投入和支持，以发挥财政对促进绿色经济发展的作用。我国的财政政策主要分为财政收入政策和财政支出政策。财政收入政策对于绿色经济的发展作用主要体现在：税收政策可以增加破坏生态环境的经济成本和消耗资源的成本，从而遏制经济体不良行为的发生，减少外部负效应，实现保护环境和节约资源的目的。财政支出政策对于绿色经济的发展作用主要体现在：政府可以采取绿色采购、财政拨款、国家预算等方式促进绿色产业的发展，为其提供经济激励、政策扶植、资金保障。在发达国家，税收政策一直积极影响着绿色发展，成为治理生态环境问题的主要手段，这为我国发展绿色财政提供了可以借鉴的经验。在我国现行的税收制度中，对治理生态资源环境问题、促进绿色经济发展起到积极作用的是企业所得税、资源税和消费税等。这些税收虽然起到了一定的积极作用，但是我国的税收手段比较单一，税收体制并不完善，并不能很好地表达政府在推动资源合理利用、保护生态环境、促进绿色经济增长方面的价值取向。鉴于此，我国可以借鉴发达国家的税收制度和实践经验：对资源税扩大征收的对象；对于环境税要增设细分污染的种类；对于消费税要对产生外部负效应的消费行为和商品征收消费税。与此同时，政府一方面要及时地调整财政政策，对资源和环境保护给予倾斜，为环保产业、环保工程和绿色经济发展提供充足资金；另一方面要鼓励生态农业、生态工业和绿色经济等绿色产业的发展，这需要政府在税收、财政投资和信贷补贴等方面给予扶持。

二、基本原则

绿色经济产业体系既是一个经济系统，也是一个包含在经济系统中的生态系统，因此，绿色经济产业体系是一种经济系统与生态系统相互结合、相互协调的复合型体系。

（一）生态环境保护和以人为本的原则

生态环境保护和以人为本的原则要求在进行经济活动期间，要尊重自然、保护自然，坚持生态优先，维持生态系统的稳定发展，使绿色经济产业与自然资源环境实现协调发展和均衡发展，使两者有机结合，最终达到经济的发展与环境保护的相互统一、相互协调、相互发展。在过去，一些地区的"经济发展"以牺牲环境为代价，虽然地区生产总值领先，也有越来越多的人获得了财富，但是这种经济发展方式对生态环境和自然资源造成了严重的破坏，这是不符合人类发展需要的。绿色经济是现在人们所需要的经济，可以随着经济的发展变化、科技的发展变化、社会的发展变化和人类自身的发展进步而不断发展变化。绿色经济只有遵循生态环境保护和以人为本的原则，才能实现经济和社会的高效益；只有促进人的全面发展，才能构建可持续发展的绿色经济产业。

（二）发展绿色经济要循序渐进

在我国，虽然很早就有绿色经济概念，但是绿色经济发展在国内外都没有统一的模式，这是一个需要探索的漫长过程。绿色经济在发展之初，面临经济的转型升级、较高的经济成本和较高的社会成本等问题。在经济层面上，企业要改变粗放式的经济发展方式，采用可持续发展的方式；改变企业高污染、高排放的生产，积极引导企业低碳生产，使用清洁能源和绿色技术；企业间要相互合作，将环境的负外部性内部化。在社会层面上，要建立健全绿色的经济模式，使公众养成绿色发展的意识和思想，低碳环保从生活小事做起。最后，要将经济层面和社会层面相结合，实现经济发展的生态化。这些转变都是循序渐进的过程，不能操之过急。

（三）绿色经济发展要统筹协调

绿色经济发展任务既涉及三大产业的绿色转型（构建绿色农业体系、创建绿色工业体系、发展绿色服务业），又面临地区（东部、中部和西部）差异。因此，必须注意点面结合，统筹协调，促进绿色发展与社会公平的同步实现；要实现人与自然和谐相处，就要减少对自然资源的开采和使用，减少温室气体的排放，由此提高自然资源的利用率；促使环境质量与经济发展达到良性循环，按绿色、低碳和生态标准进行生产和生活，以实现生活质量的根本提高。

三、目标手段

自然环境资源可以看作一种公共性物品。非排他性和非竞争性是公共物品的特点，公共性物品的特性也体现在环境污染上。推动绿色经济跨越发展，体制机制创新是根本、是动力、是发动机，人才、技术和资本等要素是燃料。只有发动机的功率足够大，燃料才会具备充分燃烧的条件。环境作为公共物品，不可避免地会出现"搭便车"现象，为此，需要制定有效的排他制度来应对这个现象。这样的制度安排可以激励企业不断进行技术创新，使企业的外部成本和外部利益内部化。这就是说需要制定两种机制监督企业的经济行为。企业在外在约束力和激励动机的双重作用下，应采用先进的技术措施，不断减少对环境的污染，提高资源利用率。在这种情况下，企业谋取最大利润的经济行为和社会环境的要求达成一致。简而言之，便是运用政策组合与激励相容机制。

（一）明确政府和社会各自的作用边界

作为一种外部性问题，环境资源问题离不开政府管理，但也不能完全依靠政府，因为对环境资源进行管理的成本巨大，完全由政府来承担并不现实，这就需要政府力量和社会力量共同合作。要完成这项合作，需要对政府和社会两种作用方式进行成本特性分析，明确政府和社会各自的作用边界。政府可以采用经济手段监督和约束企业，使其环境成本内部化。企业在受到严格的监督的同时，为降低成本，提高利润率，可以采取以下措施：一是降低对环境的污染，建立环保措施；二是为了降低环境污染，不断提高技术水平，采用先进的生产工艺；三是向环保服务公司购买服务，将污染物的排放交给专业公司处理。为促使企业环境成本内部化，政府可以采取的经济手段主要有排污权交易、补贴、收费等，这样可以实现经济与环境的协调发展。此外，不仅政府要对企业进行监督，社会各界（环保服务公司、个人等）也需要对企业进行监督。社会要给予监督者一些激励，以提高其监督的积极性。我国的环境保护法在管理环境方面授予了政府很大的权力，却很少分配权利给社会，而且缺乏利益的激励。在我国，动员公众采取环保行动依旧是靠提高大众的环保意识，不符合市场机制中利益驱动的内在逻辑。在市场机制中，企业对环境污染的经济行为是源于对利益的追求，社会力量对环境进行监督也需要利益驱动，这可以与提高大众的环保意识相向而行。

（二）充分利用市场机制，实行环境污染治理的社会化

近年来，为减少对环境的污染，国家和企业投入很多资金兴建环境污染治理设施，但是，这些设施能够正常使用的仅占10%～30%，大部分设施因为各种原因不能正常运转。究其原因，主要是传统设施运营管理方式不合理、工艺质量差、技术水平低。当下，大部分城市的污水处理设施和垃圾处理设施使用的还是传统的运行管理办法，导致"建得起，运行不起"的现象频发。解决这个问题的最好路径就是建立一种与市场经济相适应的运行机制。"谁污染，谁付费"体现了污染治理责任，这表明企业直接治理污染的具体行为和企业通过市场将其转化为经济责任都是治理污染的责任。当然，企业也可以借助市场机制将污染治理社会化，这样可以将对污染的治理转化为市场行为。有专门的污染治理公司来进行治理，企业和污染治理公司之间只存在经济关系，需要排污的企业只需要把排出的污染物交给治理公司，并且交纳相应的费用，后续由治理公司负责污染设施的建设、运行管理等。

（三）促进监督部门、个人和环保服务公司之间的信息交流

监督者面临的问题是信息对称问题，其获取完全信息的成本较高。为此，可以通过奖励动员个人、环保服务公司等提供信息，在一定程度上解决信息不对称的问题。个人和环保服务公司，既可以通过提供信息保护环境，还能获得排他性收益。

四、完善的制度架构

制度是机制发挥作用的保证，而制度建设是系统工程，牵涉经济发展的各个方面。在信息不对称和不完全的情况下，个体要想得到信息就需要付费，存在交易成本，而且参与交易的各方存在信息不对称。当交易存在成本时，就需要制度来对其进行规范，制度也成为效率的关键影响因素。适宜的制度会减少交易成本和信息成本；不适宜的制度会增加交易成本和信息成本。故而，减少人与人交往的交易成本和降低制度系统的运行成本是制度创新的第一个基本原则。如果出现交易成本的提高，就不能将其看作是制度创新。

制度创新主要是一种人为的活动，因而会有"谁来创新"和"为什么进行创新"的问题。制度创新的标准是能否带来"好处"。受益者通常是创新者。创新者在创新中所获得的收益应该与其创新的努力程度相符合，这是制度创新的第二个原则。专利制度就是典型的例子。专利制度通过让发明创造者享有尽可能多的发明"红利"，来激发人们源源不断创新的动力。与之相反的"大锅饭"，就是因为没有处理好创新与利益的关系而被人们遗弃。总之，要探索建立的目标体系、奖惩机制和考核办法都要体现生态文明要求，以此推动绿色经济的发展。对于生态文明制度建设要高度重视，应建立包含生态效益、资源消耗、环境损害等在内的经济社会发展评价体系。

（一）推进绿色 GDP 核算制度

传统国民经济核算并不包含核算自然环境因素，也没有考虑自然环境对于经济、社会的影响。传统的国民经济核算方式不能满足当下可持续发展的要求，在社会可持续发展的前提下不能核算出真实的财富。针对这个问题，学术界提出使用绿色国民经济进行核算，提出了绿色 GDP 的概念，即绿色 GDP 是衡量各个国家在去除自然资源损失后创造的真实国民财富的总量核算指标。绿色 GDP 将自然环境作为经济社会重要的要素进行了核算，考虑了包括土地、矿产、森林、海洋在内的自然资源和包括自然环境、生态环境、人文环境等在内的环境因素，在国内生产总值中扣除了自然资源退化、环境污染、环境治理成本、教育低下、人口数量失控等因素。

绿色 GDP 正式提出是在 1992 年由联合国召开的世界环境与发展大会上，我国自此开始积极推进绿色 GDP 核算进程。要建立绿色 GDP 核算体系，首先需要建立科学、系统、完整的环境统计指标体系，主要包括三类统计指标，即自然资源、生态环境、环境污染三类，通过指标体系来明确反映消耗成本和经济损失。

环境统计指标体系是一项涉及众多指标和多个部门的工作。在国际上，有二十多个国家在实施和落实绿色 GDP 核算体系，但是并没有找到一个普遍适用的方法。我国于 2004 年在绿色 GDP 核算方面进行了积极探索。其间，由于核算技术比较难，而且地方政府普遍不支持，甚至有些省份申请退出绿色 GDP 核算试点。实施绿色 GDP 核算存在较大难度的主要原因，一是人们思想观念落后，没有形成绿色观念；二是资源分配的不均导致地区经济发展失衡；三是产业结构落后的国情。虽然实施绿色 GDP 核算存在很大困难，但是推行绿色 GDP 核算制度，尤其推行绿色 GDP 核算方法和绿色考核体系是必由之路，因为其可以贯彻、落实科学发展观，推动国家走可持续发展道路，促进绿色经济发展。因此，国家要不断提倡绿色发展理念，调整产业结构，协调区域经济，促进经济的可持续发展，以此扫除实施绿色 GDP 核算制度的障碍。

虽然我国建立绿色 GDP 核算制度面临着种种问题和困境，如技术问题、观念落后和制度问题，但是我国也不能重复传统的工业化、现代化的老路，而要正确处理好发展与环境的关系，所以，建立绿色 GDP 核算体系势在必行。在建立过程中，先从具体项目探索试验过渡到局部地区的探索试验，可以首先实行领导干部任期环境责任审计制度；按照"治污先治人、治人先治官"的思路，研究推进环境污染责任保险试点，健全更加有效的节能减排监管体系和科学合理的考核激励机制，推进领导干部离任环境责任审计，逐步建立起符合我国国情的绿色经济核算体系。

（二）构建绿色产品认证与评价制度

1. 项目环保评价制度

近些年，我国的投资增长速度一直维持在很快的水平，甚至个别省、市的投资增速达到了 40% 左右，但大部分投资的项目在项目的前后只对经济效率进行了评估，忽视生态效益评估，这是因为可以带动当地生产总值增长的项目往往是高污染、高耗能的项目，这就会导致投资增速越快，生态环境破坏越严重的恶性循环局面。对此，应该针对投资项目建立严格的环保评价制度，经济部门、环保部门和有关执法部门在每个项目参项前进行综合的环境保护评价，对于高耗能、高污染、对生态环境有害的项目坚定否决；对于能够产生生态效益、节约资源、保护环境的项目积极扶持，放宽准入条件。值得注意的是，项目环保评价要贯穿项目建设的全过程，应采取追踪评价，不能在立项后就不再对其进行监督管理。有些项目在申报的时候为了取得成功，会将项目设计为环保项目，但是在项目实施中和项目建成后会出现很严重的环境污染问题和违规现象，如使用非环保设备或在项目中转去生产高排污量的产品。

2.设备与产品环保认证制度

在过去，企业生产工业产品会排放大量的二氧化碳和氮氧化物等有害物质，而且一些产品中还含有很多危害人类健康和污染生态环境的有害物质；此外，大部分的生产设备是高耗能、高污染的设备。所以，要对企业的生产设备、产品质量进行绿色认证，不符合绿色认证标准的设备不能投入使用；不符合绿色认证标准的产品不能生产和销售，尤其是农产品、各类副食品和医药产品，以此建立起社会性、有效的绿色服务、绿色设备、绿色产品机制。

出现严重的危害生态环境的现象不仅仅是在生产领域，对于我国的流通领域的生态环境问题同样不可忽视。当前，很多市场不仅破坏了绿地和树木，而且还经营非环保的、没有质检的产品，更甚者经营假冒伪劣的食品、日用品、医药产品和电子产品等。这导致一些交易市场出现了垃圾围城现象，危害了城市的生态环境，成为污染源。当务之急就是建立绿色环保市场制度，其主要原则如下：一是市场环境应该呈现绿色面貌，要符合国家的生态标准；二是市场经营的产品要符合绿色认证标准，是环保产品；三是对交易市场中的废气物品要及时地进行清洁处理；四是服务于市场的车辆、设备以及供水、供气、供暖系统需要符合国家环保标准。

（三）建立绿色产权制度

在我国，自然资源是公有制，由国家分配自然资源。在这样的制度下，在具体实践中，微观主体的主体意识缺乏，造成资源的低效使用。此外，自然资源是共有产权，因此具有非排他性，不可避免会出现外部性问题，使环境污染问题很难得到有效控制。所以，政府要对资源产权制度进行改革，探索建立绿色产权制度，促进资源的节约，保护环境。

1.明确界定绿色产权，核心是界定资源产权

在确保资源最终公有制的前提下，为提高资源的利用效率可以采取以下措施：尝试将资源的使用权转让给微观主体，采取招标、有偿划转、资源产权入股等方式实现；与微观经济主体签订长期使用的合同，明确权利和义务，权利是指微观主体有占有、使用资源并且获得收益的权利，义务是指保护生态环境、保障自然

资源的可持续使用。这有利于资源产权主体明确主体责任，对利用资源带来的经济收益有合理的预期，进而督促其不断改进创新技术和管理，提高对资源的利用率，促进自然资源的保护。

2. 增强绿色产权的流动性，重点是增强资源产权的流动性

增强资源产权的流动，即资源使用权可以在市场中流通和交易，一方面有利于在市场交易中明确资源的经济价值；另一方面可以促进对自然资源的合理配置，促进资源合理定价和形成价格机制。政府在这个过程中要履行对资源市场的调控职能和监管职能，前提条件是对资源产权明确界定和保护。

3. 促进绿色产权制度创新

绿色产权制度创新主要是指资源产权制度创新，要收纳更多涉及资源环境问题的对象，明确产权地位。以我国确立和推行企业排污权及其交易制度为例，从1991年开始，国家就开始了大气污染物的排污权交易试点工作，试点主要在包头、太原、开远、柳州、平顶山和贵阳等地，虽然取得了一些效果，但是在向全国推广的过程中依然面临很多具体的实施细则和问题。因此，加快产权交易创新有利于绿色产权制度创新。

（四）完善绿色法律约束制度

完善的法律制度是推进经济发展模式发展的重要途径。我国要推进绿色经济，需要构建完善的法律法规，尤其是建立完善的绿色社会法律法规体系。当前，在我国的法律体系中，与绿色经济发展有关的法律制度较多，法律条文具有分散性。关于发展绿色经济的重要的法律主要涉及：一是五部关于防治环境污染和保护生态环境的法律；二是三部关于资源利用的法律；三是与可持续发展有关的法律。

当下，我国应该着重对已有的与绿色经济有关的法律进行完善，而不是急于推进绿色经济，促进立法工作。现阶段，我国要在有法可依的前提下，做好有法必依、执法必严的工作。近些年，我国推出了三项政策，即以预防为主、谁污染谁治理、强化环境管理。为了加大环境保护的力度，我国将危害环境罪纳入《刑法》。我国关于绿色经济的立法不断完善，但是执法的力度却比较弱。一些地区为了获得本地区经济的发展，不惜以破坏生态环境为代价，而且有严重的地方保护主义，甚至出现了有法不依、违法不究的现象，一方面使绿色经济的法律约束弱化，使绿色经济法律制度遭到了破坏；另一方面阻碍了公民形成健全的环保意识。针对这一现状，相关部门要加强执法力度，依法打击破坏生态环境和自然资

源的行为，严惩知法犯法的行为。只有这样才能使绿色经济制度得以有效践行，才能不断加强公众的环保意识。

五、必要的创新尝试

（一）排污权交易试点

当前，排污权交易是备受关注的环境经济政策之一。在20世纪70年代，美国的经济学家戴尔斯（Dales）提出排污权交易，美国国家环境保护局首先将其应用在大气污染源和河流污染源管理中，之后德国、澳大利亚等国也着手实践排污权交易政策。我国在1991年开展了可交易排污许可证的试点工作，主要是控制大气污染源，试点工作取得了一定的成效。将排污权交易与环境标准进行对比，可以发现排污权交易是一种依托于市场的经济手段；将排污权交易与排污收费相比，可以发现排污权交易更能充分发挥市场对资源的配置作用。我国的排污权交易是在特定的时间内，只有在行政部门进行安排后，才能进行的排污权交易。那么，如何使这个经济手段更好地在环境管理中得到充分运用呢？如何解决实施中出现的具体细节问题呢？如何在现有条件下向全国推广排污权交易呢？这些问题需要研究人员继续探索和实践。

（二）环保设施运营的市场运作

环保设施运营指的是城市、企业（或单位）在建设和使用环保设施时，其环保设施运营必须委托给有运营资质的企业，由这些企业对其进行管理运营，而不能由单位自己运营。而且，在政策和费用收取上，政府应该依法给予其强制性保障，只有这样，运营企业资金的回收和运营才有保证。环保设施运营市场在发达国家的运作程度比较高，环保设施运营的市场份额在环保产业中的占比是70%。我国虽然尚未建立起环保设施运营市场机制，环保运营的市场化运作也处于起步阶段，但是试点的工作已取得成效。

（三）绿色金融服务的产品创新

绿色金融的理念在国际上非常普及，比如"绿色账户""绿色旅游保险""二氧化碳抵押贷款"等绿色金融产品。绿色金融经营理念、策略利益产品创新等层次上逐渐深入银行金融机构，成为现代金融业的发展趋势。顺应国际金融业的历史潮流，2016年第一季度中国货币政策执行报行指出，近10年来，绿色保险、绿色信贷、绿色证券等政策不断出台，使我国的绿色金融业务初步获得了发展。全国"两会"在2016年3月通过的《"十三五"规划纲要》中提出"建立绿色金融体系，发展绿色信贷、绿色债券，设立绿色发展基金"。这表明建立绿色金融体系已经上升到国家战略层面。上海证券交易所和深证指数有限公司在2015年10月8日发布了上证180碳效率指数，该指数是我国首只考虑碳效率的指数，其用碳强度来衡量企业的绿色程度。2015年末绿色信贷余额比2014年末增长了16.4%，金额达到了7.01万亿元。上海证券交易所在2016年3月发布了《关于开展绿色公司债试点的通知》，为绿色公司债券申报受理和审核设立了绿色通道，而且还统一标识了绿色公司债券。在我国2016年第一季度，绿色债券发行约500亿元，与同期全球绿色债券发行总量相比接近其一半。同时，一些投资机构与地方政府开始通过建立绿色产业基金来支持绿色金融发展。2015年3月8日，绿色丝绸之路股权投资基金在北京启动，基金有期募资300亿元。地方政府设立了地方产业投资基金，为环保企业提供融资的服务。绿色金融发展将会迎来新的发展机遇，可以通过担保、贴息等方式建立绿色产业基金、推动绿色信贷，以便促进绿色债券市场的发展；要不断创新绿色投资产品和股票指数，在高风险的环境区域建立一套强制环境责任保险制度，积极推动各类碳金融产品以及碳排放权期货交易。在一些符合条件的地区，可以开展绿色金融试点工作，同时加强与国际的绿色金融合作。

（四）构建"三纵两横"绿色化新格局

21世纪以来，我国的区域划分为四大板块，即东部率先发展、中部崛起、西部大开发、东北振兴。面对时代发展的要求和新形势，《"十二五"规划纲要》提出了三大发展战略，一是"一带一路"发展战略；二是"京津冀协同发展"发展战略；三是"长江经济带"发展战略。三大战略与四大板块相互适应、相互协调，形成了"三纵两横"的资源环境可承载的区域经济和社会协调发展新格局。由于主体功能区划分以及经济新常态的内在要求，不同的区域有着不同的功能。但是，从本质的角度来说，各区域都是有机整体，区域发展战略应将"绿色发展"贯穿始终。创新、协调、绿色、开放、共享等理念是相互促进的，又是相互制约的。例如，不能为了经济发展破坏生态环境，将东部地区高污染产业转移到西部地区；不能为了扩大对外开放，就在西部地区引入国外浪费自然资源的产业；不能为了经济创新发展，不遗余力地将东部、中部地区的创新项目应用到西部地区。

1. "一带一路"发展战略

"一带一路"发展战略所涉及的地区应该更具本地区的生态环境承载能力，要因地制宜地发展绿色农业，进行产品的生产和加工；发展绿色海洋经济；发展生态、文化旅游等特色产业。依托丝绸之路经济带、青海省环青海湖和甘肃省循环经济试验基地建设，西北干旱、半干旱地区要不断改变以往的经济发展道路，引导生态环境较为脆弱的地区走生态良好、节约资源、保护环境的可持续发展道路；与此同时，要加快构建绿色产业链、建设国家级绿色产业园区，通过绿色低碳立体交通网实现与全国以及周围国家的联系和交流。

2. "京津冀协同发展"发展战略

《"十三五"规划纲要》指出，北京重点发展绿色经济；天津重点发展先进制造业、战略性新兴产业现代服务业；河北省重点发展新型工业化基地、全国现代商贸物流重要基地、产业转型升级试验区。京津冀协同发展，形成区域发展，北边与东北三省对接；南边与沿海经济带、京广发展轴对接；西边与丝绸之路经济构成合力。由此，不断促进经济重点由东向西、由南向北进行转移，积极促进对内对外全方位开放。

3. "长江经济带"发展战略

长江经济带地区绿色产业链的不断建构，将促进长江流域上游、中游、下游及东部、中部、西部地区的协调发展。

第八章 绿色经济创新策略

本章为绿色经济创新策略,主要对低碳经济、清洁生产、节能减排三个方面进行了介绍,分别是低碳经济的崛起、发展及对策,清洁生产的含义、内容及途径,节能减排的含义、内容及对策。

第一节 低碳经济的崛起、发展及对策

一、低碳经济的提出背景

2003年,英国政府首先提出"低碳经济"这一概念,这是英国政府根据本国面临的气候问题和能源问题提出的一种概念,主要是为了解决经济发展和保护环境之间的矛盾,以促进人与自然和谐相处。世界各国都要面临环境问题,因此"低碳经济"概念在提出后,受到了世界各国的广泛关注,许多国家对于"低碳经济"表示认同和支持。"低碳经济"在中国一直是热度很高的词汇,为了转变经济发展方式、改善生态环境,我国一直支持和践行推广"低碳经济",但是在低碳经济领域还存在很多的问题,需要一步步解决。

在中国,2010年,"低碳经济"首次被正式写入了政府工作报告中,上升到国家层面。在2010年的两会上,生态环保、可持续发展是一项重要的主题。并且,低碳与环保是全国政协"一号提案"的内容主题。

在2010年的政府工作报告中就明确要大力培育战略性新兴产业。国际金融危机带来了产业革命和科技革命。因此,国家要抓住机遇,明确重点;要抢占经济科技制高点,培育战略性新兴产业;要不断发展新材料、新能源、生物医药、信息网络和高端制造产业等;要积极推进新能源汽车的发展,对物联网加快研发与应用;要加大对新兴产业的政策支持和财政投入。

全球气候的发展变化要求我们必须发展"低碳经济",在2009年召开的哥本哈根气候变化大会中,发展低污染、低能耗、低排放(温室气体的排放,主要是二氧化碳)的"低碳经济"成为世界各国的共识。在世界上,很多发达的经济体都将发展低碳经济、清洁能源、生物产业,以及开发新汽车动力作为新的增长点,以此走出经济危机。中国在世界经济体系中的影响力不断增强。我国发展低碳经济,一方面是我国转变经济发展方式的必然要求,另一方面也是我国承担起全球治理的责任的表现。但是,我国的低碳经济面临很多的挑战。低碳技术具有特殊性,涉及领域众多,有交通、电力、石化、建筑、可再生能源开发利用等,这些是推动我国经济发展的重要动力。一方面我国经济发展步入新常态,增速放缓,虽然重化工业、基础设施建设出现了放缓的趋势,但是对能源的需求依旧很大;另一方面我国处于现代化的重要发展阶段,在短期内无法改变快速增长的能源需求。多领域、多方面因素的共同作用导致了困境的出现,如经济上和技术上的因素、外部环境中的不利因素。在这些不利因素中,制度因素是产生重要影响的因素条件,也是最容易被忽视的因素。

二、我国低碳经济发展的成绩与问题

(一)我国低碳经济发展的主要成绩

我国低碳经济发展成就瞩目,但是成就背后依旧有阴影,这是当前我国低碳经济发展状况的真实描述。在我国,走低碳经济的发展道路,实现经济发展与生态保护相协调的目标还需要继续实践与探索,有很长的路要走。

从产业技术发展上看,新能源设备研制技术的发展迅速,低碳产业不断发展壮大。节能技术、新型发电技术、可再生能源技术、碳捕获与封存技术等低碳技术,适应了低碳经济的发展壮大,对温室气体排放进行着有效控制。显而易见,低碳技术的研发与进步对于低碳经济的发展有着十分重要的作用。在基础研发领域,我国的新能源汽车技术、大规模可再生能源发电技术、低碳代替燃料技术、整体煤气化联合循环技术等取得了可喜的成绩(取得一批自主知识产权的发明专利),实现了巨大的发展。与此同时,国家相关政策不断出台,助力低碳经济发展,比如科技部制定《节能减排与低碳技术成果转化推广清单》,促进了低碳技术的推广。

（二）我国低碳经济发展的主要问题

1. 环境保护和节约资源任重道远

提高资源的利用率，提升生态环境质量，实现经济的可持续发展是低碳经济的本质。在我国经济进入新常态以来，我国对能源、资源的大量需求并没有因经济的增速而改变。我国重工业发展需要的重要矿产资源（如铜、铅、铁、锌、石油等）的需求量巨大。此外，我国的人口众多，资源相对较少，人均资源的占有量和世界平均水平有很大差距。虽然近些年国家一直致力于保护环境、节约资源，人们也越来越重视这些方面，但是资源短缺问题在短时间内无法解决，依旧是影响经济发展的重要因素。在 2011 年之前，我国的陆地碳排放趋势呈快速直线上升；在此之后，增速放缓，但依旧呈现增长态势，而且年平均气温（温室气体排放量的一个重要指标）在逐年增高。

2. 能源结构的核心仍是"煤"

在当下，高能耗重工业部门依旧是我国经济发展的主要推动力，我国的经济处于转型升级阶段，高能耗重工业产业依旧对经济的发展有重要的推动作用，其中以煤炭资源为代表的化石能源是生产发展的重要资源。

根据国家统计局的统计年鉴可知，1998 年我国能源消费总量为 13.6 亿吨标准煤；2018 年我国能源消费总量为 46.4 亿吨标准煤，几乎是 1998 年的 3.5 倍；从 2000 年至 2018 年，能源消费量年均增加 1.86 亿吨标准煤。我国的一次能源消费量的比重在能源消费总量中的比重从 2013 年开始便低于 90%，呈现逐年减少的趋势，但是一次能源消费量仍在不断增加，2018 年我国一次能源消耗量为 39.8 亿吨标准煤，同比增长了 3.6%[1]。2019 年我国能源消费总量为 48.6 亿吨标准煤，较 2016 年的 43.6 亿吨标准煤，增加了 11.5%[2]。我国也因此成为世界上第一大能源消费国。

在我国的能源结构中，国民经济发展中消耗量最大的能源依旧是煤。虽然新兴的经济模式已经取得了很大的成效，煤炭在能源消费量中所占比重也逐年降低，但是比重降幅较小，截至 2018 年，煤炭占比为 60%。2009 年煤炭在我国一次能源消费中占比为 78%[3]，在 2019 年，数据下降到 57.7%。

我国在能源结构转型中取得了进步和成效，但是与世界煤炭占比的平均水平（煤炭占比 27.8%）相比差距还很大，与发达国家（煤炭占比控制在 20% 以内）

---

[1] 数据来源：国家统计局《2019 年中国统计年鉴》，能源部分。
[2] 数据来源：生态环境部《2016 年中国环境状况公报》《2019 年中国生态环境状况公报》，能源结构部分。
[3] 数据来源：国家统计局《2019 年中国统计年鉴》，能源部分。

相比更是有着巨大差距。显而易见，我国对煤炭的需求量远远高于其他国家。我国碳排放量如此之大的原因是什么呢？这是因为与其他化石燃料相比，煤炭的单位燃烧产生的碳排放更高，大约是等量石油的136%、天然气的61%。除此之外，我国第二产业对这些能源的需求量比较大，第二产业在我国产业结构中，占有很大的比重；耗能较低的第三产业直到2012年，才首次在国内生产总值中占比超过第二产业占比，即第三产业占比45.5%，第二产业占比45.4%，此后第三产业和第二产业呈现此消彼长的发展态势。根据最新数据，2018年国内生产总值第二产业占比40.7%，第三产业占比52.2%。而这两个数字在2000年分别为45.5%和39.8%[①]。这些数据一方面表明，我国的产业结构的转型升级取得了重大的进展；另一方面也表明，我国的经济体量巨大，虽然比重降低，但是基数大，绝对排放量依旧很高，因此，在进行由重工业主导的产业结构向低碳经济模式转变中会存在惯性，在提高资源利用率和减少能源使用上存在一定的困难和挑战。

3. 技术上仍面临多项难题

在国际市场上，虽然我国的低碳产业在不断开拓市场，但是自2014年起，我国低碳产业国际市场发展面临着不断增加的外部压力和风险。一是变化多端的国际市场政策，西方国家将贸易壁垒逐渐向低碳产业进行转移；二是海外市场疲软，经济下行；三是中国在低碳技术的研发创新方面与世界先进企业存在较大差距；四是我国企业总体上自主创新能力不足，高端的技术人才比较少，没有系统、全面的创新支撑服务；五是技术的科研攻关比较难且技术转让经验不足，与此相关的问题较多。以上这些都是我国低碳技术发展的阻碍。

4. 来自制度层面的困难

面对气候变化，我国政府在20世纪末就成立了相关的小组负责国内的气候变化问题，虽然很早就注意到了相关的问题，但是并没有将其作为重点内容开展工作。在这方面，我国的相关机构与发达国家相比不是很成熟。随着2008年的国家机构改革，为应对气候变化的问题，正式设立生态环境部。气候问题涉及测定、预报、防治等多方面，是一个复杂、宏大的问题。我国负责气候的正式机构设立比较晚、工作人员的数量不足、相关人员的管理经验少、相关技术处于起步阶段，这些问题与其应履行的职能完全没有处于一个量级。从法律层面上来说，气候问题在国内的法律层面并没有引起重视，相应的监督管理制度缺乏，导致很多企业钻了法律的空子，给管理带来了新的问题。除此之外，影响我国深入开展节能减排工作以及行业、企业低碳转型的实际运作的因素包括：节能产品的标准

---

① 数据来源：国家统计局《2019年中国统计年鉴》，产业机构、能源部分。

与标识、强制能效标准、市场准入与退出机制、行业能效的标杆管理、政府节能减排产品的采购等方面。

5. 来自国际的压力

我国已成为世界上碳排放的大国之一。大部分的发达国家经济都处于一个发展平缓期，虽然也有巨大的能源需求，但是不会出现快速增长。我国经济虽然进入新常态，但是经济的增长速度从快速增长转变为求稳增长，仍需要承担减排的任务。我国应该承担起责任，但是不能只追求减排，而放弃经济。因此，平衡好减排与经济发展的关系成为一个重要问题。

此外，我国的产品正在由低端向高端转型，处于转型升级期，在出口的产品中能拉动经济增长的很大一部分是高能耗、依赖原材料加工的资源密集型商品和劳动密集型商品，这些数据会被记录到我国的出口碳排放中，这大大增加了我国的节能减排压力。因此，我国走低碳经济的道路，不仅是为了应对国际舆论，承担责任，还是为了实现我国经济的可持续发展。

三、促进低碳经济发展的对策

（一）使政策供给成为稳健支撑

外部力量的塑造对于低碳经济发展有关键作用。只有国家制定一套完善的、有效的、强力的、稳定的法律规范，保证制度因素坚固有力，才能使其他的参与者在法律和制度的框架内受激励地、有序地进行政治参与。低碳经济的发展需要政府进行"刚性约束"，制定出相应的规则，对于支持、遵守规则的参与者进行激励；对于反对、违反规则的参与者进行惩罚。国家要注重对低碳经济的引导，用优质的政策进行引导，突出质量导向，而非数量导向。

正式制度的供给要具有权威性。市场经济存在自发性的弊端，低碳经济也是一种经济的发展模式，也存在这种弊端。因此，需要权威性的制度来保证市场经济的正常运转和平稳运行。在我国改革不断深化的阶段，低碳经济被正式提出并开始起步，这使得一部分原有的传统经济模式的企业会受到新兴产业的冲击，利益关系很复杂，而一项权威的、稳健的制度可以保证决策层审慎权衡各方关系。

具体的政策文本也要审慎。舆论宣传的主要目的是要警醒大众，以此来营造相应的文化环境，在潜移默化中加强思想宣传，因此在内容上要适度加强，以便更好地促进思想内化于心。制度文本与舆论宣传不同，制度文本要避免出现宣传稿式的内容，必须"锱铢必较"，保证完整协调，并且要保证在制度政策出台后不会出现漏洞，以避免被不法之徒钻空子，损害政府的权威性。

政策实施要具有规范化、制度化、长期化的特点。虽然动员式、运动式推动政策可以解决燃眉之急，但是保护环境、改善生态环境质量是一项重大的战略，不能出现政策上的反复。在中国，依法治国理念深入人心，只有构建起稳定的、长效的法律制度，才是根本的、有效的方法。与此同时，模式还应该进行转变，从应急型制定模式转变为防控型治理模式。

政策的制定要兼顾全局和地方。低碳经济作为国家战略需要中央统筹全局，同时，要兼顾我国各地区的差异。我国各个地区有着明显的、长期的、客观性的差异，不管是经济的发展水平还是产业结构。因此，在推进政策时要考虑这些差异，要允许地方因素发挥积极作用。制度（政策）方向的全局性与政策操作的地方性之间的必要张力非常重要，必须对其理性正视并妥善处置。

（二）努力减少地方政府政策执行时的失真性

我国当下可以建立适当的监督机制和激励机制，来减少地方政府在执行时的失真。

如果将政策比喻成靶向药，那么地方政府便成为政策这个靶向药到达病灶前的关卡。具体来讲，低碳政策最终落实到社会中的企业、个体并在各个领域发挥作用，但是关键环节还是地方政府对低碳政策的推动。因此，要对地方政府的行为进行监管，既要维护其"政治人"属性，也要保障其"经济人"属性，这样才是有效的实现路径。

从"诺斯悖论"视角来看，政府仅限于中央政府而非地方政府。在分析对象分离时，其"经济人"的属性出现了割裂，不同层级的政府有着不一样的本性。低碳环境政策制定中要突出地方特殊性，同时建立对地方政府的监督、考核体系，增强落实和推进中央政府决策的积极性和动力。

要实现对这种机制的创新设计，需要考虑多个方面。一方面，通过对道德层面、政治晋升、经济授权的激励等实现合理配置多方面要素，使地方政府官员自身的利益与低碳经济的发展目标相统一、相兼容，以此来减少地方政府政策在执行时的失真，从而有效推进低碳经济的发展。另一方面，加强负面管制，对于违反法律法规和政策的人员依法追究法律责任，保证低碳经济的发展和落实工作。

（三）督促企业实现经济利益与社会责任的均衡

企业是经济社会的重要组成部分，是贯彻落实低碳经济战略的主体，企业能否积极承担起相应的社会责任，关乎在企业层面能否推广和普及低碳经济。企业的最终目标是逐利，企业要实现自利性与承担社会责任相统一，实现两者的有机融合，只有这样才能在当前形势下实现市场经济向低耗能、低污染、低排放的转型。

相较于西方国家，虽然我国的现代化建设实践的时间短，市场经济体系的确立也较晚，但是在我国的古代社会中就有着较为发达的、灿烂的商业文明。在封建社会，商人地位低下，但是商业的发展推动了社会的发展进步与变革，各个地区的商人自觉地形成了商帮。随着经济的发展，在明朝出现了资本主义的萌芽，形成了"以诚为本""童叟无欺"等经营理念和行商之道，并成为业界共识，这些都表明在古代封建社会商业与道德存在契合。自古以来的商业与道德的契合为当今社会实现企业自利性和承担社会责任间的相统一、相融合提供了借鉴和铺垫。

随着我国经济不断发展，在经济全球化的背景下，跨国公司带来的现代企业文化不断影响着我国企业，越来越多的企业选择平衡自身利益和公共利益。虽然企业这样做的初衷是对自身良好形象的考量，想以此来谋取更高的利益，达到变相逐利的目的；但是，从好的方面来看，这样的行为确实在一定程度上使企业内部越来越重视公共利益。低碳经济是推动生态文明建设的重要手段，低碳经济的推进不仅仅是企业的事情，也需要社会共同努力。低碳经济涉及众多企业，与此相关的企业需要寻找自身经济效益与社会公益方面的最大公约数，以此推动社会经济的可持续健康发展。

当然，企业内部完成转变仅仅靠其自身意识觉醒是不现实的，还需要外部正式制度监督来保证。一方面，要减少企业与政府之间的权钱交易行为，使企业向政府"寻租"成为一种没有利益可求的行为，只有这样才能将这类行为扼杀在摇篮之中，杜绝此类行为的发展，促进经济健康、可持续发展；另一方面，企业与社会要形成一种正向的、良性的循环系统，让社会的力量引导企业，使其承担起真正适应市场逻辑的社会责任，使企业自觉脱离破坏生态环境的领域和行业，在社会监督中，找到一条可以实现企业利益最大化和保护公益最大化的双赢发展道路。

（四）不断扩大公众的社会参与

社会公众是低碳生活最直接的受益者，是距离低碳生活最近的群体，是最客观的监督和评价主体。低碳经济是一种经济模式，是与人类生存的环境有密切关系的模式，是几个圈层的集合。这几个圈层既存在交叉，又不完全重合。在这几个圈层中，一是现实世界，是人们可以直观感受到的世界；二是高精度状态，需要通过技术测量才能呈现；三是受众感知到的状态。社会公众虽然群体数量庞大，是推进低碳政策的最大群体，但是一直处于被动地位，这是因为在低碳政策推进过程中，利益相关主体之间的博弈、信息不对称等导致社会公众的政治参与度不高。这种社会公众的参与不饱和会诱发公众的不满情绪，这样的情绪会损害政府的权威性，而且还能放大现实问题。例如，消极不满的情绪会使社会公众失去理性，他们会相信一些已经在低碳经济治理中消除的问题，表现出对低碳经济的不信任，更有甚者会传播污染环境和碳排放超标的负面消息，这些无疑增加了政府工作的负担和压力。

显而易见，低碳经济的发展是一个长期性的过程。随着低碳经济的不断发展，社会公众对低碳经济有着越来越深刻的认识。这样的大环境可以积极推动民众成为治理生态环境的合作主体，完善和修复其与企业、政府间的互动关系，以此推动完整的治理体系的构建。

制度主义理论强调制度与其他主体的互动，这一点也很适用于现代社会。当下，之前的高压的运动式组织和号召活动越来越难达到实现资源合理配置的政治目的。政府需要使权力下移，激发其他主体（地方政府、公众）的活力，充分调动其他主体投入政治生活的积极性，通过简政放权、深化改革，不断推进治理能力和治理体系的现代化。

低碳经济是一个公共性和复杂性的问题，政府要扩大公开性、参与性、审慎性的民主参与，积极提高公众对于低碳的认识，不断形成社会支持低碳的氛围。

第二节　清洁生产的含义、内容及途径

一、清洁生产的含义

（一）清洁生产的概念

工业革命之前，人类在创造文明的过程中，毁林开荒、过度放牧、不合理灌溉，这些行为引起了一系列严重的环境问题，如撒哈拉大沙漠地带曾经是埃及人的粮仓，就是因为长期不合理耕作而导致成为今日的不毛之地。工业革命开始之

后，煤被大规模使用，产生了很多的二氧化硫、烟尘以及其他污染物质。与此同时，化学工业生产、冶炼工业产生的有害有毒物质对社会的危害更重。进入20世纪后，环境污染和生态破坏更是从局部地区转向更大范围，进而演变成全球性问题。

20世纪80年代，随着人们对全球环境的持续关注，可持续发展的概念被提出，世界环境与发展委员会在1987年的《我们共同的未来》报告中给出了可持续发展的定义。可持续发展既要满足当代人的需要，又要不对后代满足其需要的能力造成危害。可持续发展概念自出现以来，一直受到世界各国以及各个领域的关注。这个概念越来越被国际社会和社会公众所认可和接纳。清洁生产是重要的可持续发展工业生产方式，在实践中有着显著的环境经济效果，因此备受关注。

1. 清洁生产概念的提出

清洁生产这一概念最早可追溯到1976年。1976年11月至12月，欧洲共同体在巴黎举办了无废工艺和无废生产国际研讨会，此次会议提出了要着手消除污染根源，而不仅仅是消除污染后果，促进社会与自然的协调发展的观点。1989年，联合国环境规划署（简称UNEP）正式提出清洁生产的定义。在提出前，清洁生产的主要内容和思想早已被若干发达或较发达国家和地区采用，并在这些国家和地区有不同的称谓，如污染预防、废物最小化清洁技术等。

2. 美国环境保护局提出的相关定义

污染预防和废物最小化均由美国环境保护局（Environmental Protection Agency，简称为EPA）提出。污染预防的主要含义是：要在最大可能的限度内，减少生产场地所生产的废物量。一是通过源削减提高能源利用率；二是在生产中重复使用投入的原料；三是降低对资源、能源的消耗量。其中，源削减是指在进行再生利用、处理和处置以前，减少流入或释放到环境中的任何有害物质、污染物或污染成分的数量，减少这些有害物质、污染物对公众健康和环境的危害。常用的两种源削减方法是改变产品和改进工艺（设备与技术更新、工艺与流程更新、产品的重组与设计更新、原辅材料的替代，以及促进生产的科学管理、维护、培训或仓储控制）。废物处理、废物的厂外再生利用、废物的浓缩或稀释，以及减少废物体积或有害成分从一种环境介质转移到另一种环境介质中的活动都不属于污染预防。

污染预防这一概念主要是鼓励不产生污染，但并未明显地包含现场循环。美国环境保护局对废物最小化的定义是：在可行的范围中，要尽可能减少最初产生的或随后经过分类、处理和处置的有害废弃物。定义包括任何形式的源削减和循环，也包括能源削减有害废物的总量和种类，以及减少有害废物的毒性的一切活动。

3. 联合国环境规划署对清洁生产的定义

（1）1989年定义

联合国环境规划署于1989年在巴黎的工业与环境活动中心对各国经验进行总结，给出了清洁生产的定义，即清洁生产为了减少对人类和自然环境的破坏风险，不断运用工艺和产品，是一种预防性的、一体化的环境战略。从生产工艺角度来说，清洁生产包含：一是节约原材料和节约能源；二是消除有毒的原材料；三是在排放物和废弃物离开工艺之前，要削减其数量和毒性。从产品角度而言，从获取原材料到最终处置产品，在整个产品的寿命周期中，要不断减少不利影响。

（2）1996年定义

联合国环境规划署于1996年在对各国开展的污染预防活动进行总结和分析后，对清洁生产的定义进行了完善。清洁生产是一种新的创造性的构想，该构想在生产过程、产品、服务中应用整体预防的环境战略，以此来减少针对人类和生态环境的风险，提高生态效率。就生产过程而言，清洁生产要求在生产过程中淘汰有毒有害原材料，节约原材料和能源的使用，尽可能降低废弃物的毒性和数量。对于产品而言，要求在产品整个生命周期（从原材料提炼到产品最终处置）中减少不利影响。对于服务而言，在设计和提供的服务中要纳入环境因素。

联合国环境规划署对于清洁生产的定义上升到了战略层面，主要面向的是工艺和产品。清洁生产具有综合性、预防性和持续性。

4. 清洁生产在《21世纪议程》中的定义

在《21世纪议程》中，清洁生产的含义是指在满足人类的需要、对自然资源和能源合理使用两个前提下保护环境，具有实用的生产方法和有效措施。清洁生产的实质是规划和管理物料和能耗最少的生产活动，在这个生产活动中将废物无害化、资源化、减量化，尽可能将废物消灭在生产过程中。当然，随着不断深入的可持续发展进程，生产对人体和环境无害的绿色产品将成为今后产品生产的主导方向。

5. 清洁生产在《中华人民共和国清洁生产促进法》中的定义

《中华人民共和国清洁生产促进法》第二条规定："本法所称清洁生产，是指不断采取改进设计、使用清洁的能源和原料、采用先进的工艺技术与设备、改善管理、综合利用等措施，从源头削减污染，提高资源利用效率，减少或者避免生产、服务和产品使用过程中污染物的产生和排放，以减轻或者消除对人类健康和环境的危害。"

6. 其他定义

根据我国长期以来的环境保护实践，环境保护方面的专家认为清洁生产的目标是节能、减污、降耗、增效，主要的手段是技术手段和管理手段，需要审核、筛选生产全过程的排污情况，并且采取污染防治措施，以此来消除和减少工业生产对生态环境和人类健康的影响，在提高经济效益的同时达到防治工业污染的目的。这一概念是从清洁生产的目标、手段、方法和终极目的阐述的，相比其他定义而言，较为具体、明确，易被企业所接受。

（二）清洁生产的目标

清洁生产的基本目标是提高自然资源的利用率，保护和改善环境，尽可能减少和避免污染物的产生，保障人体健康，实现经济与社会可持续发展。

清洁生产谋求达到：

第一，为减缓资源的耗竭，综合利用自然资源，寻求短缺资源的代用，利用二次资源，节能、降耗、节水，以此对自然资源实现合理使用。

第二，要减少废物和污染物的生成和排放，在此基础上，生产工业产品时，使生产、消费过程与自然环境相容，不断降低工业活动对人类和环境的影响。

第三，实现清洁生产的目标，体现工业生产过程中经济效益与环境效益、社会效益的统一，不断促进国民经济的可持续发展。

就企业而言，企业应该改善生产管理，在生产过程中减少对资源和能源的消耗和浪费，不断提高生产效率，要替换和更新会造成严重污染、落后的生产流程、生产技术和生产设备，限制污染排放，对原材料和能源进行循环利用，不断生产清洁的产品，促进绿色消费。引入清洁生产方式可以实现以上目标，但是如果末端治理方案成为合理对策的一部分时，也应当采用。

站在更高层次来看，规划、设计和管理生产应该依据可持续发展的原则，包括工业布局、工业结构和增长率等内容。首先，可以用清洁生产的理念指导技术创新和攻关，为解决有限资源和不断增长的原材料和能源需求提供方法和路径。其次，针对推广清洁生产建立合理的实用技术，建立相关的信息数据库，建立人力培训规划机制，开展包括国际科技交流合作在内的管理体系。最后，通过推动清洁生产，不断加深公众对于清洁生产的认识，走可持续发展道路。

从清洁生产自身的特点角度来说，清洁生产是一个不断创新的过程，其概念具有相对性。其目标可以表述为：清洁生产追求的是经济效益的最大化、资源和能源利用的最合理化、对人类与环境的危害达到最小量化。

(三)清洁生产的特点

1. 战略性

清洁生产是一项污染预防的战略,也是促进可持续发展的环境战略。作为战略,清洁生产要有技术内涵、理论基础、实施目标、实施工具和行动计划。

2. 预防性

传统的"末端治理"与生产过程相脱节,即"先污染、后治理"。清洁生产的实质是预防污染,预防性指的是从源头抓起,控制生产全过程,尽量减少、消除污染物的产生。

3. 综合性

综合性指的是清洁生产的措施具有预防性和综合性,包括技术进步、完善管理、结构调整。

4. 统一性

"末端治理"是传统的治理方式,这种治理方式具有投入多、运行成本高、治理难度大、经济效益与环境效益不能有机结合等问题。清洁生产可以提高资源的利用率,在生产过程之中消除污染物,从根本上改善生态环境,并且降低了原材料、能源、生产的成本,提高了经济效益,加强了竞争力,体现了集约型的增长方式,可以实现经济效益与环境效益相协调、相统一。

5. 持续性

持续不断的改进是清洁生产的最大特点。清洁生产的概念是动态的、相对的。相对性指的清洁生产中的工艺技术、生产过程和清洁产品,是与现有的工艺和产品相比较而言的。动态性指的是清洁生产是一个不断自我完善和发展的过程,要适时提出新的目标,不断适应社会经济发展和科学技术进步,争取达到一个更高的水平。

二、清洁生产的内容分析

清洁生产是一种战略,是一种高层次的带有哲学性和广泛适用性的战略。清洁生产也是一种富有创造性的构想,将预防的环境战略应用于生产过程、生产的产品和服务中能够提高生态效率,减少对环境和人类的危害。

(一)清洁生产的内容

清洁生产范畴有广义和狭义之分,因此清洁生产包括宏观内容和微观内容。

1. 宏观内容

清洁生产是一种总体预防性污染控制新战略，清洁生产的提出和实施使环境因素进入决策层面。工业行业的发展规划、工业布局、产业结构调整、技术改造和管理模式完善等都要体现污染预防的构想。我国许多行业、部门都严格限制和禁止能源消耗高、资源浪费大、污染严重的产业、产品的发展，对污染重、质量低、消耗高的产品实行关、停、并、转等措施，体现了清洁生产战略对宏观调控的重要影响，并体现出工业管理部门对清洁生产日益深刻的认识。

2. 微观内容

清洁生产是组织采取的各种预防污染措施，通过具体的技术措施达到生产全过程的污染预防，如清洁工艺、环境管理体系、产品环境标志、产品生态设计、全生命周期分析等，用清洁的生产工艺技术生产出清洁的产品。

（二）清洁生产内容的表述

1. 清洁生产内容的表述方式

在生产过程中，淘汰有毒的原材料，节约资源、能源，降低废弃物的数量和毒性；对产品，在产品的全生命周期中，都要减少对生态产生的不利影响；对服务，在设计和提供服务时考虑环境因素。清洁生产内容还可以直接表述为采用清洁的原料和能源进行清洁的生产和服务的过程，最终得到清洁的产品。

2. "三清一控制"

（1）清洁的原料与能源

清洁的原料和能源指的是能在生产中被充分利用，产生很少废物和污染的原材料和能源。这是保证清洁生产的重要条件，要求原料被充分利用、无毒或低毒。

其主要措施包括：

第一，对常规能源要进行清洁利用，如洁净煤技术，提高天然气、液体燃料的使用。

第二，对节能技术进行升级改造，提高能源利用率，如在能耗大的化工行业采用热电联产技术。

第三，利用可再生能源，如加速水能资源开发，优先发展水力发电。

第四，积极发展核能发电。

第五，开发新能源，如利用太阳能、风能、地热能、海洋能、生物质能等可再生的新能源。

第六，选用高纯、无毒原材料。

（2）清洁的生产过程

清洁的生产过程主要包括：

第一，尽量不使用有毒、有害的原料。

第二，使用的中间产品要求是无毒、无害产品。

第三，对于生产过程要减少各种危险因素。

第四，设备选用高效的设备，采用少废、无废的工艺。

第五，实现物料的再循环。

第六，简便与可靠的控制。

第七，采用完善的管理措施。

通过一定的技术和工艺将生产中的废物资源化、减量化、无害化，将废物消灭在生产过程中。

废物减量化就是说要改善生产技术和工艺，使用先进的设备，以此提高原料利用率，使原材料尽可能转化为产品，减少废物的产生。

废物资源化指的是在生产环节对废物进行综合利用，尽可能变废为宝，将废物转化为可以进一步生产的资源。

废物无害化指的是对于离开生产过程的废物，减少或者消除其毒性和有害性，使之不再危害环境与人类的健康。

（3）清洁的产品

清洁的产品主要指的是有效利用资源，无论是在生产、使用还是在处置的过程中都不产生有害物质的产品。清洁产品相当于绿色产品、对环境友好的产品、可持续产品。清洁产品是清洁生产的基本内容之一。

清洁产品应遵循以下三原则：

第一，产品零件精简，可以轻易拆卸。

第二，经过整修可以重复循环使用。

第三，产品在经过改进以后能够实现创新。

清洁产品应具有的特征是：

第一，产品的生产周期对环境的影响小，尽可能实现低排放。

第二，对于生产人员和消费者来说，产品是无害的。

第三，产品成为废弃物以后可以分解成无害物品。

（4）贯穿清洁生产的全过程控制

清洁生产中的全过程控制指的是对生产原料或物料的转化、生产组织的全过程控制。具体来讲，全过程控制包括以下方面：

第一，生产原料或物料的转化的全过程控制，又称为产品的生命周期的全过程控制，是指从一开始的加工原材料到提炼原材料，再到产品产出、使用、报废处置，在整个过程的各个环节中都要采取必要的预防污染的措施。

第二，生产组织的全过程控制也就是对工业生产的全过程进行控制，是指在产品的开发、设计、规划、建设、运营管理中采取防止发生污染的措施。

三、清洁生产的实施途径

实施清洁生产的主要途径包括：一是合理布局，二是产品设计和原料选择，三是工艺改革，四是节约能源和原材料，五是资源综合利用，六是技术进步，七是加强管理，八是实施生命周期评估。具体如下：

第一，在合理布局方面，要进行合理的、科学的布局，调整和优化产品、产业和经济结构，改变"结构型"污染，防止浪费资源；要进行生产力的配置，形成工业生产的生态链，不断优化产业结构，在区域内对废弃物进行消除，以此实现物料、能源和资源的闭合循环。

第二，在产品设计和原料选择方面，要求使用无毒或低毒、低污染的原材料，以此保护人类健康和环境。

第三，在工艺改革方面，要不断研发新的科学技术，积极采用先进、原材料转化率高、资源利用率高、污染物产量少的生产设备，淘汰落后、高污染、资源浪费大的设备；不断优化生产的程序，减少污染物的产生，尽可能做到少废或无废生产。

第四，在节约能源和原材料方面，要求提高对资源的利用率，合理利用资源，在生产过程中尽可能使原材料中的所有组分转化为产品，在生产中消除废物，达到清洁生产。

第五，在资源综合利用方面，要尽可能实现物料循环利用，例如实现水资源的循环利用，减少污染物的排放，以达到节约资源、保护环境的目的。

第六，在技术进步方面，要不断提高科技创新能力，研发、推广无废、少废的清洁生产技术装备；要加快企业技术改造，提高工艺水平，依托重点技术进步项目（工程）实现清洁生产。

第七，在加强管理方面，要科学管理，不断改进操作。实践表明，生产过程管理不善会造成工业污染，经过改善管理和操作，不需要花费很多费用，就可以达到减少污染、削减废物的效果。具体方法如下：明确岗位和目标责任，防止发生生产事故，防止出现"跑、冒、滴、漏"行为，减少污染排放和人为的资源浪费；

企业要加强对设备的管理和运营，保证设备完好率和运行率；明确物料、能量审核流程；对生产进度进行合理、科学的安排，改进操作程序；将绿色理念渗透到企业文化中，做到安全文明生产。由此可知，企业推进清洁生产的过程也是一个不断加强生产管理的过程，丰富完善了工业生产管理的内涵。

第八，在实施生命周期评估方面，清洁产品的开发和生产要做到对环境无害，从产品的生产抓起，在产品设计中预防性注入环保因素，综合考虑生命周期对环境的影响。

总之，以上这些方法、途径可以单独使用也可以进行组合使用，要系统地考虑和实施，以提高利用率、减少污染物为目标，使企业实现清洁生产与企业其他工作相互协调、相互促进的效果。

第三节 节能减排的含义、内容及对策

一、节能减排的含义

（一）节能减排的概念

"节能"指的是节约能源、提高能源利用效率，可以采用两种指标度量，一种是单要素能源效率，节约能源意味着降低能源强度（单位 CDP 能耗值）；另一种是全要素能源效率，节约能源意味着其他要素（资本劳动力）投入对能源要素投入的替代，两种指标均是人类在节能实践中探索出来反映能源利用效率的方法，只是观察问题的角度不同，并无优劣之分。"减排"指减少污染物（非期望产出，主要包括化学需氧量、二氧化硫、过量的二氧化碳等，我们这里所指的减排主要是减少二氧化碳排放）排放，一方面可以减少化石能源使用降低污染物排放，另一方面可以把污染物循环利用，减少污染物排放。

（二）节能减排的本质特征

1. 节能减排是发展中国家必须经历的阶段

当今，人民日益增长的物质文化需要同落后的社会生产之间的矛盾是大部分发展中国家的最基本矛盾。解决矛盾的方法就是提高社会生产力，改革生产方式。大规模生产可以实现高产出，而大规模生产需要消耗大量能源资源，这就会造成很多的非期望产出。但是发展中国家的现状是产业结构不合理，并且科学技术水

平相对落后，投入生产的资源和能源因此没有办法进行集约使用，也无法替代，这样导致发展中国家投入的能源资源增速不断增长，超出了发展中国家自然生态所能承载的水平，进而出现发展中国家抑制投入能源资源过快上涨的需求，这就是发展中国家急需节能的原因。发展中国家没有很好的技术水平，并且在生产中产生了非期望产出，无法将这些变废为宝，导致出现了严重的负外部性，因此减排问题同样显得紧迫。节能减排产生的实质是发展中国家发展落后，发达国家与发展中国家发展不均衡造成的，使发展中国家努力改善人民生活水平过程中产生的能源资源投入增速过快以及无法合理利用非期望产出。任何试图获得快速发展的国家都无法避免这一过程，我们也要看到这个过程不是长期存在的，随着经济的发展和科学技术水平的提高而不断成为发展中的次要矛盾。所谓节能减排是发展中国家必须经历的阶段，也就是说：一是在发展中国家会不可避免地出现能源短缺问题和环境污染问题，二是节能减排是解决发展中国家出现能源短缺和环境污染必须采取的政策措施。

2. 节能减排是解决能源环境问题由量变到质变的政策措施

很久之前，人类社会出现了排放二氧化碳和使用资源和能源的情况，为什么很早以前没有提出节能减排的概念，很明显，人类社会很早以前消耗的能源资源和排放的二氧化碳量很少，环境问题虽然制约着经济的发展，但是还不是发展的瓶颈。随着工业化的迅速发展，在大量消耗化石能源后产生了很多的非期望产出，能源问题就会成为发展的瓶颈，节能减排也会变得刻不容缓。在那时，从全球范围来看，各国的能源使用量并不多，基本可以自给自足，不是争夺的战略性资源。但随着工业化大生产，需要大量的能源来支撑经济的发展，首先进行工业化的国家出现能源的不足，满足不了本国的能源消耗，这些国家就开始向国外进口能源，当众多的工业化国家寻求能源进口时，全球性的能源短缺现象就会出现，资源的短缺会出现国家间政治、军事上的博弈。为了缓解日益增长的能源需求与能源短缺之间的矛盾，需要减少能源的投入，不断提高能源利用率，增加替代要素投入以提高全要素能源效率。

当然，人类排放二氧化碳具有很长的历史，适当的二氧化碳可以促进植物的光合作用。随着社会和经济的发展，工业化生产以及现代生活所排放的二氧化碳数量在不断增加，而且远远超出了植物光合作用所需要的量，造成生态环境无法完成自我净化，出现全球性的气候问题。如果空气中的二氧化碳继续增加，人类不能阻止这个增长趋势，那么世界上的动植物以及人类都将面临严重的生存威胁。故而，减少二氧化碳的排放，使二氧化碳含量在空气中保持合理、正常水平是解决气候变化的重要举措。

节能减排是解决能源环境问题由量变到质变的政策措施，这主要包括两层含义：首先，如果当下不采取相关的措施，那么能源短缺问题和全球气候变化会有失控的风险；其次，节能减排降低了失控的风险，这使人类治理环境能源问题实现由量变到质变，提供了机会和时间。

（三）节能减排的意义

我国的经济和建设取得了很多的成就，但伴随着巨大的环境资源代价，经济的发展和资源环境之间的矛盾日益突出，群众强烈反应环境污染问题。造成这种问题的原因，与我国的经济结构不合理和粗放的增长方式有关。如果不改变经济的发展方式和产业结构，我国的能源供给将会出现问题，我国的经济也将难以获得发展。因此，走清洁发展、节约发展、安全发展的道路，才能促进我国经济又好又快发展。温室气体排放造成的全球气候变暖是世界性问题，受到各个国家的广泛关注。一方面是应对全球气候变化的需要，另一方面承担起大国责任，我们都应该进一步加强节能减排工作。

第一，贯彻落实科学发展观、实现经济又好又快发展其基本要求就是节能减排。在当下，我国社会中突出的矛盾就是经济社会的快速发展、人口的增长和资源环境约束的矛盾，生态破坏和环境污染问题已经达到生态环境所能承载的极限，为了使经济获得可持续性增长，缓和我国的环境压力和日益尖锐的矛盾，必须采用环境友好的发展方式，以此推动经济的持续发展。所谓节能减排就是要在源头上预防、阻断污染，有效解决环境污染问题和资源困境，解决当下经济发展的困境。

第二，全球气候变化的发展也迫切要求开展节能减排。自2007年以来，不论是世界环境日还是八国峰会、亚太经合组织领导人非正式会议、夏季达沃斯论坛，重点主题都是气候变化、节能减排。煤炭、石油等化石燃料的大规模使用，大量排放二氧化碳，造成了全球气候变化，使得气候变化成为全球性的问题，这也需世界各国共同努力来应对气候变化问题。我国作为发展中国家，主要任务是发展经济、消除贫困，但是面对日益严重的全球气候变化，也应该承担起大国的国际责任。减少污染物排放、保护生态环境体现了以人为本的发展理念，这也是可持续发展的内在要求。为此，我国应该走一条低排放、低消耗、高效益、高效率、高产出的新型工业化道路，在发展中实现经济和保护环境的相协调、相统一，这也会对可持续发展和世界气候变化产生积极的影响。

二、节能减排的内容

(一)加强对节能减排的管理

1. 完善节能减排各项体系

要落实节能减排,需要建立起相应的指标、监测、考核体系,要对耗能单位、污染源进行摸底排查。要建立起涵盖全社会的能源生产、能源流通、能源消费、利用效率以及区域间流入流出的统计指标体系和调查体系;对全国和各地区单位的 GDP 能耗指标进行季度核算;对年耗能标准煤万吨以上的企业实施能耗统计数据网上直报系统;要及时监测能源统计数据,加强能源统计巡查工作,对主要污染物排放进行统计和监测,通过统计方法的改进来完善监测和统计制度;建立减排措施调度制度以及污染物排放数据网上直报系统,加强对重点企业和污染源进行联网监控,逐步构建起对污染物排放的三级立体监测体系,并且及时对公众公布重点企业的污染物排放数据信息。

2. 加强节能环保发电调度和电力需求侧管理

制定并实施有利于节能减排的发电调度办法,优先安排清洁、高效机组和资源综合利用发电,限制能耗高、污染重的低效机组发电。研究推行发电权交易,逐年削减小火电机组发电上网小时数,实行按边际成本上网竞价。制定电力需求侧管理办法,规范有序用电,开展能效电厂试点,研究制定配套政策,建立长效机制。

3. 严格建筑节能管理

应该积极推进建设节能省地的建筑,对于新建建筑执行能耗限额标准进行全过程的监督,需要对建筑能效进行专项的测评工作,对于一些不达标的建筑,不能办理开工、竣工验收备案手续,不能进行销售和使用。对于新建的商品房在进行销售时要在买卖合同中写明耗能量、节能措施等有关信息。建立并完善大型公共建筑节能运行监管体系。深化供热体制改革,实行供热计量收费。抓好新建建筑施工阶段执行能耗限额标准的监管工作,在 25 个示范省市建立大型公共建筑能耗统计、能源审计、能效公示、用能定额制度。

4. 强化交通运输节能减排管理

对城市公共交通应该优先发展,要加快建设城市轨道交通和推动城市快速公交建设。一方面,要控制高污染、高耗油类型的机动车发展,要对乘用车、轻型商用车严格地执行相应的燃料消耗量限值标准,要建立起相应的汽车产品燃料消耗量申报与公示制度;另一方面,要严格实施第三阶段的机动车、船舶污染物排放标准，对于一些有条件的地区可以根据本地区的发展情况适当提高排放的标准，推动老旧汽车的报废工作，政府也要继续实行财政补贴，助力能源减排。对新能源汽车生产准入管理规则进行公布，对替代能源汽车要推动其进行产业化，通过先进的科技手段和组织管理水平的提升，来促进运输方式的协调与衔接。

5. 加大实施能效标识和节能节水产品认证管理力度

要强制性实施能效标识制度，扩大能效标识应用范围，发布《实行能效标识产品目录（第三批）》。加强对能效标识的监督管理，强化社会监督、举报和投诉处理机制，开展专项市场监督检查和抽查，严厉查处违法违规行为。推动节能、节水和环境标志产品认证，规范认证行为，扩展认证范围，在家用电器、照明等产品领域建立有效的国际协调互认制度。

（二）全面能源管理

1. 开展企业能源审计和编制节能规划

在企业中开展能源审计及编制节能规划工作。各省市通过颁布实施《企业能源审计方法》地方标准，扩大能源审计的适用范围，对企业进行能源审计，并要求凡上报资金申请报告或申请财政节能奖励资金的项目，必须同时提供能源审计报告和节能规划。同时，各省级的节能主管部门要聘请专家集中审核能源审计报告，对不符合要求的企业责令其进行整改。

2. 强化企业节能管理

节能主管部门要加大对企业节能管理的跟踪、检查和指导，将企业列入节能重点监测监察的范围，对企业能源利用情况进行监督检查和抽查。企业要设立或明确专门的节能管理机构，配备专职节能管理人员，健全节能管理制度，实行节能目标责任制，做到层层有责任，逐级抓落实。加强资源消耗定额管理、生产成本管理和全面质量管理。企业要严格按要求配备合理的三级能源计量器具、仪表加强能源计量管理，对各项能源消耗制定控制指标，并将能耗控制纳入管理体系，严格按照生产要求监控各项能源消耗流程。建立健全原始记录和统计台账，按照要求如实填报能源统计报表，定期报送企业能源利用状况报告。建立和完善全国联网的千家企业及重点用能企业节能数据的网上直报系统。对没有按规定提交能源审计报告的企业，要进行强制能源审计，促进节能工作的开展。

3. 建立能源管理师职业水平评价制度

引导重点用能单位优先聘用具有能源管理师职业水平证的能源管理人员，逐步过渡到实行重点用能单位的能源管理师制度，有条件的企业要率先实行能源管理师制度，扩大国家重点监控污染企业实行环境监督员制度试点。针对节能监察、节能技术服务中心及环境监测站、环保监察机构、城市排水监测站的工作要求，适时更新监测设备和仪器，开展人员培养、培训和引进。加强节能减排统计的职业能力建设，充分发挥行业协会、学会在节能减排工作中的作用。

（三）合同能源管理

1. 合同能源管理基本模式

合同能源管理是发达国家普遍推行的、运用市场手段促进节能的服务机制。合同能源管理是节能服务公司与用能需求单位以合同形式约定节能改造项目的节能具体目标，节能服务公司为实现此目标向用能需求单位提供相应的节能服务，用能需求单位在考虑服务投入及利润的情况下，把部分节能效益支付给节能服务公司。

合同能源管理项目包括具体用能业主用户、节能服务公司、金融机构、担保机构等，最关键的两个环节是有特色、有实力的节能环保服务单位和节能环保设备提供商。节能服务公司和业主用户、金融机构、审计设计机构、施工机构、节能设备提供商、担保保险机构等都需要积极协调和沟通，完成前期整体规划、中期工程建设实施和后期落实运维等各项工作。

国内节能服务模式主要有 BOT（建设—运营—移交）、EMC（合同能源管理）、EPC（设计—采购—施工）等。EMC 由服务方和业主按合同约定比例共同分享节约的能源成本，EMC 模式更侧重于长期合作；而 BOT 模式更侧重于对企业融资的支持，满足用能业主在资金不足时的建设需求。实施合同能源管理推广工程，鼓励节能服务公司创新服务模式，为用户提供节能咨询、诊断、设计、融资、改造、托管等"一站式"合同能源管理综合服务。

2. 发展合同能源管理

（1）创新合同能源管理的商业模式

扩大融资渠道，加大节能服务公司在融资方面的优惠力度，应该协调从事合同能源管理业务的企业与银行建立起信息对接，帮助相关企业进一步拓宽融资渠道；充分发挥市场的引导作用，为促进节能服务产业的发展，要完善合同能源管理财税政策；大力推动公共机构、大型公共建筑及其他重点用能单位实施合同能源管理；明确项目所涉及的节能技术种类和标准，运用节能设备技术进行节能施工，避免双方或多方因为衡量收益标准而产生纠纷。

（2）坚持市场主导节能服务产业发展

合同能源管理作为一种环保型的商业模式，坚持发挥市场在资源配置中的决定性作用，通过市场手段主导节能服务产业的健康发展。全面推广不同的合同能源管理模式。根据不同领域的节能量、技术设备，推广节能效益分享型项目、节能量保证大型项目，以及能源费用托管型合同能源管理项目。优化合同能源管理发展环境。消除行政区划界限和市场壁垒，建立统一公平、充分竞争的市场机制。加强合同能源管理方面的信用体系建设，将严重失信的市场主体信用记录纳入全国信用信息平台，进行跨部门联合惩戒。建立合同能源管理争议解决机制，依托行业协会等建立节能服务业仲裁技术委员会，为存在争议的节能服务项目进行仲裁。

（3）完善合同能源管理监管服务体系

建立节能服务信息平台，采用注册制，结合信用体系建设以及节能服务公司负面清单制度，及时公示行业内不守信企业，有效实现对节能服务公司的监管。统一规范项目节能量计算方法，明确当前不同节能量计算方法适用的项目类型，由权威机构发布项目节能量计算方法指南，为节能服务公司、第三方机构、项目业主提供节能量计算依据，有效减少项目运营期间的纠纷；制定第三方节能服务机构管理办法，明确第三方节能服务机构要求、职责和义务，对备案的第三方节能量审核机构实行动态管理，加强对第三方节能服务机构的监督管理。

三、节能减排的实施对策

（一）制定节能减排发展战略

1. 优化产业和能源结构

第一，促进传统产业转型升级，支持重点传统工业行业的改造升级。

第二，鼓励企业瞄准国际同行业标杆，全面提高产品技术、工艺装备、能效环保等水平，促进制造业高端化、智能化、绿色化、服务化发展。

第三，加快发展壮大新一代信息技术、高端装备、新材料、生物、新能源、新能源汽车、节能环保、数字创意等战略性新兴产业。

第四，推动能源结构优化，加强能源安全绿色开发和清洁高效利用，推广使用优质煤、洁净型煤，推进煤改气、煤改电，鼓励利用可再生能源、天然气、电力等优质能源。

第五，因地制宜发展海岛太阳能、海上风能、潮汐能、波浪能等可再生能源。

第六，安全发展核电，有序发展水电、风电、天然气发电，推动太阳能大规模发展和多元化利用，增加清洁低碳电力供应。

2. 加强重点领域节能

第一，加强工业节能，加强高能耗行业能耗管控，推广工业智能化监测和诊断技术。

第二，强化建筑节能，从建筑材料、能源、绿化、面积、施工方式、工程改造等方面开展全面建筑节能体系。

第三，促进交通运输节能，从交通体系管理、交通工具、能源、配套设施等方面开展交通全面节能。

第四，推动商贸流通领域节能，推动零售、批发、餐饮、住宿、物流等企业建设能源管理体系，建立绿色节能低碳运营管理流程和机制。

第五，推进农业、农村节能工作，从农业器械、建筑、耕作方式、能源等方面建成全面节能休系。

第六，加强公共机构节能，利用合同能源管理服务从绿色建筑标准、器材采购、设备运行、人均耗能等方面全面节能。

第七，对重点用能单位进行节能管理，按照属地管理和分级管理相结合原则，国家、省、地市分别对重点用能单位进行目标责任评价考核。

第八，加强对用能设备的节能管理，加强高耗能特种设备节能审查和监管，构建安全、节能、环保三位一体的监管体系。

3. 强化主要污染物减排

第一，控制重点区域流域排放，推进京津冀及周边地区、长三角、珠三角、东北等重点地区的污染物排放总量控制；加强重点跨国河流水污染防治，严格控制长江、黄河、珠江、松花江、淮河、海河、辽河七大重点流域的环境污染。

第二，推进工业污染物减排，实施工业污染源全面达标排放计划，加强工业企业无组织排放管理，严格执行环境影响评价制度。

第三，促进移动源污染物减排，实施清洁柴油机行动，全面推进移动源排放控制，提高新机动车船和非道路移动机械环保标准。

第四，强化生活源污染综合整治，对城镇和农村的污水处理设施建设发展进行填平补齐、升级改造，完善配套管网，加强对运行的监督和管理，使污水处理厂的污染物排放全部达标；加快治理公共机构食堂、餐饮服务企业，家具、印刷、汽车维修等政府定点招标采购企业要使用低挥发性原辅材料，严格执行有机溶剂产品有害物质限量标准。

第五，重视农业污染排放治理，大力推广节约型农业技术，推进农业清洁生产。

4. 大力发展循环经济

第一，全面推动园区循环化改造，对综合性开发区、重化工产业开发区、高新技术开发区等不同性质的园区加强分类指导，强化效果评估和工作考核。

第二，加强城市废弃物规范有序处理，推动餐厨废弃物、建筑垃圾、园林废弃物、城市污泥和废旧纺织品等城市典型废弃物集中处理和资源化利用。

第三，促进资源循环利用产业提质升级，依托国家"城市矿产"示范基地，促进资源再生利用企业集聚化、园区化、区域协同化布局，提升再生资源利用行业清洁化、高值化水平。

第四，统筹推进大宗固体废弃物综合利用，加强共伴生矿产资源及尾矿综合利用，推动煤矸石、粉煤灰、工业副产石膏、冶炼和化工废渣等工业固体废弃物综合利用。

第五，加快互联网与资源循环利用融合发展，支持再生资源企业利用大数据、云计算等技术优化逆向物流网点布局，推广"互联网+"回收新模式。

5. 实施节能减排工程

第一，组织实施燃煤锅炉节能环保综合提升、电机系统能效提升、余热暖民、绿色照明、节能技术装备产业化示范、能量系统优化、煤炭消费减量替代、重点用能单位综合能效提升、合同能源管理推进、城镇化节能升级改造、天然气分布式能源示范工程等节能重点工程，推进能源综合梯级利用。

第二，实施燃煤电厂超低排放和节能改造工程，限期淘汰落后产能和不符合相关强制性标准要求的机组。

第三，加强城市、县城和其他建制镇生活污染减排设施建设，加快污水收集管网建设，实施城镇污水、工业园区废水、污泥处理设施建设与提标改造工程，推进再生水回用设施建设，加快畜禽规模养殖场（小区）污染治理。

第四，组织实施园区循环化改造、资源循环利用产业示范基地建设、工农复合型循环经济示范区建设、京津冀固体废弃物协同处理、"互联网+"资源循环、再生产品与再制造产品推广等专项行动，建设资源循环利用产业示范基地、工业废弃物综合利用产业基地、工农复合型循环经济示范区，推进生产和生活系统循环链接，构建绿色产业体系。

6. 完善节能减排支持政策

第一，完善价格收费政策，加快资源环境价格改革，健全价格形成机制。

第二，督促各地落实差别电价和惩罚性电价政策，严格清理地方违规出台的高耗能企业优惠电价政策。

第三，完善财政税收激励政策，加大对节能减排工作的资金支持力度，统筹安排相关专项资金，支持节能减排重点工程、能力建设和公益宣传。

第四，健全绿色金融体系，加强绿色金融体系的顶层设计，推进绿色金融业务创新。

第五，鼓励银行业金融机构对节能减排重点工程给予多元化融资支持，健全市场化绿色信贷担保机制，对于使用绿色信贷的项目单位可按规定申请财政贴息支持。

7.建立和完善节能减排市场化机制

第一，建立市场化交易机制，健全用能权、排污权、碳排放权交易机制，创新有偿使用、预算管理、投融资等机制，培育和发展交易市场。

第二，推行合同能源管理模式，实施合同能源管理推广工程，鼓励节能服务公司创新服务模式，为用户提供节能咨询、诊断、设计、融资、改造、托管等"一站式"合同能源管理综合服务。

第三，健全绿色标识认证体系，强化能效标识管理制度，扩大实施范围，推行节能低碳环保产品认证。

第四，推荐环境污染第三方治理，鼓励在环境监测与风险评估、环境公用设施建设与运行、重点区域和重点行业污染防治、生态环境综合整治等领域推行第三方治理。

第五，加强电力需求侧管理，推行节能低碳、环保电力调度，建设国家电力需求侧管理平台，推广电能服务。

（二）强化节能减排技术支撑和服务体系建设

1.加快节能减排共性关键技术研发示范推广

第一，启动"十三五"节能减排科技战略研究和专项规划编制工作，加快节能减排科技资源集成和统筹部署，继续组织实施节能减排重大科技产业化工程。

第二，加快高超超临界发电、低品位余热发电、小型燃气轮机、煤炭清洁高效利用、细颗粒物治理、挥发性有机物治理、汽车尾气净化、原油和成品油码头油气回收、垃圾渗滤液处理、多污染协同处理等新型技术装备研发和产业化。

第三，推广高效烟气除尘和余热回收一体化、高效热泵、半导体照明、废弃物循环利用等成熟适用技术。

第四，遴选出一批节能减排协同效益突出、产业化前景好的先进技术，推广系统性技术解决方案。

2. 推进节能减排技术系统集成应用

第一，推进区域、城镇、园区、用能单位等系统用能和节能。

第二，选择具有示范作用、辐射效应的园区和城市，统筹整合钢铁、水泥、电力等高耗能企业的余热余能资源和区域用能需求，实现能源梯级利用。

第三，大力发展"互联网+"智慧能源，支持基于互联网的能源创新，推动建立城市智慧能源系统，鼓励发展智能家居、智能楼宇、智能小区和智能工厂，推动智能电网、储能设施、分布式能源、智能用电终端协同发展。

第四，综合采取节能减排系统集成技术，推动锅炉系统、供热/制冷系统、电机系统、照明系统等优化升级。

3. 完善节能减排创新平台和服务体系

第一，建立完善节能减排技术评估体系和科技创新创业综合服务平台，建设绿色技术服务平台，推动建立节能减排技术和产品的检测认证服务机制。

第二，培育一批具有核心竞争力的节能减排科技企业和服务基地，建立一批节能科技成果转移促进中心和交流转化平台，组建一批节能减排产业技术创新战略联盟、研究基地（平台）等。

第三，继续发布国家重点节能低碳技术推广目录，建立节能减排技术遴选、评定和推广机制。

第四，加快引进国外节能环保新技术、新装备，推动国内节能减排先进技术装备"走出去"。

（三）强化节能减排的主体责任

1. 强化政府部门节能减排的主导和监管责任

第一，按照国务院要求，每年组织开展省级人民政府节能减排目标责任评价考核，将考核结果作为领导班子和领导干部考核的重要内容，开展领导干部自然资源资产离任审计试点。

第二，对未完成强度降低目标的省级人民政府实行问责，对未完成国家下达能耗总量控制目标任务的予以通报批评和约谈，实行高耗能项目缓批、限批。

第三，对环境质量、总量减排目标均未完成的省（区、市），采取约谈、暂停新增排放重点污染物的建设项目环评审批，暂停或减少中央财政资金支持等措施，必要时列入环境保护督察范围。

第四，对重点单位节能减排考核结果进行公告并纳入社会信用记录系统，对未完成目标任务的暂停审批或核准新建扩建高耗能项目。

2.强化企业节能减排的参与和实践责任

第一，落实国有企业节能减排目标责任制，将节能减排指标完成情况作为企业绩效和负责人业绩考核的重要内容。对节能减排贡献突出的地区、单位和个人以适当方式给予表彰奖励。经过科学预算，对节能减排的任务和目标进行分解，分配给各市（地）、县和重点企业。政府要对于严重违反国家节能管理、环境保护法律法规的典型案件和企业进行查处，加大执法的力度和处罚力度，对企业领导以及有关人员的责任进行追究，在社会层面起到警醒教育作用。企业必须严格遵守节能和环保法律法规及标准，落实目标责任，强化管理措施，自觉节能减排。对于重点用能单位，政府要加强监督和管理，企业如果与政府部门签了节能减排目标责任书，则必须要确保完成节能减排的目标。如果企业没有完成目标，那么政府要加强对这类企业的能源审计和清洁生产审核。

第二，要坚持"谁污染、谁治理"的原则不动摇，如果企业和单位并没有按照约定建设和运行污染减排设施，那么政府就需要对企业进行公开的通报，责令其限期整改。如果企业存在恶意排污行为，那么政府就应该重罚企业，并且追究相关人员的责任，若构成犯罪的则按照要求移交给司法机关。

3.动员全社会参与节能减排

第一，推行绿色消费，倡导绿色生活，推动全民在衣、食、住、行等方面更加勤俭节约、绿色低碳、文明健康，坚决抵制和反对各种形式的奢侈浪费。

第二，倡导全民参与，推动全社会树立"节能是第一能源，节约就是增加资源"的理念，深入开展全民节约行动和节能进机关、进单位、进企业、进军营、进商超、进宾馆、进学校、进家庭、进社区、进农村等"十进"活动。

第三，强化社会监督，充分发挥各种媒体作用，报道先进事迹、经验和做法，曝光违规用能和各种浪费行为。

第四，完善公众参与制度，及时准确披露各类环境信息，扩大公开范围，保障公众知情权，维护公众环境权益。

第五，依法实施环境公益诉讼制度，对污染环境、破坏生态的行为可依法提起公益诉讼。

（四）优化节能减排的财政政策

1. 加大财政投入

（1）将节能减排资金纳入财政公共预算

第一，公共预算作为政府的年度基本财政收支计划，是政府从事资源配置活动的重要决策安排，反映了政府的活动方向，并且直接规定并控制着政府的开支项目和开支数额。公共财政预算是政府推进节能减排的重要财力来源，能有效地推进节能减排的技术进步，提高能源利用效率，使节能、环保与经济发展步入良性发展轨道。政府从政策到财力重视节能减排投入，为逐步建立一个资源节约型社会做出应有的贡献。

第二，在经常性预算中，增设节能支出科目，安排相应的节能支出项目，特别是对符合国家产业政策和节能减排要求的项目和企业增加预算。在预算中安排必要的资金，增加节能技术的研究和推广，开展节能减排教育培训和咨询服务。在建设性预算中，增大财政对节能减排的投资力度。一方面，逐渐提高节能投资占预算内投资的比例；另一方面，国家财政可以采取直接投资的方式，对于一些重要的、投资数额大的节能项目给予支持，鼓励其发展。这就要求政府的财政预算要留有专门的资金，通过补助、奖励等方式支持节能项目产业的发展，促进高效节能产品、节能新技术和节能减排重点工程的推广，进一步加大财政预算投资向节能环保项目的倾斜力度。

（2）提高专项转移支付能力

财政应大力支持城市污水处理设施建设，利用上级财政重点加大对污水处理设施管网建设的补助，支持农村水源污染防治，推进新农村建设方面的转移支付政策，通过专项转移支付对关停污染企业的地区给予一定财政补助，引导经济结构调整和产业升级；将落后产能淘汰并安排资金支持淘汰落后产能，中央、省财政通过增加转移支付，对经济困难企业给予适当补助和奖励。

2. 优化财政激励机制

（1）利用财政激励手段发展循环经济

粗放型经济发展方式的弊端，一是经济发展只追求片面的外延和扩张；二是在于浪费资源，对资源只是一次性使用。只有不断发展循环经济，才能实现对资源的循环使用和产业的循环组合，这是转变经济发展方式的有效选择。实践表明，发展循环经济对于节约资源、减少污染、提高经济效益具有显著效果。目前，发展循环经济仍处于起步阶段，少数企业的成效不错，但整体上有待进一步突破。

针对高消耗、高污染行业比重较大的实际情况，应以提高资源有效利用率、降低污染物排放量为目标；针对冶金、建材、化工等行业，应广泛开展清洁生产和资源的综合利用，发展循环经济型产业，建设循环经济型园区和发挥生态经济园区，促进工业经济与节能环保的协调发展。同时，在农业领域应大力发展循环型农业，做好农作物秸秆、肥料的综合利用和循环利用。

（2）改造与创新财政帮扶节能技术

第一，建立产学研相结合的技术创新体系，搞好企业与科研机构、高等院校的合作，搭建科技创新平台。

第二，建立政府主导、以企业为主体、产学研相结合的节能减排技术创新与成果转化体系，搭建技术共同开发、成果共同享用的节能减排科技创新平台，建设一批国家级、省级技术中心。

第三，组织节能减排科技专项开发，实施一批节能减排重点项目，如秸秆发电、工业三废、沼气利用等，攻关节能减排的关键和共性技术，助力节能减排工作。

第四，通过建设网络平台推广技术，促进节能减排技术成果的信息化。

（3）进行结构调整，实现节能目标

结构调整对节能的贡献度超过 60%。因此，实现节能降耗目标的关键是要在结构调整上下功夫。面对全球经济一体化，中国在世界经济格局中的定位不仅应强调经济发展和企业生产规模的继续扩张，还应进一步转变经济增长的模式，逐步调整产业结构，特别是工业的发展应依靠高新技术，大力发展低能耗、低污染、技术密集型行业。企业应提高产品的附加值，降低单位产品能耗，否则未来在能源角度的发展方面将难以维系。为此，全国应发展优先地区，如长三角、珠三角、京津唐，共同制定区域性产业准入门槛，合力推进产业结构调整，促进经济结构优化，缓解经济增长与能源消费之间的矛盾，从根本上推动节能减排。

第九章 绿色经济发展面临的挑战及趋势

当前，我国绿色经济发展面临一些挑战，基于此，本章将主要讲述绿色经济发展面临的挑战及趋势，主要通过绿色经济发展面临的挑战、绿色经济发展的责任与趋势两个方面进行介绍。

第一节 绿色经济发展面临的挑战

企业绿色经济的发展之路不会一帆风顺，而是在不断解决问题的过程中纠正前进的方向，坚定不移地发展绿色产业，全面推进企业收益的绿色化。以下四大痛点就是企业发展绿色经济的拦路虎。

正所谓"知己知彼，百战不殆"，企业只有在深入了解这些痛点之后，才能制定出更有效的应对方案和策略。

一、绿色消费观念尚未全面普及

人们随手扔在地上的垃圾通过雨水等途径进入溪流，再进入江河，最终汇入大海，为海洋生态带来了毁灭性的打击。

也许，会有人觉得这种"垃圾大陆"的形成与人们的消费观念并没有太大的联系，但实质上大错特错。绿色消费观念并不只包含消费行动，还包含环保理念。这一理念不仅体现在消费过程中对绿色产品的挑选，更体现在日常生活的小事。"垃圾大陆"的快速增长表明绿色消费理念传播和普及的程度还不够，这将成为企业发展绿色经济的阻碍。例如，某些消费者喜欢过度包装的产品，认为这样的产品比较高端。而企业是以消费者需求为导向的，因此，会花费更多的资源在包装的设计和制作上，造成了资源的浪费。

因此，企业应该将环保理念与品牌相结合，在向消费者传递品牌价值观的同时渗透绿色的消费观；通过绿色产品的研发推广，引导消费者进行绿色消费，促进企业的绿色发展。

二、绿色物流尚未全部落实

物流行业是企业发展绿色经济必不可少的一环，是企业实现产品流通的桥梁，也是企业供应链的收尾工作。虽然各企业都已经将绿色物流提上发展日程，但实际收益尚不明显，且一部分绿色物流措施和策略尚未落到实处。

造成这一痛点的主要原因是绿色物流技术的支撑较为薄弱，以及绿色物流的意识行为的匮乏，这将是企业发展绿色物流的阻碍。

在技术层面，企业对包装的无害化处理率低。特别是一些小型物流企业，由于没有庞大资金的支持，无法大规模进行包装回收，也没有处理回收包装的技术条件。一些贵重物品或者易碎物品的包裹包装繁多，是浪费资源的一种表现。如果企业能够设计出适合这些物品的简约的包装，将会提升资源的利用率，降低浪费率。

物流运载工具依旧以高耗能、能源高污染为主，对生态环境造成的负面影响较大。这需要企业进行技术创新，开发新能源，降低能耗，保护环境。

如果仅仅是企业具备绿色发展的意识，那么无法真正引导企业绿色物流的发展，这是因为消费者也是企业绿色物流中的一环。企业应该与消费者在绿色物流方面达成共识，并不断加强双方的绿色物流意识。企业应加强对包装的回收效率；消费者应形成保护环境、不乱扔包装袋的意识和习惯，从而在合作中促进企业绿色物流的发展。

只有解决绿色物流的痛点，做好产业链的收尾工作，企业才能形成完整的、高效的绿色产业链，形成"绿色物流，人人有责"的良好发展氛围。

三、绿色制造问题较为突出

目前，许多零售企业都已经认识到绿色制造与生产的重要性，开始将绿色的、可循环使用的材料运用到产品的制造过程之中。但由于回收企业技术的不到位，使那些具备可回收价值的产品废弃物无法被二次加工。

除上述具体的问题之外，企业绿色制造的主要问题还包括以下四个方面：

第一，节能减排实践尚未系统化。目前，虽然节能减排意识已经得到加强，但多是在重点工序、设备和企业等方面开展节能减排工作。节能减排重视度不够主要表现在：一是在行业间协同耦合方面，二是在上下游企业之间衔接方面，三是工业与社会间生态链接方面。

第二，节能减排具有不协调、不平衡的问题。我国东部、西部、中部地区经济发展不平衡，处于不同的工业发展阶段，节能减排水平不同，出现了不平衡、不协调问题。

第三，控制总量和控制强度的难度太大。

第四，产能过剩影响了节能减排的动力和积极性。

四、绿色金融尚存缺口

目前，绿色金融取得了较好的发展，但仍然无法支撑各个企业实体经济的转型，这是企业发展绿色金融的"拦路虎"。让这只"拦路虎"形成的原因主要包括：

第一，绿色金融的激励性不强，无法提供所需的资金，造成巨大的资金缺口。

第二，金融机构不具备较高的绿色金融层面的专业能力，无法准确识别企业的绿色项目、产品与服务。

发展绿色金融需要金融机构对融资企业的环保信息进行评判，评估相应的环境风险并合理定价企业的金融产品。如果金融机构缺乏专业知识，就会让一些企图钻空子的不良企业获得绿色融资。这将是企业发展绿色金融的一大障碍。

第三，绿色金融的标准不一，国内与国外标准的不同极易在绿色金融领域造成混淆，阻碍企业发展绿色金融。

以绿色债券为例，国内的标准以《绿色债券支持项目目录》和《绿色债券发行指引》为基础，形成了两套标准。而国际上则主要应用在《绿色债券原则》的基础之上形成的标准。这三种标准之间存在一定的差异，所以在一定程度上造成了市场的分割和混淆，从而使企业在发展绿色金融的过程之中，找不到固定的、统一的支撑理论和指导思想，无法寻得明确的方向。

第四，绿色金融领域内的配套体系不完善，环境信息不对称，这为企业发展绿色金融带来了较大的风险。

企业在发展绿色金融时，往往会面临信息不足、不对称的难点。企业发展绿色金融需要满足一定的条件，否则金融机构无法对企业进行风险与收益评估，从而使企业无法获得相应的资格，对企业的污染型项目的转型存在较大的负面影响。

企业在发展绿色金融上存在以上痛点，要想解决这些问题，需要从"推"和"拉"两个层面促进非绿色向绿色的转型。

绿色经济是企业实现可持续发展的必然趋势，但要在绿色经济时代的浪潮之中获得更大的赢面，企业就必须解决这四大痛点，推动自身的转型和升级，紧密契合生态文明建设与绿色发展的主题，取得较强的竞争力。

第二节 绿色经济发展的责任与趋势

一、绿色经济发展的责任

（一）绿色经济发展责任的内涵

绿色经济发展责任和责任主体的角色有着密切联系，不同的角色有着不同的责任内容、道德规范、道德意义和评价标准。与其他责任形式相比，绿色经济发展责任具有独特的伦理性。

1. 绿色经济发展责任的主体分析

绿色经济发展的责任主体广泛，有国家、非政府组织、企业、个体等。这些责任主体都应该承担起各自的责任。

（1）国家的绿色责任

国家在绿色经济发展中是首要的责任主体。因此，国家应该积极推进转变经济发展方式，促进经济发展与保护环境相协调，走绿色的发展道路，使人们既可以享受经济发展的成果，也可以拥有良好的生态环境，而不会每日因空气质量、空气污染、饮水安全而惴惴不安，因为那样人们的幸福感就不能与丰富的物质生活和经济的发展相关联，而绿色经济的发展也将失去"发展"本身所具有的真正价值。对于国家来说，实现真正的发展是其绿色经济责任，目的是给国民提供更好更优质的生活，以此提升其幸福感，表达国家对于民众的关怀。当前经济的发展过于重视经济增长总量，忽视了均衡发展经济，出现了严重的贫富差距，经济弱势群体开始形成。面对经济发展带来的一系列环境问题，经济弱势群体缺乏抵御环境危害的能力，成为环境弱势群体。这个群体没有享受到经济发展的成果。国家积极履行绿色经济发展的责任就是为了确保公平，确保公民可以平等地享受经济发展的成果。

（2）非政府组织的绿色责任

自20世纪70年代以来，全球生态环境问题频发，如污染环境、浪费资源，非政府组织在国际保护环境事业中发挥着积极的作用。自改革开放以来，我国出现了很多的非政府组织，如基金会、民办的事业单位、社会团体。这些非政府组织承担了很多社会公益性质的服务，动员了社会力量，在社会中发挥着越来越重要的作用。非政府组织的绿色责任主要是监督政府、企业绿色责任的落实，以及动员社会力量参与绿色经济发展。一是非政府组织监督政府的不合理行为，如为促进经济发展不惜牺牲环境和生态；二是当出现市场失灵和政府干预有限的情况，非政府组织可以对企业行为进行约束和监督，防止企业因为利己而忽视生态环境的保护；三是非政府组织可以有效动员社会力量，整合社会资源，推动绿色行动的开展。总之，非政府组织绿色经济发展责任的履行可以发挥动员和监督的作用。

（3）企业的绿色责任

企业的绿色经济发展责任主要是指企业在追求经济效益的同时履行相应的环境责任。这就是说，企业在进行生产经营活动时，不能为了追求经济利益而破坏环境、污染生态，要积极履行尊重自然、保护生态的道德责任，让可持续发展成为企业经营活动的指导原则。企业的基本宗旨是正确处理人与自然的关系。企业在强调道德责任的同时也要追求经济利益，没有利润的道德和没有道德的利润都是不存在的。就伦理学来说，道德与功利相结合组成了社会责任，一方面要从功利的角度出发，不能忽视企业的本质是追求利润；另一方面，从道义的角度来讲，需要企业强调在经济发展中的道德责任和环境责任。故而，企业的绿色经济责任一是要体现企业追求经济效益，以此促进经济发展，提高生活水平的社会责任感；二是体现企业保护环境，履行环境责任，消除生产经营中的环境影响，保护人类发展需要的自然环境和生态环境的社会责任感和生态道德责任；三是体现了企业履行社会责任和维护人类共同利益的价值。

（4）个体的绿色责任

绿色经济的发展离不开社会公众的广泛参与，每个人都应该履行环保责任。社会个体的责任需要在尊重自然、尊重生命的基础上，对自己的生活方式进行绿化。高消费的经济发展模式满足了人们的物质生活，带动了经济的发展，但是也要看到不断加剧的生态危机、不断恶化的自然环境和物种的灭绝。人们的生存基础是物质生活的生产和消费，这也是地球上维持更为广泛的生活过程的组成部分。因此，人类要尊重他人的权利，尊重自然，尊重生命；要跳出狭隘的自身利益，约束自身行为，将人类的生存价值与保护环境相结合，建立起绿色的消费观。

2. 绿色经济发展责任的道德意蕴

真正的发展不应该是在伤害自然、破坏环境、危及他人生命健康的基础上的发展。德尼·古莱（Denis Goulet）在《发展伦理学》中，从伦理学的视角把发展界定为：美好生活、公正社会以及人类群体与大自然的和谐关系，以便最大限度地实现生存、尊重、自由。依托于发展的真实意义，绿色经济发展责任是对人类自身提出的一项伦理义务，是一种对社会、他人、自我的道德诉求，突出责任主体主动承担自身责任，体现了道德上的天人合一责任。

绿色经济发展责任体现了人类重视自身的生存权利。人类最基本的追求就是生存，生存也是人类发展文明的重要条件。当下生存环境遭到破坏，威胁了人类的生存发展。绿色经济发展要求各个责任主体履行自身责任，保持良好的生态环境，确保人类的生存权。

绿色经济发展责任体现了广泛的尊重。在传统的发展模式中，只有少部分人享受了经济发展的成果，而另一部分人并没有享受到经济发展成果。绿色经济发展可以促进社会公平正义，让每个人享受经济发展成果，使之前的受害者的发展权得到尊重，使公民的生存权和发展权等得到了广泛尊重。

绿色经济发展责任体现了人类对自由的渴望。绿色经济可以促进经济实现可持续发展，促进人类社会的高质量、高活力发展，以此为人类的活动提供充足的发展空间、优质的物质条件，最大限度地满足人类对自由的需求和渴望。

（二）绿色经济发展责任的特征

绿色经济发展责任在经济发展中体现了一种环境责任。这种责任与一般的环境责任、经济责任、社会责任和法律责任有着很大的差别，更具有伦理性。

1. 绿色经济发展责任与其他责任的不同

绿色经济发展责任与一般的环境责任、经济责任不同，其包含环境责任、经济发展责任。一般来说，经济责任指的是实现经济效益的责任。举个例子，国家的经济责任通过一系列的指标来进行衡量和体现，具体包括人均国民生产总值、农民人均纯收入及增值率、城镇居民人均可支配收入及增值率、国内生产总值及增长率、社会固定资产投资额及增值率、财政总收入完成额及增长率等；企业的经济责任主要是通过销售收入、净利润等经济指标来体现企业经济效益的责任，追求生产的利润最大化。绿色经济发展责任要求同时实现生态效益和经济效益的责任，要保证在经济发展的同时节约资源、保护环境、履行节约生态资源的责任；履行禁止生产有毒有害的污染物的责任；履行保证大气层和自然环境洁净的责任。一般意义上的环境责任指的是在自然环境中的个人和单位具有保护环境的义务，同时，对环境造成破坏的行为人应该履行相应的义务和责任，这种一般意义上的责任只是单纯的环保责任。绿色经济发展责任涉及生产、经营等经济的过程。从经济发展的角度来看，环境责任问题涵盖生产、经营等环节的具体责任，是一种与经济活动有关的环境责任。

绿色经济发展责任一方面涉及环境法明确规定的环境责任，具有强制性，履行责任具有被动性，是一种他律行为；另一方面也包含行为主体的高度自觉的道德责任感，具有自觉性、主动性，是一种自律行为。目前，针对绿色经济发展的相关法律法规还不完善，完全依靠强制性的法律是无法履行绿色经济发展责任的，还需要调动相关责任主体的积极性、自觉性和主动性。针对绿色经济发展责任，企业、国家都会出现法律责任干预空白处。绿色经济发展责任的基础是伦理道德，有伦理道德的支撑可以建立起和谐的社会秩序和生态环境秩序。

从广义角度来说，绿色经济发展责任属于社会责任，但是与一般的社会责任在内涵上有区别。一般的社会责任主要指的是责任的主体对社会具有相应的责任，重点是人类社会的利益，而往往忽视了自然利益，体现了一种人类对他人和社会的道德责任。绿色经济发展责任既有人类社会自身的责任，也有责任主体对自然环境的责任，在社会责任的基础上体现了自然环境的责任。

2. 绿色经济发展责任的伦理性

绿色经济发展责任的典型特点是具有伦理性，体现了人作为人的道德底线和伦理导向，不仅关注人与自然、人类社会的和谐，也关注人类自身的合理发展和对身外他物的关怀，还指明了人类发展的真正指向是达到人类的幸福。

第一，绿色经济发展责任体现了人类对于自然的道德关怀。人类不仅仅是因为自然对于人类而言具有使用价值而保护自然环境，推动绿色发展，还因为自然本身有其存在的价值和权利。因而，自然是有权利的，人类不能损害自然本身的价值权利。人类要实现自身的发展权需要以尊重自然为基础，履行对自然的道德责任，展现对自然的关怀，遵循针对自然环境的行为而存在的道德规范。

第二，绿色经济发展责任体现了人类应具有社会道德感。绿色经济发展与每个人息息相关，关乎每个人的生存和社会的发展。一方面，每个人、每个国家都享有发展权和环境权；另一方面，每个人、每个国家都应该履行相应的责任和义务，保护环境，维护社会和经济的可持续发展，而不能为了自身利益牺牲他人或他国的利益。践行绿色行为，履行相应的绿色发展责任，是一种责任意识的体现，也是一种人类社会道德感。

第三，绿色经济发展责任体现了人类的自律精神。这就是说责任主体要具有自觉性和主动性，是一种自律行为。地球是人类生存发展的家园，在过去，急功近利使地球环境遭到破坏，我们应该对自己的行为负责，对子孙后代负责，对大自然负责，因此要自觉保护人类赖以生存的家园，承担相应的道德责任。

二、绿色经济未来的四大发展趋势

新技术、新理念、新业态、新社会形态是绿色经济未来的四大发展趋势。企业应该在详细了解这些趋势的基础上，制定合理的发展计划与战略；从而借势而起，站在绿色经济发展的"风口"上实现自身的转型与升级，最终实现绿色可持续发展。

（一）新技术：绿色新兴产业抢占先机

社会一旦有技术上的需要，这种需要就会进一步推动科学发展。这在绿色经济领域也同样适用。

当绿色经济时代到来，对绿色技术的需求将会变得更大，能够推动绿色技术的发展；最终达到"曲线救国"的目的，推动绿色经济的发展。以绿色新技术为核心的新能源、新材料等新兴产业将是未来绿色经济的发展趋势之一。企业应顺势而行，依托新技术，促进自身的绿色发展。

1. 新技术造就新能源

在新能源产业之中，以新能源汽车的发展势头最为迅猛。截至2017年，我国新能源汽车已经有了153万辆的保有量，却只占汽车总量的0.7%。

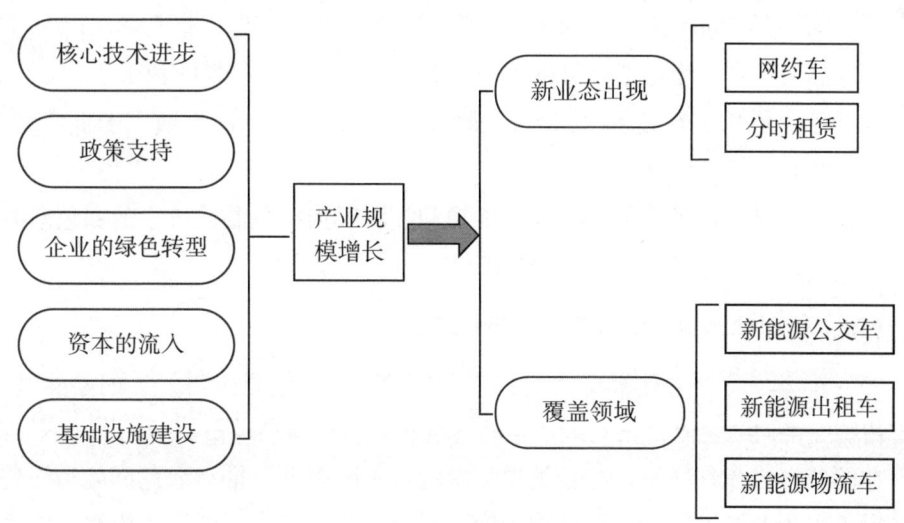

图 9-2-1 新能源汽车领域的发展模式

新能源汽车行业的发展速度快，发展空间和潜力依然十分巨大，在未来将会与更多的业态结合，覆盖更多的领域，推动交通行业的全面绿色化。

目前，新技术造就的新能源汽车包括：一是纯电动汽车，二是混合动力汽车，三是燃料电池汽车，四是氢发动机汽车等。这些类型的汽车正在被用于各行业的运输环节之中，极大程度地实现节能减排的目标。

除了新能源汽车之外，其他行业的新技术也在不断被研发并被采用。

在未来，太阳能、风能等能源都能依托于技术，成为促进绿色经济发展的能源动力。

2. 新技术下的新材料

新技术的出现使一批节能环保的新材料被运用到企业的绿色生产过程之中。这些材料一般具备可回收、制造过程污染低、对环境的影响小等特点。以这些材料为原材料而制成的产品将会继承这些特点，与企业的绿色发展相呼应。

以装修企业为例，在技术的驱动之下，生产厂商研发了环保漆料、环保照明系统、环保地材、环保墙材、环保墙饰、环保管材七大新材料，在实现自身绿色制造的同时建设绿色住宅，为消费者提供一个绿色健康的居住环境。

在日常生活用品中，绿色环保材料使用的比例也在提升。消费者也更愿意去购买这些绿色环保的产品。例如，某品牌有一款牙刷是由秸秆等农作物废弃物制成的。消费者花费10元便能购买3支这样的绿色环保牙刷。该牙刷的物美价廉与绿色环保成为它深受消费者喜爱的主要原因。

再例如，某饮品纸杯含有10%消费后回收纤维，并具有聚乙烯（PE）抗水涂层，能够被回收，经加工后可以实现二次利用，提升了材料的利用率。

各行各业依托于新技术，研发出绿色环保的材料，并广泛地用于生产之中，推动了全产业的绿色化进程。

未来，以绿色技术为驱动、以新能源和新材料为绿色制造核心的绿色新兴产业将会成为企业发展绿色经济的新契机。

（二）新理念：绿色消费需求将持续增长

每一轮经济发展的热潮必定会带来消费的升级，这是经济发展的必然规律。随着传统经济向绿色经济的升级，促使传统消费转向绿色消费。

在消费升级背景之下，绿色消费需求将会不断提升，推动绿色产品和绿色服务在绿色市场上的供给量，以此推动绿色经济的进一步发展。绿色消费、绿色发展新理念的出现是绿色经济发展的必然趋势。

1. 消费者需求推动绿色产品的出现

消费者对绿色食品、绿色家电、绿色服装、绿色家居等绿色产品的需求，促使企业推出了更多的绿色产品。

以家居产品为例，消费者为了自身的身体健康和居住环境，更愿意消费绿色健康的产品，即便这些绿色产品的价格高于普通产品。那些经过相关部门认证、各项指标都合格的绿色产品深受消费者的追捧。

绿色产品不仅包含对人体健康无影响的产品，也包含节能、高效的产品。消费者更愿意购买节能高效的家电产品，例如节水洗衣机、节电冰箱、节能空调等，这不仅能够减少消费者的电、水的使用，节约生活成本，还能让消费者在无形之中形成环保意识，主动承担环保的社会责任。

需求会推动绿色产品的输出，绿色产品也会刺激绿色消费需求的增长，两者通过相互促进形成一个良性循环，共同促进绿色经济的发展。

2. 绿色出行理念推动绿色交通发展

随着消费者的绿色环保意识不断加强，环保意识已经开始向绿色出行领域渗透。消费者更愿意选择绿色环保的出行方式，乘坐更加环保的交通工具，如共享单车等；购买更加节能环保的交通工具，例如新能源汽车等，从而推动了绿色交通产业的蓬勃发展。

经济的发展促使消费水平不断提高，汽车工业的发展带来了汽车市场的蓬勃发展。供给和需求旺盛成为汽车市场的常态。但是，随着汽车数量的大量增加，出现了环境污染、能源短缺和交通拥堵等问题。绿色出行理念是针对这些问题而提出的理念，在其指导下的有效实践是绿色交通体系构建的重要一环。

绿色交通的构建核心：一是提高交通运输的能源效率，二是对交通运输的能源结构进行改善和优化，三是优化交通方式。能源结构的改变与能源效率的提高可以依托于绿色技术实现。只有政府、企业与消费者共同作用才能优化交通方式。

消费者形成、推广绿色出行理念，能够加快落实绿色出行，在交通上实现节能减排。发展绿色交通是发展绿色经济必须经历的一环。

3. 绿色消费理念推动绿色消费方式的普及

绿色消费观念影响着消费者对购物过程与方式的选择。

网购就是绿色消费方式的一种。消费者网购是为了节省时间和金钱，但这一行为中却包含了绿色消费的理念，因为网购行为减少了许多不必要的运输环节和仓储环节，减少了能源消耗和污染物排放，符合绿色环保的概念。

当电商企业通过互联网渠道宣传绿色产品时，其有着明确的绿色消费理念。

消费者会更加注重自身的绿色消费行为。

如今，越来越多的消费者更愿意通过互联网购买产品。在购物时，消费者也不再将包装看作其必须购买某一产品的因素，推动了产品包装的简化。这在一定程度上推动了绿色消费方式的普及。

4. 绿色建筑的消费需求逐渐上升

消费者更加注重居住空间和工作空间装修的环保程度和安全健康程度。在购房、进行房屋装修和选择家居产品时，绿色环保是消费者首要考虑的因素。

人们的消费已经由生存性消费层级转向享受性消费层级，这标志着消费者的消费意愿开始转向对品质生活的追求。居住环境的品质影响着消费者的身体健康，因此绿色建筑的需求量在不断增加。

甲醛是让人谈之色变的存在，是国际癌症研究机构（IARC）认定的一级致癌物。它常常如同一个幽灵一般，飘荡在新装修的房间之中，危害着人们的身体健康。人们在装修完新房后，一般都会对房间内的甲醛浓度进行测试，避免甲醛危害身体健康。甲醛事件的频发，刺激了消费对绿色建筑的需求上升。

在未来，绿色经济市场提供更多的绿色环保的建筑，提升人们的居住环境的环保绿色化水平，将是建筑企业和家具企业发展绿色经济的趋势。

绿色新理念的推广与深化是绿色发展的必然趋势。企业应该及早做准备，通过向市场输出更多的绿色产品引领绿色消费，为产品打造"绿色标签"，以此获得消费者的认可和支持，从而在今后绿色经济发展中获得竞争优势。

（三）新业态：数字经济渗透全产业链

为了适应绿色经济的发展，传统业态必然会不断改善自身的结构，向绿色新业态转型，从而在绿色经济时代获得持续发展的机会。新业态助力绿色发展将是企业发展绿色经济的重要趋势。

在绿色经济发展的大环境下，衍生出共享经济、数字经济、平台经济等绿色新业态，并渗透全产业链，推动着各个企业的生产、运输、销售、回收等环节、流程绿色化。

共享经济以信息技术为核心，推动了能源和资源配置的不断优化，减少了资源浪费和能源消耗，提升了资源的利用率，从而实现了绿色经济效益。在共享经济中最为人熟知的便是共享单车，使用者只需要"扫一扫"便能获得共享单车的使用权。

平台经济是企业提供一种虚拟或真实的交易场所实现经济收益的运营模式。

平台本身不生产产品，但可以促成双方或多方供求之间的交易，并收取适当的中间费用，获得利润。如百度、腾讯、淘宝、京东商城、当当等平台的运营模式，都属于平台经济。

绿色经济背景下的平台经济的本质并没有发生改变，由企业提供一种虚拟或真实的绿色产品的交易场所。其中，绿色产品和服务是核心，以消费者的绿色需求为导向。

绿色经济背景下的数字经济使数字技术被广泛使用，为整个经济环境和经济活动带来根本变化的经济系统。除此之外，数字经济也是一个将绿色项目信息和绿色活动都数字化的社会政治系统。数字经济可以提升企业和消费者在网络平台上的交易频次。数字经济既可以促进资源配置的优化，也可以为绿色交易平台的建设提供技术支持。由此可见，数字经济是绿色经济中的共享经济和平台经济的支柱，是绿色经济的主要发展新业态。

在制造业中，数字经济通过信息技术使各个企业实现绿色生产设备和绿色生产技术的共享，并通过共享降低企业绿色发展的风险成本，充分协调行业内企业的发展，减少行业资源的浪费。这是数字经济在制造业的渗透。

在服务业中，数字经济通过为共享餐饮、共享旅游、共享家政、绿色物流配送提供技术支持，减少能源消耗，并让这些服务企业能够为消费者提供绿色的产品和服务，刺激绿色消费需求的增长。除此之外，数字经济还产生了许多新兴职业，缓解了社会的就业压力。这是数字经济在服务业的渗透效益。

在农业领域，数字经济能够整合农业资源，优化农业资源配置，促进农业产业化，形成去中心化的绿色产业链。例如，生态数字化农业的发展就离不开数字经济。虚拟模拟技术在农业领域中可以根据天气变化，在网络上模拟出某种作物的生长动态，从而规划最佳的种植时间，将种植的各个环节与流程通过预先模拟，减少各个环节的损耗，并对农业进行实时监控，及时发展问题、解决问题，避免造成更大的损失。业务应用软件的广泛使用可以有效地整合农产品的交易，有效管理风险。生产者可以自行通过应用程序找到买主，实现交易。应用程序还可以对农产品的交易进行跟踪记录，最大限度地保障买卖双方的正当权益。这些数字技术推动了新兴市场的农业综合企业的发展，同时也协助本地营销、技术支持和销售活动。

在技术、政策、消费升级的支持下，数字经济将不断改进，并渗透到各个产业之中，促进各个产业的各个环节的绿色化水平的提高，创建一个企业与消费者双赢的发展环境。

（四）新社会形态：集绿色交通、绿色建筑等于一体

未来城市化的发展方向将会是绿色新型城镇化的发展，聚焦于绿色基础设施的建设、绿色交通体系的构建、绿色建筑的发展。这种社会新形态是绿色经济发展不可回避的趋势之一。

绿色城市的建设离不开绿色基础设施的建设，包括绿色交通、绿色建筑等领域的绿色化建设；通过打造绿色交通体系，提供绿色建筑，推动城市内产业结构与各个实体经济的绿色化改造与转型，形成生态化、智能化的新社会形态。

构建这种新社会形态主要包括以下几条路径：

第一，合理规划绿色城市。绿色城市的规划以技术为支撑，以充分利用空间、节省资源和减少碳排放量等绿色理念为基础，合理规划人口布局、街区建设、建筑设计等。

第二，打造绿色生产方式。根据城市特征与优势调整产业结构，推动产业的绿色化升级。例如，临江的城市可以考虑用水力发电，缓解能源紧张问题；具有丰富的人文景观资源与自然环境资源的地区，可以打造文化与环境相融合的生态旅游业。各个城市的优势资源不同，绿色发展的方向也会有所差异。

第三，构建绿色智慧城市。通过运用新技术，对城市系统的信息数据进行整合与管理，分别从交通、节能和生活服务等方面实现智慧化的管理。

以智慧绿色交通系统为例，其在构建过程之中运用了多项技术，包括信息技术、数据通信传输技术、电子传感技术等，可以对整个地面交通进行实时监测，从而能够对地面交通进行实时、高效的管理，减少交通事故的发生，缓解城市交通压力。

第四，普及绿色生活方式。引导城市居民在出行、消费、生活垃圾处理等方面形成更为绿色环保的生活方式，养成绿色出行、绿色消费、垃圾分类的良好习惯。

通过以上四个路径实现集绿色交通和绿色建筑等于一体的绿色新型城镇化建设，为绿色经济的进一步发展创造现实条件。

新技术、新理念、新业态、新社会形态的出现是企业发展绿色经济的必然趋势。企业应该依势而行，提前在这几个领域进行发展，从而提升自己在绿色经济浪潮中的竞争优势，以便在绿色发展中抢占先机。

第十章 绿色经济发展模式构建

本章主要介绍绿色经济发展模式构建，主要包括绿色经济发展模式的原则、绿色经济发展模式的绿色能源基础、绿色经济发展模式的产业形式、绿色经济发展模式的体系与机制、创建多元性的绿色经济发展模式及形式等内容。

第一节 绿色经济发展模式的原则

一、"3R"原则

3R 原则是绿色经济发展模式在设计的过程中需要遵循的原则。3R 包括 reduce（减量原则）、reuse（再利用原则）、recycle（再循环原则）。这项原则提出的初衷是针对循环经济的发展，之后逐渐扩展至绿色经济发展。本节主要从生产领域和消费领域两个方面进行详细论述。

（一）减量原则（reduce）

减量原则是指减少生产和消费系统的物质量，在最初就将投入的资源控制在一定的范围内，在生产和消费时提高综合利用率。这样做还可以减少垃圾和污染的产生，使污染从源头得到遏制。在生产和消费两个环节中，任何一个具体的细节都要做到"减量原则"。

在生产领域，产品在设计之初就要做到在保证质量的同时减少不重要的元素，设计出简单、大方的包装。在生产中，企业要节约能源和资源，尽量使用低碳、环保、可再生的材料。

在消费领域，消费者要合理消费、有节制消费，选择环保绿色产品，不使用一次性产品，养成绿色消费的好习惯。

（二）再利用原则（reuse）

再利用原则是指在利用率上进行绿色使用，提高一件产品的使用效率，使产品能够在更长的时间内使用。这种原则提倡的使用方式可以是一物多用，也可以是资源的共享或下游的利用。同样，再利用原则也可以放到生产和消费两个领域来推广。

在生产领域中，要想提高产品的使用效率，首先就要保证产品的质量过硬。产品的外包装可以尽量使用可以反复使用的材料，拒绝一次性的包装。如果两个生产企业所在的领域相同，或者领域相近，那么在生产相同标准的原件时可以增加一物多用的概率，如果一个产品的某一项功能失效了，则可以直接通过更换这个部位的原件来继续支持运行，减少产品的浪费。如果两个生产企业是上下游，即共生的关系，则完全可以在土地、设备、资源、信息等方面共享，这样既可以提高了利用率，也可以减少重复性的投资。

在消费领域，消费者应尽量减少一次性产品的使用，增加产品的使用寿命，减少垃圾的产生。

（三）再循环原则（recycle）

再循环原则其实就是废物的再利用。利用各种技术将已经使用过的或者废弃的产品进行回收，再次加工使其变成新的应用资源，重新投入使用。这种废弃物循环使用可以减少垃圾的产生，促进对环境的保护。

再循环其实也是一种资源化的过程。资源化按照加工产品的属性不同分为原级资源化和降级资源化。原级资源化是指将废弃物加工成与废弃之前的产品属性相同的产品。降级资源化是指将废弃物加工成另外一种类型的产品。这两种资源化相比起来，由于原级资源化加工的产品与原产品属性相同，所以加工过程中的工序相对简单，资源消耗也更少，废物利用率更高。但是，在现实市场中，由于资金技术、转化成本、资源品质等各种因素的影响，企业大多还是会选择降级资源化。

原级资源化和降级资源化虽然提高了产品或者原料的利用率，但是转化的过程必然需要消耗一些新的资源，所以，相对来说，没有减量原则和再利用原则更加"绿色"。企业在进行生产或者消费的过程中要遵循优先的顺序：减量—再利用—再循环。其中，减量原则是3R原则的核心。

二、生态发展优先原则

自然界优先于人类和人类社会的观点,揭示了自然界是人类社会的根源基础。自然是全部存在的总和及最广义的物质世界,因此自然界是最优先的、最基础的存在。总结人与自然的关系,自然界是人类存在和一切时间活动的基础和前提。

自然界优先于人类体现在多个层面。一是,自然界先于人和人的意识产生,自然界导致人的意识的产生;二是人必然依赖于自然生存,然而想更好地生存必然要遵循自然界的规律。人的每一个实践和意识的进步都是在遵从自然和规律的基础上实现的,这放到生态领域自然也就要遵循生态优先的原则,体现了生态在人类实践活动中享有优先权的内在的、本质的必然趋势和客观过程,是不以人的意志为转移的客观规律。生态优先原则作为世界运行的基本规律,人类在处理与自然的关系时要遵循生态优先的原则。

人类在发展的过程中,无论是实践活动还是社会的运行都要在生态环境的承载范围内进行,要保护世界系统运行的生态合理性。生态发展优先原则分为三方面:生态规律优先、生态资本优先和生态效益优先。生态发展优先原则是协调发展生态经济社会的重要法则。

生态兴则文明兴,生态衰则文明衰。只有将生态环境保护好才能促进人类社会更好的发展,这也是形成人类灿烂文明的基础和条件。良好的生态可以促进文明的进步,被破坏的生态只会阻碍文明的发展。人类社会和文明发展的前提要求人们正确认识和处理人与自然的关系,当人类的发展与自然产生冲突和矛盾时要保护好自然的基础地位,妥善地处理好矛盾,这也是人类文明发展的基础。在人类和自然相处的过程中,如果生态遭到破坏,那么必然会出现生态的危机,这与人类的生产甚至生存有很大的关系,威胁到人类的文明发展,所以我们一定要重视生态的问题。人类社会如果想要摆脱生态危机,就要寻找一条能够摆脱经济发展的障碍的方法和道路,沿着生态发展的规律走出一条新的发展道路,这条道路的本质就是生态文明建设。

三、整体性原则

传统的经济发展模式往往只追求效益,忽略了生态的平衡,多采用粗放的发展模式,导致的结果就是经济、社会和生态之间产生了多种矛盾和问题,相互之间也制约了对方的发展。被破坏的生态环境是不能很好地支持经济的发展的,因此人类为了发展便大肆破坏环境、掠夺自然资源。生产和消费的过程不断产生污染物，势必会阻碍经济的发展。同时，不合理的发展方式还会导致产业结构不合理，区域发展不平衡，整体的经济发展效益也会降低。绿色经济发展模式能够协调经济、社会和自然三者之间的关系，突出协调发展的理念，让各种资源不光在自己的经济单元之内得到高效利用，还可以在整个经济、社会、自然生态的系统中科学循环并高效运转。这种绿色经济发展模式在保证经济不断发展的同时，协调了社会的各种关系，也维护了自然环境的可持续性发展，免于遭受经济发展带来的各种破坏。这种发展模式促使经济、社会和自然环境形成一种有机整体，结构更加优化，功能也更加健全，让这个系统中每一个环节和要素都能相互促进、共同发展，形成一种良性互动的关系，成为一个共生的整体。

四、生态环境保护原则

我国提倡节约资源和保护环境，党的十八届五中全会将这两项作为我国的基本国策确定下来，要求走可持续发展的道路，突出生态文明建设的地位，不断推进美丽中国的建设。2015年开始实施的《中华人民共和国环境保护法》中将传统的"先污染，后治理"的思想打破，更加强调经济和环境的协调发展，由此可以看出环境保护的重要性。基于此，经济的发展必然要将保护环境放在重要位置，这也是经济发展的必经之路。绿色经济发展模式正是遵循了生态环境保护的原则，将保护环境放在优先的地位，以预防为主，无论经济发展的哪一个环节，都要遵循保护环境的原则，从产品的生产到产品的消费都要做到绿色生产、绿色消费，对自然生态保持尊重的态度，要尽力保护环境，这也是对传统经济发展中"经济发展和生态保护是对立关系"思想的挑战。在绿色经济发展模式中，生态环境价值和经济价值是协调统一的关系，两者相互促进、共同进步。良好的生态环境是经济发展的内在动力和基础，绿色健康的经济发展可以更好地进行生态的保护，两者和谐共生，各个系统良性循环。

第二节　绿色经济发展模式的绿色能源基础

人类社会的发展离不开能源，能源是人类走可持续发展道路的关键因素之一。传统的常规能源包括煤炭、石油和天然气。我国的能源储蓄情况是煤炭资源丰富，石油和天然气资源短缺，这种资源储蓄结构使得我国的发展更加依赖煤炭的使用。

但是，国际上的其他国家尤其是发达国家消耗的能源大多是石油和天然气，与我国的能源消费结构正好相反。而且，一些发达国家在很早之前就已经完成了煤炭向石油的过渡，现在正在致力于向新能源方向发展，如天然气、核能、太阳能和风能等。这种新能源有着高效、清洁、可再生、低碳的特点，更加符合绿色可持续发展的理念。

绿色能源又称为"新能源""可再生能源"。在概念定义方面，无论是国际上还是国内都存在一些争议，无论哪个版本的定义可能都不太全面，比较模糊、不明晰。因此，联合国在新能源和再生能源的国际会议上重新定义了绿色能源：以新技术和新材料作为基础，将传统的可再生能源通过现代化的开发与利用，不断替代资源有限且对环境有污染的化石能源，获得取之不尽、用之不竭的可再生能源。可再生能源包括太阳能、风能、水能、核能、天然气、清洁煤炭等，这些能源是可再生的，可以说是取之不尽的，更重要的是能源在使用过程中不会污染环境，更加清洁；能够就地取材，也更加方便。另外，这种可再生能源使用的形式灵活多变，既可以集中建设，也能分散建设。

由于我国的经济建设多依靠煤炭，发展至今，我国的能源发展的形势也越来越严峻。"贫油、少气"的资源特征，使得我国在短期内难以改变对化石能源消费模式的依赖。所以，在未来几年，我国的能源结构也许仍然难以改变，煤炭仍然会作为能源消费的主要力量，环境污染也会随之加剧。中国是世界上的能源消费大国，人均二氧化碳排放量超过世界平均水平，再加上能源科技自主创新基础比较薄弱，可再生能源整体开发障碍重重。因此，能源形势严峻的现状促使我们只能加快转变能源结构，在工业生产和生活中尽量使用低碳的清洁能源，减少污染的排放；同时，使用清洁能源，以便消除能源安全隐患，以夯实绿色能源的基础。

一、绿色能源与绿色经济的发展

绿色能源的使用可以起到保护环境和生态系统的作用，既可以解决一些环保的问题，也可以解决现在我国面临的能源短缺和能源结构不合理的危机。同时，绿色能源也是绿色经济发展的基础，最终保障社会经济的可持续发展。在世界金融危机和能源产生危机之后，各个国家都在谋求新的经济增长点，寻找解决能源问题的有效方法。发达国家的经验值得我们借鉴，可以将其措施分为开源和节流两种思路。

（一）以美国为例

美国在2009年出台了《2009年美国绿色能源与安全保障法》。这部法律将绿色能源分为四个内容，分别是可再生能源、二氧化碳回收与储藏、低碳交通、智能电网。在电力使用方面，这部法律中提到电力公司的发电来源必须要有可再生能源（风能、太阳能、生物能等）的组成，并且要占据一定的比例，这种规定能够推动可再生能源的发展。在二氧化碳回收和储藏方面，美国将煤炭作为国家发展的重要能源，为了保护生态环境，进行可持续发展，必须大力推进二氧化碳回收和储藏技术的发展。在低碳交通方面，这部法律规定，美国联邦政府要制定一个低碳交通运输燃料标准，以便更好地推动清洁交通运输燃料的发展。同时这部法律鼓励政府或者一些金融组织要向市、州的一些公营公司进行拨款或者提供贷款，促进电动汽车的推广和使用，并且批准扶持汽车厂商对其生产制造设备进行改组，以便能够生产电动汽车。在智能电网方面，这部法律规定要采取一定的措施大力推进智能电网的使用和推广，要求与能源相关的一些政府组织将地方的规划流程进行优化，并且在基础设施上进行投入和准备，比如铺设新型的输电线和电缆，推送新型能源产生的电力传输，早日实现电网的现代化。各个州的能源办公室要针对能源的使用成立相应的基金，基金可以赞助扶持新项目的开发和推广。

（二）以日本为例

日本是一个岛国，由于地理和自然环境的原因，其能源十分稀缺，因此日本很早就开始重视节能减排，也很早就开始发展新能源的开发技术，在能源开发和使用方面处于世界先进地位。2004年，日本就已经提出要建立一个低碳的社会。2008年，"福田蓝图"的提出，标志着日本低碳战略形成。"福田蓝图"的主要内容为：一是加快工业结构的改革，推动低碳汽车的研发和使用；二是要大力发展可再生能源，将开发的重点放到核电和太阳能的开发；三是鼓励发展节能技术和低碳能源技术；四是支持二氧化碳捕获和封存技术（CCS技术）的发展。2009年，日本政府出台了《绿色经济与社会变革》草案，用环境和能源的措施来不断刺激经济的增长，将低碳社会的建立作为国家的中长期发展方针，并且提出了一些具体的措施建议，如实行实施温室气体排放权交易制和征收环境税等。2010年，日本制定和出台了《能源基本计划修正案》。这项法案实施的截止时间为2030年。2011年，受当年福岛第一核电站事故影响，日本调整能源策略，将国家的支柱性能源由两个变为四个，原来只有核能和化石能，之后增加了可再生能源和可再生能效。

（三）以欧盟为例

绿色低碳经济是整个欧盟国家的发展方向。可以说，这是一场"新的工业革命"。欧盟在绿色低碳经济的措施：一是开发清洁、高效、低排放的能源技术；二是推广二氧化碳捕获和封存技术的使用；三是制定相关的法规约束、强制各国发展可再生能源，各国要出台各种优惠政策支持可再生能源的开发和推广。2008年，欧盟制定了《欧盟能源气候一揽子计划》，包括排放权交易机制修正案、欧盟成员国配套措施任务分配的决定、二氧化碳捕获和封存技术的法律框架、可再生能源指令、汽车二氧化碳排放法规、燃料质量指令。2010年，欧盟发布了《能源2020：有竞争力、可持续和确保安全的发展战略》，这一战略将节能革新和提高能源效率提到了关键位置。2011年，欧盟发布《2050年能源路线图》，提出要提高能源的利用效率、发展核能等。

作为第一次工业革命先驱的英国，进入21世纪后，其绿色能源战略重点为：一是提高能源效率，开发低碳发电技术，包括对燃煤电厂进行"绿色改造"；二是开发和利用新兴能源技术，重点发展可再生能源；三是开发和推广二氧化碳捕获和封存技术。2003年，英国发布了《我们能源的未来：创建低碳经济》能源白皮书，首次提到了低碳经济的概念，并且将低碳经济作为英国能源战略的首要目标。2008年，英国出台了《气候变化法案》，这个法案的提出具有里程碑意义，使英国成为世界上第一个将减少温室气体排放、适应气候变化写进法律的国家。随后的《英国低碳转换计划》《英国可再生能源战略》让英国成为世界上第一个设立碳排放管理规划的国家。当然所有的规划都在政府的预算框架之内。2010年，英国出台了《2010年能源法》，这项法律主要规定了二氧化碳捕获和封存技术示范、规范电厂发电碳化与采用二氧化碳捕获和封存技术的各种事宜。2011年，《碳行动计划草案》《英国可再生能源发展路线图》公布了世界首个低碳热能激励计划《可再生热能激励计划》。

（四）我国推动能源可持续发展的方法

我国为了推动能源的可持续发展，要做到以下几点：

第一，水电能源需要积极和稳妥地进行开发。我国的水电装机容量已经超过了2亿千瓦，看起来规模很大，但是与发达国家仍然有着不小的差距，为了尽快赶上发达国家的速度，我国首先在政策上就要进行保障，制定积极的政策促进水电能源的开发；同时，针对水能的开发维护好其与生态环境的关系。地质结构和水文情况对水电能源的开发有很大的影响，因此，在水电能源开发中要随时考虑到地质结构的因素。

第二，推动风能和太阳能的发展。当前，我国乃至国际上进行太阳能利用的方式主要包括：在热利用方面，典型代表是太阳能热水器的使用；在光电利用方面，典型代表是光伏发电；在光化学利用方面，典型代表是太阳能发电和电池的生产等。当然，我国政府为了太阳能的能源利用和开发制定了许多有力措施，包括电价补贴、税收补贴等。

第三，生物质能的发展。人们很早就开始利用生物质能来进行生火和取暖。在我国的广大农村地区，生物质能应用十分广泛，如利用其作为燃料、将其发酵生产沼气等。生物质能在我国目前的能源体系中不可或缺。

第四，在确保安全的基础上高效发展核电。核能是安全、经济、清洁的能源。但是，我国的核电发电的利用率很低，是发电总装机容量的1%左右，远远低于美国、日本等国家。我国可以采取热中子堆、快中子堆、聚变堆"三步走"的战略，不断更新技术，早日实现核电的普及。

二、可再生能源发展与能源革命

可再生能源的发展成为世界能源消费的重要力量，尤其是在发电、供热和交通等方面的应用已经十分普遍。当然，我们也应该看到，再生能源的发展仍然有待提高。从国家能源局和世界银行在2015年发布的关于联合国"人人享有持续能源"倡议的报告中可以明显看出，目前可再生能源的发展速度远远达不到原定的2030年的全球目标。虽然可再生能源占据全球能源的比例有所增长（2010年17.8%，2012年18.1%），但是对比2030年的目标差距还太大。[①] 我国未来的经济发展面临严峻的挑战和能源约束。

如表10-2-1所示，我国的能源消费结构并不合理和能源使用效率较低。2013年，我国是世界煤炭消费总量最大的国家，煤炭能源在我国是当之无愧的主导能源；非化石清洁能源（核电、水电、风电等）和天然气在总的能源消费中只占据9.6%和5%。可以看出，我国煤炭的消费总量超出其他能源的消费总量一大截，天然气和非化石能源也是在所有能源消费中占比最低的。但是，我国的单位

---

① 《全球可再生能源投入不足》，商务部网站，2015-05-23，http://www.escn.com.cn/news/show-239973.html

GDP 的能耗却十分高，是意大利和英国的 4 倍，是德国和法国的 3.5 倍，是世界平均水平的 1.8 倍之多。据此也可以看出，我国的能源结构失衡，同时说明我国的能源使用效率也不高。这些问题虽然引起了政府的重视，但是很多问题还是难以解决，主要是难以对能源领域的各种问题进行深入改革。

表 10-2-1 2013 年经济总量前 10 位国家的相关能源数据

	能源消费结构（%）								化石能源经济可采储量（亿吨标煤）	GDP（万亿美元）	每万美元GDP 能源消耗（吨标煤）
	化石能源				非化石能源						
	煤炭	石油	天然气	总计	核能	水能	其他可再生能源	总计			
美国	20	17	30	86.4	8.3	2.7	2.6	13.6	1 896	16.8	1.93
中国	68	18	5.1	90.4	0.9	7.2	1.5	9.6	896	9.2	4.41
日本	27	44	22	93.4	0.7	3.9	2	6.6	2.5	4.9	1.38
德国	25	35	23	82.7	6.8	1.4	9.1	17.3	290	3.7	1.25
法国	4.9	32	16	52.8	39	6.2	2.4	47.2	0	2.8	1.26
英国	18	35	33	86	8	0.6	5.5	14	11	2.7	1.07
巴西	4.8	47	12	63.5	1.2	31	4.7	36.5	86	2.3	1.8
俄罗斯	13	22	53	88.5	5.6	5.9	0.01	11.5	1 719	2.1	4.76
意大利	9.2	39	36	84.5	0	7.3	8.2	15.5	3.6	2.2	1.06
印度	55	29	7.8	91.7	1.3	5	2	8.2	462	1.9	4.53
世界	30	33	24	86.7	4.4	6.7	2.2	13.3	12 242	75.6	2.41

资料来源：王敏、徐晋涛、黄卓:《中国能源体制改革研究与建议》，2015 年 6 月 10 日《光明日报》，第 16 版理论周刊

每出现一次新的工业革命，就会出现一次能源的革命，其本质是能源是推动工业发展的重要因素，能源革命促进了人类社会的发展。目前，要想从根本上解决能源的安全问题，就要不断发展新能源，用新能源代替化石能源。这样不仅促进了经济的发展，还能解决一系列的环境问题，改善人类的居住和生存环境。中国需要一次能源的革命，也即将迎来能源的革命。我国的能源开发和使用面临着很多问题，各方面的压力都很大。传统的能源生产和使用往往伴随着环境的破坏，能源开发和利用的技术水平也有待提高，所以，我国的能源革命涉及的方面比较多，包括消费、供给、技术和体制，能源革命将掀起绿色经济发展的浪潮。

能源革命也就是能源生产革命，主要的能源变化是能源形态和能源开发和利用方式的变更和突破。在一定时期内，物质生产和居民的生活消费需要消耗很多能和资源，这就是能源消费。能源的生产和消费要进行改善，需要从以下几点出发：一是进行能源消费革命，杜绝不合理的能源消费出现；二是推进能源供给革命，寻找多元化的供给渠道，建立多元的供应体系；三是进行能源的技术革命，

能源的开发和利用离不开技术的进步，要用创新的技术使整个产业升级；四是进行能源体制革命，能源的改革离不开政策和法律的支持，在体制上给予其方便才能让能源发展没有后顾之忧；五是积极推动与其他国家的合作和交流，确保能源环境的安全。

能源技术创新在能源革命中甚至可以占据核心地位，只有先进的技术才能更好地支撑和推动能源革命的进行。我国要确立一条新型的能源发展道路，建立起高效、绿色、安全的能源系统，这个目标的实现需要多种技术的配合，包括可再生能源技术、智能能源技术、非常规油气技术、核电技术，以及传统的节能技术和煤炭清洁高效利用技术。技术的创新对于一个国家的任何一个领域都十分关键，在能源方面进行技术的创新可以保护国家的能源安全。技术的创新投入离不开国家的大力支持，国家要在资金和政策方面为技术创新保驾护航。另外，国家要把清洁能源技术放在重要位置，因为这项技术对于国家的能源安全有极大的保障作用。要根据国家的实际发展情况，找准能源基础创新的重点和方向，依托重大工程，坚持对重大科技专项进行攻克，发展关键性的技术，包括页岩油气、深海油气、可燃冰、新一代核电能源等；在创新体系方面和能源装备方面加快其产业化发展，推动能源科技成果的转化，抢先一步占据市场，同时也要加强与国际的合作和交流，学习其他国家的成熟经验和技术，在国内的能源领域利用国家资源优化国内的能源结构。

能源革命能够顺利推进，体制的支持是根本保证。能源的体制改革和制度的变革要建立在技术创新的基础上，两者应同步进行。如果体制落后了就必然会阻碍技术的创新。体制的变革会为技术创新带来良好的外部环境，推进其创新的脚步。我国的能源体制改革需要做好充分的准备，因为我国的实际情况十分复杂，政治和经济体制的原因导致我国的能源体制改革需要面临"能源领域是否该市场化？什么领域需要市场化？怎样进行市场化？"等问题，同时怎样应对市场化后的监督和管理机制也是相关部门需要考虑的问题。基于此，能源体制改革的重点和核心有两方面：一方面，政府职能要尽快转变，这样才能更好地发挥政府的作用，实现"功能泛化的传统能源管理体系"向"功能分化的现代能源管理体系"的转变；另一方面，能源要突出其产品属性，将能源的配置放到市场中，让市场充分配置能源。要积极推动改革的前进步伐，让能源资源进入市场的竞争中，由政府进行宏观调控，维护好能源市场的秩序，放宽市场准入的规则，拉动更多的投资方进入投资市场，进行多元化的投资。市场决定能源的价格，法规保障市场的秩序，最终建立起节能减排的长效机制，形成绿色经济。

三、能源资源的多元化和低碳化发展

我国的能源发展具有多元化的特征，其表现为基础能源体系形成多元发展态势，能源结构层析呈现出多元化格局和能源的开发形成区域化战略。我国的能源在近几年的发展中逐渐发生了变化：

第一，原来的能源利用多是粗放型的，并且使用的成本很高，效率很低，经过发展已经向集约化转变。

第二，传统的能源多是非清洁化的能源，污染性很大，现阶段的能源更加向清洁化能源方向发展。

第三，原本的能源开发和使用多由政府掌控，新阶段的能源使用更加倾向市场化。

我国的工业化历程走得迅速且艰难。从改革开放至今，我国已完成了工业化，这在西方国家用了两百多年的时间，这种速度足以让世界为之感叹。但是，过快的工业化带来的代价也是巨大的，由于追求经济增长的速度，各种能源的开发和利用并没有十分注重生态效益，各种污染物被排放出来，产生了大量的温室气体。如果今后的发展仍然走这种只重效益不顾环境的老路，那么我国的能源使用只会出现更多的障碍。

（一）通过技术创新引领能源资源的多元化和低碳化发展

1. 突破太阳能光伏的核心技术

太阳能光伏产业的核心是多晶硅，这种技术线路有很多种。我国目前采用的技术为改良西门子法，这种技术本身有优点，安全性高，工艺成熟，世界上的很多国家使用的都是这种方法，但是缺点也很明显，首先这种技术的能耗十分高；其次，它的生产成本也不低，每千克能达到 50 美元，给国家带来了不小的经济负担，所以很多国家现在都致力于低耗能、低成本的新技术研发，比如流化床法和冶金法[1]。我国的研究方向是冶金法和薄膜太阳能光伏等技术，同时也在积极引进与这些技术相关的设备和工艺，定下了 3 年内形成规模化产业化的目标。

2. 突破风电装备技术

当前，我国的风电装备技术主要依赖技术引进和技术许可，相关技术人员并没有掌握这些技术的核心，所以要加快对这种技术的学习和研发，不断创新，早日掌握核心技术，形成自主知识产权，摆脱对其他国家的依赖，形成自己的竞争优势。

---

[1] 陶良虎. 中国低碳经济面向未来的绿色产业革命 [M]. 北京：研究出版社，2010.

（二）通过优势领域的重点项目和企业引领能源资源的多元化和低碳化发展

目前，多数国家都将绿色能源和环保产业作为自己的重点发展领域，都在大力发展绿色能源产业，竞争越来越激烈。我国要想在激烈的竞争中占据主动地位，就要以开放的姿态，积极与其他国家进行交流学习，对其他国家的优秀经验进行借鉴，加大政府的扶持力度，早日培养出一批低碳能源企业。

第一，在太阳能光伏领域，政府要加大投资，为企业创造良好的条件，早日建立起中国自主建成的研发中心和运营中心。

第二，在风电领域，重点扶持大中型国有电力企业发展风电装备，建设风能电厂，开展风电运营。

第三，在核电领域，重点支持国家级核能发电企业，尽快多建大型核电站来满足我国的供电需求。

第四，在生物质能领域，我国目前面临的主要问题是企业配套的木本油料生产基地建设不足，秸秆的供应不稳定，低碳能源指标和价格补贴不明确等。虽然低碳能源的生产成本比较高，但是其优势也是显而易见的，如污染比较低、可再生、可持续。政府应对低碳的能源产业进行一定的扶持，如采取减税或者财政补贴的支持。

四、能源的效率化与能源消费的低碳化

（一）提高能源利用效率

节约能源并不是不使用能源，而是要合理使用能源，将能源的使用效率提高，避免浪费，同时节省成本等各种费用。实行节能可以在同样多的能源条件下产出最大，或者使消费者享受的能源服务最大化。为此，这需要做好以下工作：

1. 转变经济增长方式，引导能源消费结构升级

我国需要将节能减排放到重要位置上，这也是落实科学发展观、加快转变经济发展方式的重要内容，做好石油、天然气、煤炭、非化石能源和节能的有序使用和管理工作；大力宣传节约资源、保护环境的理念，让这种绿色的生产方式和消费方式尽快落实，最终推动可持续发展。针对天然气的使用和开发，要提高其产量；对于煤层气、页岩气等一些非常规的油气资源，要加快其开发进度；对于能源进口和引进，要完善输气、输油的通道建设，大力加强各种能源的管道和设

备基础建设，减少在能源输送过程中的浪费。能源出口也要进行结构的调整，努力向高附加值、高技术含量的产品出口转变。

2. 大力推进节能技术进步，提高能源使用效率

我国的经济发展方式多是粗放型的，在能源的使用方面自然效率十分低，与发达国家拉开了不小的差距。随着我国经济发展方式的转变，能源的使用逐渐向节能环保方向靠拢。我国要真正实现科学的可持续发展，就要完善节能环保的创新技术，加强对新技术的研发，尤其是基础性、前沿性的问题，牢牢掌握节能环保的关键性技术。技术的创新离不开科学的机制，要在政府、企业和市场等多方面为节能环保的创新技术研发和使用建立支持机制；要建立起政府主导、以企业为主体、以市场为导向、多种形式的产学研战略联盟，让更多的企业投入到技术的创新上去。政府可以优先扶持一批具有成熟的节能减排的关键性、共性的技术，以及一些产业化装备的示范企业或者研究基地，以带动产业化的发展；加强与国际的交流，引进一批先进的节能减排技术。

3. 夯实节能工作基础，完善节能环保法律、法规和标准体系

要加快支持和保证节能环保的法律法规的出台，完善其各种条例和制度，提高法律法规的可操作性；要健全和完善节能和环保的产品和装备的行业标准，包含环境的质量标准；要加快建立和完善重点行业单位产品能耗限额、终端用能产品能效标准、建筑节能标准和设计规范等一系列节能标准，为节能环保事业提供完善的法律依据和标准基础。

（二）能源低碳化消费的领域

当前，一些国家的能源消费结构已经转型升级，更多的是进行新能源的开发和应用，这些新能源或者可再生能源具有高效、清洁、低碳的特点。我国的能源消费结构正在向更加节能和环保的方向发展，也在不断鼓励消费者形成节约型产品的消费理念。

1. 智能电网

智能电网是指把信息通信网络和电网融合在一起所形成的双向控制电力供应的系统，这种系统有一个优势就是能将消费者和可再生能源等各种信息结合在一起，最终形成完整的、高效的、可靠的供电系统。智能电网包含了配电自动化系统，这种系统十分智能，可以直接控制普通家庭住户和商业办公大楼的用电，还可以控制室内的空调温度。同时，运用互联网技术，用户可以使用智能电网上的智能电表了解自己的用电情况，包括各个电器的用电情况。如果发现高耗电电器

的使用，用户当即就可以进行调整，降低电力的使用量，养成节约用电的好习惯。当然，智能电网的功能和用处不仅体现在节约用电和管理用电上，凭借"可再生能源输送网"的作用，智能电网可以担负起将郊区或者偏远地区所产生的可再生能源的输送任务，如将风能、太阳能、地热能等输送到城市中去，或者将可再生能源充足地区的能源输送到能源使用紧张的地区，完善能源使用的结构，均衡能源使用的分配，优化资源配置，促进能源的高效利用，促进资源节约型、环境友好型的社会的建立。

2. 节能电器

节能电器是节能减排的一项重要环节，并且很多发达国家很早就开始重视这方面的问题。1987年，美国就已经在制度上为节能电器的使用建立起保障，通过全国电器节能法案，规定了家用电器的能耗限额标准，并且通过了"能源之星"标识制度。纳入这项制度的产品包括家用电器、电子产品、照明产品等，后来延伸到建筑领域，不符合制度规定的家电、高耗能的家电均会被淘汰。之后，欧洲的国家建立了A级节能认证制度，这项制度对不节能环保的家电产品进行了控制和淘汰。一些发达国家相继修订了家用电器的节能标准，这些标准和制度的出现无疑是对节能产品的研发和生产的一种鼓励。近年来，我国节能电器的发展越来越快，在市场上也越来越受到消费者青睐，如各种变频空调、冰箱等，这些产品已经达到了欧洲能效A++标准。

尽管我国近年来节能电器的发展很迅速，但也要看到我们与国际先进水平仍存在一定差距。空调变频技术、燃气灶内燃火技术、热水器冷凝技术等节能技术先后投入运用。政府和市场针对空调、冰箱、洗衣机等设立了能效标准，要求这几类家电产品必须贴上能效标识，同时对不达标的产品进行管控，禁止这类产品的生产销售。

3. 节能建筑

节能消费也可以应用到建筑领域。一个建筑项目的进行，从设计到施工再到完工，每一个环节都要考虑环境的负荷。建筑的材料（如涂料、建材等）要使用可再生的环保节能产品；建筑的工艺也要使用节能的环保工艺，做到节约资料、低碳环保。从宏观上说，节能建筑的推广能够推动节约型社会的建立，甚至能影响国家的未来；从微观上说，节能建筑可以让人们得到真正的实惠，在电费、燃气费、水费等方面节省一大笔开支，降低了生活成本。节能建筑会随着国家的大力扶持越来越普及，让人们得到越来越多的实惠，也能极大地推动中国的节能减排事业的发展。

第三节　绿色经济发展模式的产业形式

进入21世纪，我国的产业经济转型正在加快，正逐渐从以物质经济为主的发展模式转向以智力经济为主的经济发展模式。经济发展的重心也发生了变化，由原来的物质生产部门向非物质生产部门转变。一些脑力相关的劳动或信息，以及与知识相关的产业越来越占据主导地位。知识经济逐渐发展起来，信息技术产业成为关键产业，国民经济的快速、健康发展离不开信息技术产业的支持。产业经济发展的巨大变革实际上就是产业结构的绿色化，也就是产业结构的知识化和生态化的相互协调和融合发展。

一、产业结构绿化与绿色产业崛起

科学技术革命在发展过程中展现了新的特点。信息化是其主要特征，随后还出现了生态化的特征，国民经济的发展逐渐向知识化和生态化的方向发展。从本质上说，产业结构调整和优化升级的过程就是产业知识化和知识产业化、产业生态化和生态产业化这两对关系的相互融合和相互协调的过程。

什么是产业结构绿化？这种"绿化"指的是在社会生产过程中，投入到其中的资源变少，资源的利用效率提高，使得产出更多的产品和服务所产出的污染也变少，甚至可以达到没有制造污染的标准，最终使产业健康可持续发展。这样看来，产业结构绿化其实就是让物质生产和知识生产走向生态化的过程，让整个社会的生产和再生产的各个环节生态化。这种生态化也是今后发展不可避免的趋势，也是我们所要追求的目标。

绿色崛起需要绿色产业崛起。绿色产业崛起，是指以产业结构生态化为前提，以最小的环境代价和最合理的资源消耗获得最大的社会经济效益，实现社会效益、经济效益和生态效益的有机统一。通过生产绿色化带动绿色产业，推动生产方式绿色化，就是要构建科技含量高、资源消耗低、环境污染少的产业结构，形成符合生态文明要求的产业体系。

二、用生态化改造第一产业，构建绿色农业产业模式

绿色农业指的是在发展农业时利用先进的农业科学技术推动农业技术变革，

用先进的工业设备进行农业生产，并且运用先进的农业管理理念指导农业发展，最终让农产品提高产量质量，维护生态安全和资源安全，提高整体的农业经济效益，让各种农业关系更加协调，使用统一的、标准化的手段生产和销售农产品，最终实现全面、协调、可持续发展的新的农业发展模式。绿色农业的最终目标是实现粮食和食品生产的三个零——零公害、零污染、零废弃物，从而实现农业经济形成良性循环。绿色农业体系的关键是农业生产资源利用更加节约，生产的过程更加清洁、无污染，重复利用农业废弃物，变废为宝，减少对农业环境的污染破坏，同时使农业的生产链条循环化，最终实现生产方式的转变。农业的发展要朝着生态农业的方向进行，加大无公害农产品、有机食品的农副产品基地的规模，将绿色生态农业的比重提高，使其成为我国第一产业的支柱产业。

（一）发展节约集约型农业

水资源是农业发展的基础，为了节约水资源需要发展节水农业，合理利用土地资源和空间，发展农作物间作套种技术，提高复种率，同时利用技术改造产量不高的土地，以便提高产量，节约集约用地，转变经济发展方式。节约集约型农业发展模式就是一个很好的选择，立体种养的方式能够节约土地、水资源和能源，体现出高效、环保、集约的特点。

（二）推行农业清洁生产

第一，要加强农产品产地污染的源头预防，控制城市和工业"三废"的排放，加强对重金属污染的监管，加强对农产品投入品（如化肥、农药等）的监管。

第二，对于已经产生的农业废弃物要循环利用起来，变废为宝，例如对秸秆、废旧农膜、各种粪污等进行高值化的应用；利用当地的地理条件，可以发展沼气工程的建设。

第三，在农业生产过程中，推广节肥和节药技术，牲畜家禽养殖要清洁化，包括对水产品的养殖，可以利用清洁生产技术提高其清洁效果。

（三）鼓励延伸农业产业链

农业产业链涉及农业生产、运输、储存、销售等各个环节，这种产业链实行产销一体化，在进行链条传输的过程中对人力、财力、物力、信息和技术等各种要素进行协调组织，最终获得农产品的增值。延伸农业产业链就需要推广农业循环经济模式，形成农林牧渔多业共生、多产业联动的复合产业体系。

三、用生态化改造第二产业，构建绿色工业产业模式

在第二产业的生态化改造中，要不断推进绿色新兴产业的发展，包括战略性新兴产业、节能环保、资源回收利用、可再生能源等；在生产中坚持绿色，坚持生产绿色产品，最终建立起绿色的工业品牌。绿色工业的产业模式就是要将"源头减量、过程控制、纵向延伸、横向耦合、末端再生"的生产方式在全领域进行开展，将生产方式转变为原料—生产过程—产品加工原料的循环方式，逐渐淘汰原本的线性生产方式。

第一，要对传统的工业进行生态化的改造。在传统的工业中，其发展理念就不符合低碳环保，因此要转变这种理念，对于一些高耗能、高污染、低效益的技术和产业要尽快淘汰。在生产的过程中，积极推行生产设计，实行清洁生产，对于污染要从源头开始防治。尤其是对于一些污染量比较大的行业要重点关注，推行清洁生产和行业结构优化，以减少有害气体的排放和大气污染。对于一些高耗能、效益低的行业要进行节能减排的改造，在用水和用电以及土地的利用上实行集约化。对于一些污染比较大的重点行业，如钢铁、建材、石化、化工等，推广适合这些行业的清洁生产技术，最终减少二氧化硫、氮氧化物等污染物的排放。

第二，要大力推进工业的循环发展，形成循环经济的产业链。在工业生产中产生的"三废"有的是可以重新利用起来的，利用新技术可以推动企业进行冶炼废渣、尾渣等的资源化利用，将资源的利用效率大大提高。当然，在政策上，政府也要予以支持，采取税收优化等方式，鼓励企业进行资源的循环利用。

第三，要实行生产责任延伸制度，生产者占据主导地位。这种制度的实行可以让产品的生产者把控好产品的生产、销售和消费整个周期，这样可以促进对产品的包装和消费后产生的废弃物进行回收再利用，提高整个产业链条的效益。

四、用生态化改造第三产业，构建绿色服务业产业模式

绿色产业和绿色服务业是相互依存的关系，绿色服务业以绿色产业为载体，绿色产业以绿色服务业为支撑。

要想加快传统产业生态转型，构建绿色服务业产业体系，就要提高服务业的服务水平，尤其是对于金融、文化、健康、养老等服务业，这些服务业属于低消耗、

低污染的服务业，推动这些行业的发展可以带动其他诸如零售批发、物流、餐饮、住宿等传统服务业的发展，让传统服务业也能建立绿色化发展模式。最终，服务业可以形成绿色产业链。

（一）加快发展绿色物流

零售业离不开物流运输，物流运输行业是一个耗能高、污染高的行业，需要开展节能减排的活动。物流运输业应对运输的结构进行优化，发展出多式联运；对物流的节点进行合理布局，根据物流资源的特点进行整合；加大对再回收资源产业和废弃物回收产业的投入力度，推动其发展，并且规范废弃物管理、交易工作，完善资源回收利用系统的建立。

（二）加快发展绿色旅游

对于旅游业，由于其与自然关系更加紧密，更加应该尊重自然环境。相关工作人员要大力宣传自然环境保护的理念，让每一位旅游者养成保护自然环境的好习惯。对于旅游资源，尤其是生态旅游资源，相关部门要将旅游产业进行优化布局。旅游业的生态环境建设要得到重视，同时也要提升旅游业的经济效益，根据旅游资源的当地特色，开发一些有竞争力的旅游产品，打造旅游品牌效益。与旅游相关的服务行业，如餐饮、住宿、交通等也要遵循绿色发展的原则，进行绿色设计、绿色采购，降低采购的成本，合理利用废物循环，形成良好的绿色消费的习惯。

（三）着力发展绿色金融服务业

第三产业的金融行业属于特殊的服务行业。金融业关系无数行业的运转，要加大对金融行业的创新力度，利用金融行业支持环保产业的发展。银行方面可以设立绿色评级制度，要将绿色信贷作为绩效和发展的标准，同时也要将核算体系纳入生态银行的关键步骤；要利用金融杠杆鼓励民间资本投入污水和垃圾处理等市政建设中，同时也要对一些信用好、环保好的企业给予鼓励和担保。

五、加快发展绿色知识产业，构建绿色信息产业模式

传统的工业经济多是劳动力密集型和资源密集型产业，基本依赖人力和自然资源的投入进行产出。但是，随着信息技术和人才体系的发展，这种传统的产业结构逐渐发生变化，向着现代知识经济进行转变。这种现代知识经济主要依赖信

息、知识和技术。以信息经济为主的知识经济的发展引发了产业内部结构的转变，经济由大众劳动型向精英劳动型转变，资源和劳动密集型产业向技术密集型产业发展，体力和技术工种的比例下降，但是研发、信息咨询、技术开发等新兴产业的白领工人越来越多，这最终会导致世界产业结构发生变化和调整，出现产业的转型升级。

当前，信息技术产业不断发展，成为国家间竞争的核心产业。信息技术的不断进步，促使信息产业已经成为国家的基础和支柱产业，并且很多国家将信息产业作为自己的战略性产业，力争用自己的信息技术能力在竞争中占据主动地位。信息产业具有很多优势特征，包括高效益、高增值等，以及知识密集、技术密集。信息技术产业在很多发达国家的产值已经超过国内生产总值的一半。从全球来看，信息产业的年平均增长率超过了整个经济增长率的一倍。我国的信息产业在近几年也得到不断发展，促进了我国的经济增长。

信息产业虽然是一门新型的产业，但是在发展的过程中也要注重应用低碳环保的绿色发展方式，自觉寻找低成本、高效益的发展方式，形成绿色信息产业模式。在20世纪80年代的科技革命中诞生了知识经济，高科技的核心就是信息技术，工业化的经济要努力向信息型知识经济转变。一方面，要大力发展以信息技术为核心的高新技术产业；另一方面，也不能放弃传统产业，要利用信息技术对传统产业进行改造升级，并进行经济结构重组和调整，让传统产业重新焕发活力。针对信息产业中电子产品的研发和生产，要淘汰一批工艺装置和技术落后的设备，加快信息技术对电子产品的升级，使新产出的电子产品有害物质的排放控制技术增强；同时，针对废旧电子产品的回收，要避免二次污染；对于"洋"电子垃圾的把控要更加严格，禁止进口污染环境的电子垃圾，并加强监督执法强度。

经济增长方式和结构在信息技术的影响下发生了很大的变化。我国在2013年开始实施"宽带中国"战略。在这项战略的影响下，我国出台了多项促进信息技术进步、发展信息产业的政策和措施，其目的就是促进信息产业的不断发展。为了更加健康地推动信息产业的发展，有几点需要重点注意：一是将基础研究放在重要位置，促进信息技术研究和开发；二是明确信息发展战略，坚定信息产业的主导地位不动摇；三是要促进信息技术的产业化和商品化，利用信息技术调整、升级传统产业；四是在资金上予以重视，加大投入力度，同时也要注意人才的培养。

第四节 绿色经济发展模式的体系与机制

一、绿色经济发展模式的支持体系

绿色经济在发展初期，需要将传统经济模式过渡到绿色发展模式。这一阶段十分关键，国家对其要格外重视。在初期阶段，绿色经济的发展成本十分高，技术要求也十分严格，并且单纯依靠企业和市场并不能承担这一过渡时期的重任，必须依赖政府的支持，即在政策上、制度上和技术上进行指导扶持。

（一）政策支持

1. 财政政策

政府的财政扶持对象为企业、社会和消费者。

任何新的生产模式和生产方式的改革都离不开资金的支持，因为企业的设备需要升级换代，技术的研发、更新都需要资金，并且需要高额的资金。即使有些资金实力雄厚的企业可以承担，但是企业还要考虑投资的风险和收益，综合起来仍然是传统的生产模式更加保险，所以很多企业并不会参与新的生产模式的改革。但是，企业作为绿色经济发展的重要参与者是不能缺席的，如此，政府就要承担起企业转变发展方式的重要支持者的责任，要从政策和技术上予以企业支持，让企业买得起设备、搞得起研发，在转变发展模式的时候没有后顾之忧。

绿色经济发展模式对物质资源的利用方式进行了改革。工业发展必然会产生很多废弃物，在绿色经济发展的初始阶段，废弃物的产出也不会太低，所以企业就要考虑将废弃物回收并重新利用，设立专门的回收市场，提高资源的利用效率。我国的废旧物回收和处理市场并不完善，各个处理点规模小、效率低。很多回收的方法并不环保，技术含量也不高，需要政府的支持，投资建设现代化废弃物的回收处理站，研发更加先进科学的资源化技术和互联网技术，提高资源的回收效率。另外，政府也要支持与绿色经济相配套的公共设施和服务的发展。

绿色产品在市场上的价格一般要比普通产品高一些，这也是由于绿色产品科技含量高，其成本就会比普通产品高。然而，高价格影响了消费者的购买欲望。在发展初期，政府为了支持绿色产品的市场份额可以采取补贴消费者消费金额的方式促进消费者购买产品，推广绿色产品，最终达到保护生态环境的目标。

2. 税收政策

政府可以采取税收杠杆政策来扶持绿色经济的发展。针对环保高企业、从事清洁生产、清洁技术开发、再生能源开发的企业和个人适当地减免税收；针对污染严重的企业或者不遵守排污规范的企业、资源浪费较严重的企业要加大惩罚力度，以加重这些企业的税收负担；针对环境保护和资源开采等产业和活动要完善其税收，调整税收结构，保护好生态环境。

第一，针对积极开发清洁能源和可再生能源的企业要进行税收鼓励，给予其税收上的优惠。在资源开采和利用方面，资源税的征收范围要根据情况扩大，尤其是针对一些稀缺资源和不可再生资源的开采更要严格把控，当其产生破坏环境的行为和不利的影响时，就要提高其税收；高耗能的行业的税收标准就要比其他行业定得要高，但是对于环保型、绿色型发展的行业或者企业税收标准要降低。

第二，如果企业在生产中造成的废弃物或者排放的污水对环境造成了伤害，或者违反环境保护的标准，就要对其施行重税的处罚。对于单位或者个人也可以根据其产生的垃圾情况进行征税，让环保意识深入到每个公民的心中，形成社会保护环境的良好风尚。

第三，要将高耗能和高污染的产品纳入消费税的征收范围，并且要提高税率；相反，对于低耗能和环保的产品要进行减税或免税的鼓励政策。

3. 科技政策

产业结构的调整和经济增长方式的转变离不开科技的进步，所以要制定合理、积极的科技政策来促进科技的进步，从而最终推动绿色经济的发展。科技研发和创新离不开资金的支持，只有充足的资金注入才能推动科技的不断研发，从而推动绿色经济的发展。高校是科技研发和科技创新的重要力量，国家要重视这一科技主力，加强对高校科技研发的支持，集中优势的办学资源，进行科技园的建设，鼓励高校加强产、学、研的结合力度，用高校的科技进步带动周边的经济发展；要不遗余力地鼓励高级和重点实验室、研究所等各种创新基地的建设，为科技创新提供更加完善的平台；要鼓励科研机构、高校和市场进行对接，与优势企业进行合作，加快科技成果的转化效率，早日让科技成果投入市场，使其形成规模化产业。另外，法律法规也要为科技创新保驾护航，保护好企业和个人的科技成果，保护好知识产权，让更多的科研人员更好地投入到科技研发中，促进绿色经济的发展。

（二）技术支持

1. 减量化技术

绿色经济发展模式需要遵循"3R"原则，其中减量化技术就是减量原则"reduce"的体现。减量化技术的实施就是在生产的资料投入阶段就控制或减少使用量，并最终能够实现原定的生产目的的一种技术。这种技术的本质就是提高资源的利用率，实现低投入、高产出，通过改善资源的利用技术和产品生产的设备工艺等提高产出效率。在实际的操作中，可以先进行资源的利用现状分析，重点关注最能损耗能源的环节，针对分析的结果，对这一环节或者部分采用不同的修复方案，利用技术提高能源和资源的使用效率，减少能耗和损失，最终达到产出目标。目前，减量化技术已经被使用到很多生产领域中，实现了资源的节约。

2. 清洁生产技术

在工业革命后，经济得到了快速的发展，人们的生活水平也得到了大幅度提高。但是，伴随而来的是生态环境的破坏，人们的居住环境质量下降，尤其是在20世纪，发生了很多环境公害事件，给人们的生产生活带来了极大的负面影响，有的甚至危及人们的生命。生态问题引起了全世界的关注，各国开始采取各种措施解决环境问题。在治理的初始阶段，人们大多都把视线放在控制和治理污染物上，也就是进行"末端治理"，虽然刚开始收到了一些治理的效果，缓解了一些环境的压力，但是随着经济的不断扩张，环境问题越来越复杂，单纯的"末端治理"方法已经不适用了，它不能从根本上解决环境污染的问题。经过不断地摸索，人们发现要让环境治理的效果美好，就要从生产的整个环节入手，进行清洁化生产。

清洁生产涉及生产的各个环节，从原材料和能源的选择，到产品的设计和生产，再到产品被生产出来的所有过程，可以在生产过程消除或减少所有对环境有危害的因素。清洁生产技术包括清洁能源利用技术、能源净化回收技术、提高资源能源利用率的技术、污水净化回用技术等。清洁生产技术的主要使用者就是企业，企业的所有生产行为必须在与环保相关的法律规范中进行，要减少对环境的污染，利用先进的清洁生产技术，及时淘汰耗能高、污染严重的落后的生产技术。政府要对企业的清洁生产给予政策的引导和支持，帮助企业更加规范地生产。

3. 资源化和再利用技术

资源化和再利用技术分别体现了"3R"原则中的"reuse"（再利用）和"recycle"（再循环）。这项技术主要针对的是废弃物的二次回收加工利用。其中，资源化是技术，再利用是目的，资源化和再利用进行结合可以提高资源的使用效率。虽然再回收利用的大部分资源和产品可能并不具有原产品的性能，但是将其再加工成另外的资源或者产品形式便会使其具有不一样的使用价值，同时提高了资源利用率并保护了生态环境。资源化和再利用技术在近几年发展得越来越成熟，同时得到了政府的重视，类型划分更加细致，操作性变强，比如，针对农业领域的稻草秸秆资源化技术、禽畜粪便和养殖废弃物资源化利用技术，针对工业领域的橡胶塑料金属废弃物资源化再利用技术、电子垃圾资源化再利用技术，针对生活领域的城市垃圾资源化再利用技术和餐厨垃圾资源化再利用技术。这些细分的技术让资源的二次利用变得更加科学、更加高效。

（三）制度支持

1. 制度环境

在市场经济中，配置资源是由市场主导的，政府只是起到一个宏观调控的作用，而不能过多干涉。市场配置资源的主要方法就是价格机制，高价格的产品在一定程度上反映了该产品的稀缺性，但这也不是绝对的，还要取决于资源利用的社会成本有没有包含在价格中。市场上的资源也是"趋利避害"的，效率较低的领域资源就缺乏，效率较高的领域资源就丰富。资源总是由效率低的领域流向效率高的领域，但是市场价格体系中并不包含负面影响。如果要建立绿色经济的市场机制，就不得不考虑环境污染导致的损失，要将这些损失也纳入成本计算中，利用市场的价格机制来反映资源的稀缺程度，最终形成市场价格机制，以便控制污染、保护环境。

绿色经济的市场机制可以调节资源的价格，通过市场的反馈让企业更加注重生产方式的转变，注重环境的保护，最终促进人与自然的和谐发展。随着工业化进程和城市化进程的不断推进，人们对大自然的掠夺使得自然资源越来越稀缺，有的甚至已经被破坏殆尽，所以在市场上，这种稀缺的资源的价格就会越来越高，过高的价格让人们认识到资源的重要性，开始保护资源，采用合理的可持续性的方式利用资源。资源性产品在市场上由于技术成本较低，整体价格不高，市场的供求并没有被真实反映，所以很容易造成资源的浪费。在市场机制的作用下，生态环境成本会逐渐反映在社会和企业的生产成本中，使社会和企业的生产成本不断提高，使企业的效益不断降低。生态环境被污染和破坏后，为得到一定量符合生产和生活要求的自然资源，企业就必须付出越来越高的成本。

绿色经济发展的目的是让人类健康、可持续地发展，让生活质量得到提高，让生活环境更加美好；同时，通过价格机制的创新，让更多的绿色产品进入市场为人们服务。

2. 环境经济政策

环境经济政策分为两大类：

第一类环境经济政策是针对具有发展潜能的行业或产品采取财政补贴、税收减免等鼓励、吸引和调控的政策。例如，一些新能源的行业具有很大的发展潜力，而且非常环保；但是，由于新兴行业或者材料技术等初期研发和投入成本很高，单纯依靠行业自身很难发展起来，国家就会通过补贴来扶持这些行业的发展。另外，一些税费减免、绿色信贷等都属于国家正面激励的环境政策。

第二类环境经济政策为环境产权制度改革。本质上，这种政策更加有效，也更能深入解决问题。例如，一个流域内常年保持一定的水量，这些水量可以满足人们的生活必需用水，水流本身也能消化一部分排放的污染物，只要污染物的排放量控制在一定的范围内，水的净化功能就是可以起到作用的。但是，随着污染的加剧，水的这种净化功能越来越弱。怎样更好地利用水的净化功能，单纯依靠人为调查是不能得到真实、有效的结果的，需要进行产权制度改革，依靠市场来检验。

发展绿色经济需要建立以市场机制为基础的经济激励制度。2007年以来，中国环境保护部门与有关部门合作，积极开展环境保护税、绿色信贷、绿色保险、绿色证券、排污权交易、生态补偿、绿色贸易政策等各项环境经济政策的研究。

（1）环境保护税

污染环境的行为是受到所有国家的反对的，各国政府往往会对污染环境和破坏生态环境的行为，以及在生产和消费中造成环境污染的产品收取环境保护税。但是，每个国家都会考虑自身的实际情况和税收的可行性等问题来进行环境保护税的制定。我国的环境保护税种包括：大气污染税、水污染税、固体废物税、噪声税和垃圾税。对于开发、利用生态环境资源的生产者或者消费者要征收生态保护费或生态税。

（2）绿色信贷

绿色信贷属于绿色金融范畴，是国家利用多种金融手段参与环境保护的一种信贷，具有防范风险的作用，可以起到对企业环境保护的引导、防范等功能。为了更好地控制高耗能、高污染企业的不合理发展，我国出台了一项信贷的政策《关于落实环境保护政策法规防范信贷风险的意见》来规范、约束企业的污染环境行为，鼓励企业进行环保生产、绿色经营。绿色信贷的根本目的是处理好金融行业与可持续发展之间的关系。我国的绿色信贷的发展并不成熟。在政策上，绿色信贷由政府宏观调控并进行方向引导，并没有建立一套具体的、统一的绿色信贷标准体系。商业银行给企业办理信贷业务的时候没有详细的绿色审核标准和评估细则，信贷政策的效力发挥得不彻底。绿色信贷的政策手段包括强化商业银行的环境法律责任，中国人民银行、银监会、环境保护部等部门对积极实施绿色信贷的银行进行奖励或资源支持，推出限制贷款行业名录，制定有利于环保产业的税收或者补贴政策等。

（3）绿色保险

绿色保险实质上就是环境责任保险，投保人一般是经营企业，被保险人多为企业本身，保险对象为被保险人在生产经营的过程中因为污染环境（包括水、土地、空气等）所要承担的赔偿责任。绿色保险的作用是解决环境纠纷，分散企业风险，对企业进行风险监控。绿色保险在发达国家已经发展得十分成熟，但是在我国仍处于起步阶段。这项保险大多在一些大型企业或者石油化工企业的一些特定的领域投保比较多，覆盖面并不全面。我国现有的环境经济法律制度发展得也不完善，很多责任不明晰，需要进一步加强。"绿色保险"是一项复杂的、对技术和责任要求都很高的险种，是一项长期的系统性的工程，需要更加完善的法律法规去规范和引导，需要保险行业的努力、政府的支持，也需要及企业具有环境风险防范理念，同时也更加需要社会的各界支持。我国在2008年发布了《关于环境污染责任保险的指导意见》，为环境责任保险的制定指明了方向，为保险的规范和经济社会的长期可持续发展打下了基础。

（4）绿色贸易政策

国家环境保护局在2008年2月公布了第一批"高污染、高环境风险"产品名录，简称"双高"产品名录。这份名录中共收录了6个行业、141种"双高"产品。"高污染"产品是指在生产过程中产生了严重的污染，并且这种污染很难治理的产品；"高环境风险"产品是指产品在生产或者运输过程中容易发生污染事故，从而给环境和人体健康造成危害的产品[①]。

"绿色贸易"政策限制"双高"产业，建议取消39种产品的出口退税并禁止其加工贸易。这一政策不仅保护了环境、维护了公众的身体健康，也是我国履行环保义务的体现，使我国在国际上树立良好形象。

在建设生态文明的过程中，完善和加强生态补偿机制是非常重要的一环。我们需要建立的价格机制是能够真实反映资源的稀缺程度、调节市场的供求关系、

---

① 李卫玲，陈丽娟. "绿色贸易政策"浮出水面[N]. 国际金融报，2008-2-27.

确定环境损害成本的价格机制。我国目前使用的资源和能源主要为石油、天然气、水、电力、煤炭等，这些资源的价格基本上是由政府把控的，价格相对偏低，也不是市场的供求结果造成的。这样做虽然可以保障民众资源的使用，但是也会因为价格偏低体现不出资源的稀缺程度，地方政府和企业就可能不会产生保护环境和节约资源的想法，资源更加容易被浪费，并且还会造成更加严重的环境污染问题。我国需要建立一种科学、合理的资源能源价格机制，这个价格机制能够通过资源的价格反映出这种资源的稀缺程度和环境的成本。要建立价格机制，首先要明确政府的职能到底包括哪些方面，政府需要明确在价格机制中对于哪一部分需要出手管控，对于哪一部分需要放手交给市场，并且建立起政府补偿机制。价格体制要考虑资源的价值、资源的成本、开采的环境代价，保证资源的合理使用。同时，要进行自然资源产权制度改革，使得生态资源的资产产权制度边界清晰、各方面健全顺畅。

二、绿色经济发展的体制建设

（一）构建加快推进绿色、低碳能源发展的制度机制

1. 树立尊重自然、顺应自然、保护自然的能源发展理念

在人类进行工业文明的进程中，使用最多的能源就是化石能源，尤其是工业革命更是对自然界的化石能源大肆掠夺，无节制地开采和利用。化石能源很多都是不可再生的能源，如煤炭和石油等。多年的开采以致今天出现了资源枯竭的危机，并且这种高耗能、高污染的工业使得环境的污染十分严重，甚至导致全球的气候发生了变化，危害到人类的生存。新时代的发展要求我们要保护环境、节约资源，因此我们必须树立尊重自然、保护环境的绿色低碳理念，才能实现可持续的发展。树立生态文明理念，摒弃原来的以牺牲环境和资源来达到经济效益的做法，这种生产方式以损害生态环境为代价来换取经济的增长是非常不可取的，要学会顺应自然，尊重自然的规律。绿色经济的目标就是通过尊重自然规律，在资源环境的承载范围内可持续发展，建立一个资源节约型、环境友好型社会，改变人们的生产消费方式。在生产领域，使用绿色、低碳的能源发展低碳经济。

2. 加大绿色、低碳能源的技术投入，加强能源技术创新

目前，世界进入了新一轮的科技革命。这次革命对能源的生产和使用提出了新的要求，生产方式和消费方式都要发生改变，要向着绿色、低碳的方向发展。当前各国的竞争就是谁可以掌握绿色、循环、低碳的能源生产和消费革命的先进

技术，谁就可以在竞争中拥有主动权。在金融危机之后，各国纷纷投入可再生能源的投资和创造中，这些行业创造了很多就业机会，缓解了经济压力。我国在竞争中必须加快脚步，成为新一轮工业革命的创新者和推动者。具体可以从以下几方面着手：

第一，在能源技术的研发环节加大资金的投入。能源技术的重点领域包括勘探与开采技术、加油与转化技术、发电与配电技术等。国家对这些领域更加需要予以重视，加大资金的投入力度。这些技术的优先攻克可以让我国优先在世界上占据主动权，抢占绿色能源技术的制高点。

第二，建设一批重大示范工程。对于新能源汽车、工业和节能建筑、清洁生产等关键领域的关键技术进行资金的扶持，更新落后的设备和工艺，以示范工程带动产业化的发展。

第三，强化科技能源创新，完善能源技术创新体系。当前，国家的核心能源领域是非常规油气勘探、路基海基风基制造、太阳能热发电、生物燃料等。国家要加强对这些领域的技术投入，同时也要将基础性研究铺垫好，加快人才培养和引进，增强创新能力。

（二）充分利用市场机制，吸引社会资本投入绿色发展

1. 创新和加强政府环保投资

为社会经济活动提供优质的、高效的服务是政府的重要职能。政府从宏观角度对经济进行调控。针对一些特殊领域或者特殊需要的行业，如公共基础建设，为了协调经济的发展，政府需要对这些领域进行投资。

第一，发挥绿色财政资金的"种子"作用。财政的手段包括税收、补贴、罚款、收费等，利用这些手段，政府要为经济投资营造健康的环境；同时，利用财政政策建立投融资的平台，让更多的社会主体尤其是银行或者投资商进入绿色经济的发展领域，利用社会力量建立环境保护的基金。

第二，调整好信贷和投资的结构，让更多的资金进入森林、草原等生态环境的保护领域发挥作用。信贷担保手段和方法也应该随着实际情况灵活变通。通过信贷的手段弥补企业的资金不足，解决小额贷款抵押担保困难的问题，让更多的企业尤其是一些民营企业和小微企业增加承担风险的能力，使这些企业有更多的信心和资金来发展生态环保的事业。

2. 建立吸引社会资本投入生态环境保护的市场机制

在我国的市场经济体制下，市场决定资源的配置情况。为了更快推进市场经济体制的发展，政府的职能需要尽快转变，即政府的公共服务能力要加强，以便更好地推动我国的基础公共服务，让公共服务辐射到每一个公民。

第一，要吸引更多的社会资本投入生态环境的保护事业中，并且根据调研制作出环境保护的产业指导目录，让更多的第三方进入到环境保护的服务中。我国的环境保护机制并不完善，尤其针对使用者并没有设立付费机制，这样的环境保护产业更加难以吸引更多的资本参与，需要设立相应的盈利机制，增加吸引力。

第二，要对使用者进行付费要求，包括对政府付费模式进行完善补充。环境保护是一件利国利民的事业，具有公益属性。在各种机制落实的过程中，要严格实现资金、技术等各方面投入的真正到位，不能让资金流到其他领域，利用制度保护好专项的环境保护资金，结合市场的运转模式，与社会资本合作，进行市场运作模式，成立国家环境保护基金。

3. 制定政策吸引私人部门积极进行生态环保投资

我国的民营经济在国家生产总值中的比重超过了60%，真正占据了我国经济的"半壁江山"。民营企业是我国经济的重要组成部分，因此在环境保护与开发的活动中不能失去民营企业的身影，必须让民营资本参与进来，在农业、旅游业等方面发挥民营资本的作用，发展生态农业和休闲旅游业。国家也要为社会资本进入环境保护领域提供有利环境，进行法律支持；基于民营企业选择经营内容和方式的权利，优化产业结构，形成产业化规模发展。

（三）建立健全有利于绿色经济发展的干部选用和考核制度

1. 以自然资源资产负债表为依据，改革干部考核评价和任用制度

生态环境部环境与经济政策研究中心主任夏光认为，自然资源资产负债表其实就是消耗量，发展经济需要一定的自然资源做基础，经济发展起来后自然资源必然会因为消耗减少存量，同时消耗资源和能源又会对环境产生破坏，使生态系统产生退化。但是，大自然有一定的承载属性，自然资源的消耗限定在一定范围内大自然是可以承受的。自然资源资产负债表就是看一个区域内原本有多少资源，当一任的政府官员之后消耗了多少资源，是否超出大自然的承受限额[①]。自然资源资产负债表并不单是一张简单的表格，其本质上是一个综合性的项目，涉及的领域也十分广泛，包括银行、保险等。自然资源负债表能够体现自然资源的受损程度、开发程度、破坏程度，并且可以明确破坏环境的责任方是谁。表格上体现了

---

① 《夏光解读〈中共中央关于全面深化改革若干重大问题的决定〉：自然资源欠账多官员不应提拔》，人民网，2013-11-15，http://politics.people.com.cn/n/2013/1115/cl001-23560058.html

一些高耗能、高污染、不遵守环境保护规范的企业，环保部门将这张表提供给银行和保险公司，以企业的表现作为征信的依据。列入自然资源资产负债表的企业会受到征信贷款的限制。同时，自然资源资产负债表也是考核政府官员政绩的一项重要标准，表格上包含了自然资源的资产量、消耗量、损害程度和结余量，这些已经被量化的数据可以考核官员发展经济对资源和生态环境的破坏或者修复的程度。今后发展经济就要利用好自然资源资产负债表，督促政府和企业在发展生产的同时注意保护环境、节约资源，如果环境和资源被破坏了，就要及时修复。

当以自然资源资产负债表为依据考核干部政绩时，要考虑三方面的因素：

第一，指标一定要体现我国对转变发展方式的要求，要突出发展经济中各种代价的指标，降低环境方面的代价。

第二，指标体系要体现生态文明建设的重要性，并且也要反映生态文明建设的一些必然要求。

第三，因地制宜，因行业和层次制宜，如果区域、资源和层次不同则要根据实际情况制定不同的考核标准。

考核标准的制定要把握好以下几个关系：

（1）把握好经济发展和优化生态环境的关系

良好的生态环境是经济持续健康发展的基础。

第一，要想让经济健康发展，就一定要保护好生态环境，改善被破坏的生态环境。

第二，政府要树立起良好的生态观念，才能带领经济可持续发展。政府工作人员要有尊重自然、顺应自然和保护自然的理念，树立好人与自然和谐发展的新格局。

第三，国土开发需要统筹兼顾主体功能定位发展，根据现实情况，划分出优化、重点、限制和禁止四个开发的区域，分别制定考核的标准，以及科学合理的考核政策和指标。

第四，要充分理解经济发展和生态环境的关系，制定好经济发展和保护环境的政策，制定绿色发展和低碳发展等一系列可持续发展的政策并落实，并对绿色经济等发展模式进行考核。

（2）统筹搞好经济发展速度和质量效益的关系

经济的可持续发展并不只是发展经济效益，科学的可持续发展需要进行生态文明建设，最终体现的效益是生态、经济和社会三方面效益的有机统一。由此，经济的考核指标更加应该重视质量和效益的有机结合，两手都要抓，在国内生产总值增长的同时也要改善生态环境，提高人们的居住质量，体现出效益和质量的共同进步。考核的项目既要包括经济效益,也要包括社会与人、人与自然的和谐发展。

（3）搞好提高群众收入水平和改善生产生活环境的关系

生态文明建设关系人们的生活质量,因此生态文明建设要依靠群众的感受和评价去进行考核。人们的经济水平得到提高,收入上涨,并不意味着其生活质量就一定得到了提高,环境质量的提高也是一项重要的生活质量指标。要对企业生产中对环境的污染和保护程度、城镇污水集中处理率、生活垃圾无害化处理率、群众上访案件发生率等进行考核,建立起群众评价官员政绩的制度,让更多的领导干部重视环境保护,关注民生,促进经济的质量和效益的有机、统一增长。

2. 以资源环境生态红线管控等为基线,建立生态环保问责制

《关于加快推进生态文明建设的意见》中提出了"资源环境生态红线"的概念,也将这一红线作为各个地方政府的环保责任的重要指标,体现了"只能更好、不能变化"的自愿生态保护的决心。各级政府在发展经济民生的过程中要守住环境质量的底线,不能有突破环境承载能力的举动。

在传统的经济发展中,各级政府更加侧重追求经济效益,可能留下了被污染的环境和被破坏的生态。根据生态保护工作周期长、专业性强、涉及面非常广泛的特点,《关于加快推进生态文明建设的意见》中提出建立生态环境损害责任追究终身制。当一任领导在某地任职负责时,对于由于其自身的决策造成的环境污染和生态破坏的现象,即使现象在其任职期间没有显现出来,在其离任后也会被追究问责。追责的标准目前来看还没有细化,但是不少专家认为只要超出预先的评估标准就需要被追责,当然破坏的影响越大,所受的处罚也就越重。

第五节 创建多元性的绿色经济发展模式及形式

一、生态经济省:省域生态建设与绿色经济发展模式

（一）生态经济省的基本内涵

环境保护部门在2008年颁布了一个关于生态建设的文件《生态县、生态市、生态省建设指标（修订稿）》,文件中提到的生态省指的是社会经济和生态环境协调发展,区域内的各个指标均符合可持续发展要求的省级行政区域。对于生态省

的研究，大部分专家、学者都侧重从生态学和生态经济学的角度研究。有专家认为，可以将生态省看作是"生态经济省"，在省级的行政区域内，严格遵循可持续发展的理念，积极转变经济发展方式，坚持保护生态环境和发展经济并举，既重视经济发展的效益又重视发展的质量，坚持科学发展观，遵循经济增长、社会发展、自然生态的规律发展，最终走生产发展、生活富裕、生态良好的文明发展道路。绿色发展理论指导生态省进行发展，融合多种经济学原理和系统工程学的方法，建立起一种科学的可持续发展的良性循环体系，让社会、经济、生态更加协调发展。大部分学者认为"生态省"和"生态经济省"的基本内涵具有一致性，可以将两者看作一体。

生态经济省的建设标志着生态问题已经被我国省级政府提升到了战略层面的高度，很多省份甚至大张旗鼓地提出了"生态立省"的响亮口号。"生态立省"口号的提出，并不是地方政府对中央政策的简单回应，更不是一时兴起的潮流，而是地方政府在几十年经济社会发展经验和教训基础之上的深思熟虑和科学决策。"生态立省"代表的是一种对地方经济发展理念上的创新，要对区域的经济发展模式进行变革。各个省级区域要根据自己的实际生态状况、经济发展水平、社会文明程度、环境质量和资源储存情况等，谋求绿色、可持续发展方式，让经济和生态环境更加协调的共同发展、共同促进。"生态立省"是各级政府多年的发展经验和发展规律的经验总结，是一种对自身发展道路的反思，也是对未来发展模式的积极探索。这不是一个单纯的口号，而是一种有着现实意义和指导意义的理论纲领。

1. 生态经济省发展模式以绿色发展为目标

可持续发展是生态经济省建设的根本要求，要让经济效益、社会效益、生态效益相互促进、协调发展。这种发展是各个关系的有机统一，无论是近期目标还是长远目标，局部利益和整体利益。这是经济发展经验的总结，是今后经济社会发展的必然结果，也是人类文明发展的共同追求。可持续发展的内涵是追求经济和社会发展的长久性，不以牺牲长远利益为代价来获取眼前利益。可持续发展既注重当代人的利益，更要保护后代人的权益。可持续发展要求在保证当代人生活品质的同时，必须为后代人预留足够的生存和发展空间。生态立省的理念和可持续发展思想在本质上是相互贯通的。生态立省的发展内涵包含了各种基础理论，如可持续发展理论、生态学、生态经济学原理等，这些理论使得生态立省更加具有科学性和可行性。生态立省要求区域内的经济发展方式进行创新转变，要将保护环境和改善环境作为发展的前提和基础，建立起"资源消耗低，环境污染少"

的经济体系，在发展经济、促进社会进步的同时改善生态环境，形成一种循环经济，一种低碳经济，一种生态经济，最终实现经济的可持续发展。可持续发展作为生态立省的思想精髓，要真正落实到发展的实践中去，真正让发展得到实惠；要始终将可持续发展的思想作为一切工作的指导。同时，这项可持续发展的目标是否实现也可以成为评价政府政绩和企业是否规范发展的考核标准和依据。

2. 生态经济省的本质内涵是发展生态经济

在生态经济省的建设中，生态问题是一项重要的发展因素，要想建立起生态经济省，就一定要重视起各种生态的问题，良好的生态环境是一切经济建设的前提工作。我们也要意识到，虽然生态保护十分重要，但是经济发展同样重要。保护生态环境并不是要放弃经济的发展，也并是一切发展都要为保护生态让步。生态环境保护和经济发展并不是冲突的关系，两者是统一协调的关系，两者同样重要。建设生态经济省的本质是发展生态经济。

纵观历史，人类的文明历经了四个阶段，产生了四种经济形态，分别是原始社会阶段的原始经济形态、农业社会阶段的农业经济形态、工业社会阶段的工业经济形态、生态社会阶段的生态经济形态。在漫长的原始经济时期，人类行为对自然环境和生态系统的影响微乎其微，生态系统基本处于自然运行的良好状态。同时，由于此时生产力的发展水平十分低下，人类社会的生存和发展也受到了极大的威胁。进入农业经济时代，人类改造自然和利用自然的能力有了较大的提高，人类的经济行为对自然和生态系统造成了一定程度的负面影响。由于人类社会的技术水平非常落后，生态系统的运行总体上仍处在自我修复的范围之内，并且人类社会的生存质量依然十分低下。到了近代的工业经济时代，由于工业革命使得技术得到革新、机器得到大规模使用，人类社会的生产力得到了极大的提高，物质财富的创造能力大为增强，人们的生活水平达到了前所未有的高度。但与此同时，经济高速发展带来的人口爆炸性增长和技术的过度使用，使得人类社会对环境和生态系统的破坏也达到了空前的程度，出现了臭氧层空洞、海平面上升、极端天气频现、生物多样性锐减等一系列全球性的生态安全问题，生态系统的总体性失衡已经威胁到了整个人类的生存，迫使人类社会必须进行经济发展模式的彻底变革。源于现代社会方兴未艾的生态经济，就是为了纠正工业革命以来以牺牲环境为代价换取经济高速发展的片面做法。相对于传统的工业经济来说，生态经济讲求的是经济可持续发展与生态环境有效保护的和谐统一。生态经济是指在生态系统承载能力的范围之内追求经济的和谐协调可持续发展，即绿色发展。生态学和经济学两个理论是生态经济的支撑理论,要充分考虑这两者的内涵,要用先进的生态技术和方法创新生产生活方式和消费方式,让低碳、节能、环保的绿色生态理念被每个人所接受,让大众形成健康的、绿色的生活方式。新的经济社会发展模式要协调好各方面的关系,尤其是经济发展与环境保护、物质文明与生态文明等。生态经济将关注点着重放到了自然关系上,通过遵循自然生态系统的运行方式进行技术创新和方法创新,在生产和消费的所有环节进行资源的节约,提高资源的利用率,这样既节约了资源,也推动了经济的增长。

(二)建设生态经济省是顺应时代潮流的需要

1. 建设生态经济省是"生态立国"战略国策的重要组成部分

近年来,生态问题愈发凸显。随着经济发展方式的持续转变,政府越来越重视生态问题。政府工作报告上越来越多地涉及生态的问题,生态问题甚至已经发展到基本国策的理论高度。

当今社会,环境生态问题日益严重,自然资源在不断减少,生态系统在不断退化,我们必须认识到问题的严重性,树立尊重自然、顺应自然、保护自然的理念,重点发展生态文明建设,将生态文明建设融入经济、政治、文化和社会各个方面的建设中去,努力建设一个健康美丽的中国;通过节约资源能源、保护生态环境、改善恢复生态环境来最终推动绿色经济的发展,形成循环、绿色、低碳、节约的保护生态环境的空间格局和产业结构,从各个环节预防和治理环境问题,保证人们生活在绿色健康的生活环境中。

建设生态经济省是"生态立国"发展战略的有机组成部分。建设生态经济省与"生态立国"两者之间并不是简单的局部与整体的隶属关系,而是相互联动的内在系统关系。"生态立国"的发展国策是中央在宏观层面的政策制定,是对中华民族未来发展方向和模式的总体规划,同时也是对地方经济社会发展理念的纲领性指导。建设生态经济省是省级地方政府对"生态立国"战略的深刻理解和具体实施,是对"生态立国"总体目标的细化和分解。另外,建设生态经济省并不是省级地方政府对"生态立国"总体目标的盲目服从,而是各省份基于自身实际情况的改革和创新。"生态立国"规定了各省经济社会的发展方向,但却没有制定统一的实施模式和评判标准,也没有太多的成功经验可供借鉴。所以,省级行政区域在建设自己的生态经济过程中,要根据自己的实际情况,找出自己的优势和劣势;根据自身的环境问题和产业结构等进行科学合理的规划,找出一条适合自己发展的生态经济建设的道路。

2. 建设生态经济省是地方政府对以往单一经济发展模式的纠正和改良

在过去很长一段时间，我国实行的是"以经济建设为中心"发展战略，因此在地方上，政府领导的政绩考核标准多是以经济发展、以国内生产总值的增长为依据。政府为了追求经济的增长而忽略了环境问题，甚至为了追求片面的经济增长而破坏了生态环境，以生态环境为代价博取了政绩。这种方针和政策的后果就是经济上去了，但是生态环境遭到了严重的破坏。生态安全得不到保障，人们的生活质量就会下降。在一些地区，环境污染问题已经十分严重，污水的排放影响了居民的饮用水安全，有害气体的排放影响了空气的质量。同时，这种质量严重下降的环境容易诱发各种疾病，威胁了人们的生命健康，破坏了人们的正常生活。

生态经济省的建设正是要纠正这种错误的发展模式，要摒弃原来片面以国内生产总值增长为经济指标的道路，将生态环境保护纳入政绩考核的要求中，转变发展方式，重视经济发展和生态环境的协调统一，改善民生，解决民众切实的、具体的问题，提高人们的生活水平和环境质量，形成可持续发展模式。

3. 建设生态经济省是我国地方环境生态保护整体规划的需要

虽然很多省份或者区域已经认识到生态环境保护的重要性，但是在具体的落实过程中仍然出现了很多问题，存在诸多弊端，导致生态问题迟迟得不到解决。探寻这些问题出现的重要原因是各级的环境保护主管部门的条块分割很严重、机构冗余、办事程序烦琐、互相推诿、办事效率低下等；地方保护主义蔓延，省内的生态治理问题取得的效果只是阶段性的，区域差异明显；很多方法和政策治标不治本，导致治理后的环境问题虽然在短时间内得到了解决，但是容易出现反弹和扩散，不能根治。所以，要在建设生态经济强省时从全局观出发，整合各级环境部门和行政执法部门的职权，打破各部门各自为政的混乱格局，调动全省的管理资源进行统一的规划和管理，切实提高省级行政区域生态环境治理和管理水平。

（三）建设生态经济省的战略路径

生态经济省的建设不可能一蹴而就，而是一个动态的渐进过程，也是一个庞大的系统工程，不仅涉及环境生态领域，还辐射政治、经济、文化、科技等多个方面。因此，生态经济省的建设需要省级政府，从全省的大局出发，统筹兼顾，全面指导，尤其要注意重点从以下几个方面着手：

1. 制定生态经济省建设的长远规划

生态环境的恢复和保护本身就是一个长期的工程，要做好生态经济省的建设需要更长时间的准备，可能需要几十年甚至更长的时间才能达到目标。对于如此漫长的工程，首先要制订一个长远的发展目标和方案计划，以确保在建设的过程中不走偏、不懈怠。对于方案和目标的执行，相关部门也要严格把关，确保建设的一致性和连续性。其次，要解决生态经济省建的过程中因领导班子更替而造成工作停摆或者废止的情况发生，要让每一任领导都能依据前任的经验和基础继续将计划执行下去，避免资源的浪费。当然，在实际的建设过程中，由于各种主观和客观的因素会导致个别环节发生改变，那么计划和细节也要相应调整，因地制宜，最大限度地保证经济生态省建设的有效进行。

2. 充分利用省内外各类型的优势资源

生态经济省的建设是一项复杂的工程，包含了经济、社会、自然和技术四大要素。四个要素要共同发展，单纯的一个要素的力量是不能建成生态经济省的。此外，虽然经济生态省的建设以省级行政区域为主要划分标志，但是由于生态系统天然的整体性和联动性，导致不同省份之间在地理环境和生态结构方面不可避免地存在着千丝万缕的联系，这就决定了不同省份之间在建设生态经济省时必须紧密配合、统一协调，利用自身的资源和生态优势实现合作共享，进行优势互补，不断在产业布局、资源分配利用、生态技术创新、社会舆论引导等不同领域进行规划整合，以生态系统的恢复和发展为共同目标，以大局为重，摒除各自为政的落后观念，相互合作，实现共赢，从宏观和系统的角度来看待问题，早日实现生态经济省的建设目标。

3. 积极拓宽生态经济省建设资金的来源渠道

生态经济省的建设工程量大，覆盖面广，影响因素多，因此需要庞大的资金支持。一个省级政府的资金不足以支撑这项工程，单纯靠省级政府是远远不够的，所以，要多方位、多渠道吸引资金的投入以便支持资金流量，形成多元投资渠道。除了省级政府自身筹备的资金和国家下拨的专项建设资金之外，政府要善于利用市场经济的力量，吸引大量的企业投资，扩大资金的来源，甚至可以发行专门的生态彩票，将民间的个人资金也吸收进来。另外，除了利用国内的资金渠道，政府可以积极将目光投向国际，增加与其他国家和地区的交流，吸引更多的外企参与这项工程；也可以向世界银行、亚洲开发银行等各种国际的团体机构组织进行低息贷款，或者申请无偿的捐赠，既增加了与各地区的往来，密切了国际联系，又可以保证资金的充足。

4. 实现传统省级生态环境保护模式的转型

现阶段，大部分省份的生态环境都遭到了一定程度的破坏，导致生态系统的失衡比例越来越大，其原因有很多，主要包括：原本的经济增长模式十分单一，而政府部门也没有意识到环境问题的重要性，再加上居民的环保意识严重缺乏，导致生态问题严重发展。另外，传统的生态系统保护模式也存在一定的弊端，这是生态环境得不到改善的一个重要原因。

我国许多省级政府在生态环境保护方面存在着明显的滞后管理现象和局部思维模式，往往要等到某个地方出现严重环境污染和生态问题的时候，才能够引起省级政府在一定时期和一定范围内的重视，这种有限程度的环境生态问题治理只能取得短期的局部效果。从长远来看，环境生态问题并未得到总体上的改善，甚至存在进一步恶化的可能。在进行生态经济省的建设过程中，传统的生态环境保护模式也要更新调整。调整改良的核心理念是改变过去"先发展，后治理"的错误治理模式，将生态环境问题放在重要位置，认识到其核心问题，只有解决好生态环境问题才有机会谈可持续发展的问题。环境保护和生态安全的工作进行要放到发展问题的各个环节中去，尤其是预防环节十分重要，要未雨绸缪，将环境破坏问题在源头就进行预防，将其扼杀在摇篮里。针对已经遭受破坏的生态问题进行科学的整治与改善。政府要加强对生态环境问题的监督，引入民间和群众的力量对环境问题进行监督，可以将民众的监督转化为常态化的工作，提高生态环境与防治和治理的效果；拓宽治理的主体参与，引进一些行业内的专家进行指导，从更加专业的角度解决环境问题。

5. 实现省级区域经济的合理增长

地方性的经济在得到发展后也能够推动生态经济省的建设，为其提供基础性平台。各个区域的经济发展在保证居民高生活水平的同时也可以成为生态经济省的资金来源。所以，在进行生态经济省建设的同时一定要保证地方的经济发展，使得地方可以利用区域优势，转变经济增长方式，改善区域的经济和生态环境，最终多区域联合，形成联动发展，共同促进整体的生态经济发展。

6. 提高生态技术研发的投入力度和管理水平

生态经济省的建设需要进行生态技术的革新，转变生态经济发展模式，发展绿色经济，这些都要有一定的基础——生态技术。生态技术的作用十分重要，要成为生态经济省的建设核心。良好的生态技术创新可以推动生态经济省建设的效果实现，技术也是经济增长的动力和保障。但是，由于生态技术目前还处于不成熟的阶段，还需要大量的人力、资金和时间去进行研发和实验；另外，成果转化也需要很长的时间，市场的不确定性很高，风险较大，所以更加需要政府的支持。政府应加大对技术的投入研发力度，提供充足的资金支持，为生态技术创新营造良好的市场环境。为了更加高效、可持续地进行技术的创新和研发，政府要调动各部门的力量，进行力量的整合，做好综合管理工作，避免资源的浪费和重复使用，让投入的技术资金能够最大限度地发挥效用，从而用先进的生态技术推动生态经济省的建设。

7. 控制人口数量和优化人口结构

人口是整个生态系统不可或缺的重要组成部分。无论是在生态领域还是经济领域，人口都是最具能动性、最有创造性的活力因素。人口因素既受生态系统和经济系统的制约，反过来也在很大程度上影响甚至决定着生态系统和经济系统运行的成效。生态经济省的建设绝不能忽视省内的人口因素。省级政府在制定生态经济省建设方案时，要充分了解本省人口的数量和结构特征，在本省资源总量和环境生态系统承载极限基础之上，制定合理的人口生育和流动政策，使本省的人口数量和增长速度与生态系统运行保持平衡。同时，省级政府还应当进一步优化人口结构，通过教育、培训、人才引入和调配等多种手段提升本省人口的总体素质，为经济生态省的建设打下坚实的人文素养基础。

8. 合理开发和利用自然资源

生态经济省的建设要求高度重视和保护省内环境和生态资源，但这并不意味着对自然资源进行绝对保护和零开发利用。生态经济省的建设离不开省内资源的支撑，因此对自然资源的开发和利用是不可避免的。生态经济省追求的是在生态系统保护范围内的资源合理开发和有效利用。建设生态经济省的目的就是把省域范围内的经济发展、社会进步、环境保护有机结合起来，以较小的资源环境代价赢得经济社会的较快发展，实现资源高效利用、生态良性循环，经济社会发展与人口、资源、环境相协调的良好局面。

二、生态城市：市级生态建设与绿色经济发展模式

生态城市是一种市级行政区域内"社会—经济—自然"复合生态系统的可持续发展模式。生态城市是指自然、技术、人文充分融合，物质、能量、信息高度利用，人的创造力和生产力得到最大限度的发挥，居民的身心健康和环境质量得到维护，是一种生态、高效、和谐的人类聚居新环境。

（一）生态城市的特征

人类在进行工业化发展中进行了大规模的城市化建设。在建设中产生了很多生态问题和城市化问题。生产生活的进一步发展催生出了生态城市建设的理念，这种理念的产生代表着人类社会发展由传统的、单一的、落后的经济模式转向复

合生态驱动模式，预示着人类社会由工业文明发展到生态文明。生态城市本身就比传统的城市带有更多的优势和特征，主要有以下几点：

1. 可持续性

可持续发展是生态城市建设的指导思想，要求城市的运行和发展要在城市的生态系统承载范围之内。城市的经济产业需要合理的布局，要协调好产业之间的结构和发展方式，也要改善人们的消费方式，形成节约、环保的消费习惯。城市生态的可持续性内涵就是要调整好整体与局部、城市地区与周边区域的关系，让城市的生态发展更加协调。在结构上，城市的经济和人口等因素的增长要与城市的承载规模相适应，在过程中表现为可持续性的发展和高效率的发展，在功能上可以让自然生态环境得到改善，人与社会、生态和谐共存，同时人们的生活质量也得到了提高。

2. 系统性

生态城市作为一个复杂的系统，涉及很多的领域和因素，可以说是一个复合型系统。生态城市包括城市经济子系统、城市生活子系统、城市人口子系统、城市交通子系统等，在建设和运行生态城市时要解决好各个子系统之间的矛盾和冲突，协调每个子系统的发展，让子系统能够相互促进、共同完善。生态城市本身的发展就是以各个因素的制约和平衡为基础的，不能忽视任何一个因素，否则容易导致发展失衡。任何一个因素的缺失和落后都不能构成一个完整的生态城市。

3. 循环性

环境和生态系统是生态城市的重要组成部分，往往被放在首位。在资源利用方面，生态城市在进行生产和生活时会增加资源的利用率，要循环使用可重复利用的资源，同时生产生活所产生的废弃物或者排放的污染物的数量要降到最低限度。这就要求生态城市大力发展循环经济、绿色经济、低碳经济，在让经济可持续发展的同时保护生态和环境。

4. 高效性

在可持续发展的指导思想下，在城市的运行中，无论是生产还是消费等各个环节都要将损耗降到最低。生态城市的运行包括很多环节，如生产、运输、消费等，在生产上，企业要发展绿色、低碳的循环经济模式产业；在运输或者交通上，要建立起低碳环保的交通体系，发展新能源交通工具，减少尾气或其他污染物的排放；在消费方面，提倡节约消费，要让人们养成节约环保的消费意识，要重复循环利用产品，提高产品的使用效率。总之，要包括能源、信息、价值和人员等的每个领域都降低损耗，建设生态城市。

5. 技术性

生态城市的建设离不开技术的创新，无论是在理念层面，还是在设计规划层面，运行和维护都离不开技术的支持。技术创新的观念要落实要城市建设的每一个环节，包括城市功能结构设计、企业产业升级、城市生活的运行、交通系统的系统、居民住宅的设计等，要将生态城市发展成为生态环境美好、科技助力生活的现代化城市。

6. 创新性

创新是一个民族发展的不竭动力，在生态城市建设中创新更是推动其发展的核心。要想打破传统城市模式的束缚，就要学会创新，大胆尝试。要在城市的规划设计、产业结构布局、交通系统设计等各方面进行创新和升级，用创新的理念、模式、技术和方法推动城市更好地向着低碳、环保、健康的方向发展。

（二）生态城市建设过程中的误区

我国生态城市的建设已经经历了十几年的历程，生态城市的试点工作已在全国各地普遍开展，并已取得了一定成效，形成了一些有借鉴意义的生态城市建设经验。与此同时，我国生态城市的建设也存在明显的问题，尚有诸多需要改进和提高之处。

1. 对生态城市的理解存在偏差

生态城市不仅仅是保护好生态环境的城市那么简单，这一概念还包含了许多内容，涉及了广泛的领域。当然，影响它的因素也很多。有的专家总结，生态城市的标准包括：城市结构合理，功能协调全面；产业结构布局合理，企业进行环保循环的发展模式，生产更加清洁；生产生活所使用的能源无论是可再生还是不可再生的能源都要进行循环利用，且利用率较高；居民的生活质量得到提高，居住的环境得到改善；居民的文化和生活都能得到保护和发展；居民能够建立起生态环保的意识，学会节约消费，树立起牢固的生态意识和环境道德观念；无论是经济建设方面还是生态保护方面，拥有完善的动态的城市调控和决策系统。

由此可见，生态城市的建设需要综合考虑多方面的因素，而现阶段我国试点的生态城市建设大多没有深刻理解生态城市的内涵，很多地方简单地将生态城市等同于"绿色城市""园林城市""森林城市"，只是一味地在城市建设中增加很多绿化设施，扩大绿化的面积，或者建设一些利用太阳能、风能发电的设施，力求节约一定的能源，但是这种做法只是对生态城市片面的认识，没有深入生态城市的本质，无法真正实现生态城市的建设。

2. 生态城市建设缺乏规模效应

目前，很多城市的生态建设都选择了远离老城区的新城区，老城区基本上没有什么改善。新城区和老城区大都相距较远，所以新城区的升级并不能辐射到老城区，在功能上，两者严重脱节。只在新城区进行生态城市建设，规模上不会很大，整体的效果也不会很好，无法形成城市建设的规模效应，还会增加成本，违背了生态城市建设的初衷，阻碍了城市的可持续发展。

3. 生态城市建设的模式单一

在生态城市建设中，人居设施与自然环境要相互匹配。在建设生态城市的过程中要始终维护好人居设施和生态系统的关系，做好自然生态环境的维护，在城市所所独有的特色上进行城市建设，走一条特色发展之路。但是，我国的生态城市建设存在很大的问题，很多城市的生态建设都有趋同化的现象，很多生态城市的建设都参考、模仿其他成功的城市，并没有考虑自己城市的特点，只是模式趋同，从而导致地域差异没有展现出来。有的生态城市建设根本不考虑自己的资源和环境优势，最后呈现的效果并没有达到生态城市的真正目标，变得不伦不类，甚至造成了城市原有的生态环境的破坏。

（三）生态城市的建设原则

人类社会的发展都有一定的规律可循，城市的建设也是如此。生态城市的建设，既给当地经济和社会发展带来了机遇，也给当地政府带来了不小的挑战。为了更快推动生态城市的发展，需要遵循以下几个原则：

1. 和谐、便利原则

生态城市建设的最基本的前提是不能对生态环境造成威胁和破坏，这同样也是建设的目标。为了维护好城市的生态和环境，要在城市生态学理论的基础上进行规划，坚持"人与自然和谐统一"的原则，一切按照自然运行的规律办事，不能自己凭空想象，要在考察实地情况后根据实际情况规划和建设，在建设的过程中尽量避免对生态的破坏。

另外，生态城市建设还要遵循"以人为本"的思想。生态城市的建设最终目的是为了"人"的发展，所以城市建设的主体要在保护好城市生态的同时推动人的发展，让人们的居住环境得到改善，也让人们的生活质量得到提高。人在这样的城市中居住可以真正地回归自然，回归自我。在生态城市的建设过程中，城市建设的主体要听取群众的意见，考虑居民的真实感受，真正满足居民的生活需求，增强城市的吸引力，让生态城市更好地发展。

2. 因地制宜原则

我国地缘辽阔，土地面积广大，不同地区在不同的地理环境影响下产生了不同的生态系统，这些生态系统的差异性十分明显。各个地区在进行生态建设时并不能照搬其他的城市建设模式。生态城市建设要依据城市的实际情况，在本地特有的生态资源和环境的基础上因地制宜，无论从城市的规划设计，还是建设运行，都要依据现实情况来寻找适合其独有的方法进行管理，形成特有的管理方案和技术手段，最终形成有特色的生态城市建设之路。

3. 循环经济原则

传统的城市运行带有很多弊端，在进行生产过程中会使用大量资源能源，破坏了生态环境。另外，各种产品在消费过程中或者在城市运行中也会排放大量的废弃物，这也是不可避免的。从物质流动的方向上看，这种传统的城市中运行的经济是一种线性经济，其流程是从资源加工成产品，再到产品消费后成为废弃物，至此整个阶段就结束了。废弃物只有被丢弃的结果，没有任何利用价值。这种经济模式的增长单纯依靠在源头上对资源进行疯狂开发和消耗，其结果自然会对生态环境不利。生态城市的经济增长模式和传统的经济增长模式的不同点在于使用循环的方式让资源从生产到消费再到重新变成可利用的资源，实现循环的发展。循环经济的优势是投入最少的自然资源，产出最少的废弃物，最终实现对环境的最小破坏，甚至可以维护生态，改善环境。这种循环经济模式能够解决城市发展的各种问题，比如资源的短缺、环境承载力低的矛盾，降低生态环境的压力，最终让城市可持续发展。

4. 低碳运行原则

碳排放是近几年各个国家关注的热点问题。针对碳排放的问题，我国承诺在2030年实现碳达峰，碳排放量不再增长；在2060年之前实现碳中和，即二氧化碳的"零排放"，这一目标体现在城市建设中也就是生态城市中的低碳生活。在传统的城市规划中，经济产业十分集中，人口的规模巨大，人口的密度随之增长。这种城市布局使得工业生产和居民生活产生了大量的碳排放。过量的碳含量会影响居民的身体健康和城市的健康运行，因此这些问题一定要得到解决。生态城市的建设目标就是低碳的城市运行，形成低碳经济、低碳生活。在能源使用方面，利用创新技术，如可以使用太阳能、风能和地热能多种可再生的清洁能源，减少污染物的排放；在产业布局上，企业在生产的时候要转变原来的发展方式，采用清洁生产系统，实现循环经济的运行；在居民住宅上，大规模使用绿色建筑，既让居民生活健康便利，也减少了资源的消耗，减少碳的排放；在城市交通系统中，要使用清洁的新能源交通工具，绿色环保低碳出行。生态城市中运行的是低碳的生产生活模式，让人类和生态环境更加和谐共存，创造宜居的生态环境。

三、生态县：县级生态建设与绿色经济发展模式

（一）生态县的基本内涵

生态县与生态省、生态城市相似，都是要求在一定行政区域内，社会经济和生态环境能够协调发展，各方面都符合可持续发展的要求。生态县自然是指县级行政区域的建设。在我国，县级行政区域的划分依据比较多样，有的是按照分水岭、河流等自然地理边界划分的，有的是按照历史文化渊源划分的，也有的是按照政治经济的联系划分的。所以，一个县级行政区域并不一定是一个完整的自然生态系统。生态县的规划要有自己的特点：

第一，生态县要求经济高效发展，不追求速度。生态县的发展目标是"地尽其利，物尽其用，人尽其能"，并不追求过高的经济指标。如果一个县的经济发展十分迅速，但是其资源潜力并没有得到很好地发挥，那么这也不是生态县的体现。

第二，强调自然的和谐，并不强调自然的平衡。人们在发展的过程中不可避免地会破坏自然，但又要改善自然。人类与自然的发展一定是不平衡的，追求的自然平衡是相对的平衡。生态县的建设要将相对平衡放在总体的关系上，追求系统的协调。

第三，追求社会的开放性，不能封闭自身。生态县的建设不可避免地需要资源的投入，但是这种投入要求的是有效的投入，同时又不能只依赖投入，要增强系统本身预防和抗击风险和变化的能力。无论外部环境发生怎样的变化，生态县都要抓住新的发展机会，找出新的替代资源。

生态示范县的规模是一个县级的行政区域，生态示范区是建立在县或者市的区域内的生态系统区域，以乡、县和市域为基本单位。在这个示范区内要进行统一规划，以区域为单位，综合建设，发展良性经济，保护生态环境，促进经济可持续发展。

(二)生态县建设的基本原则

1. 因地制宜的原则

生态示范区的建设也要遵循因地制宜的原则,根据当地的实际情况,依据当地的地理环境资源、人文社会经济水平等进行组织建设,创建一个可持续发展的生态经济区域。

2. 资源永续利用原则

资源的开发遵循可持续利用的原则,根据当地的生态承载能力和资源的储存情况,对资源进行合理开发和利用,同时对于资源的可回收废弃物进行再回收和改造,循环投入使用,让资源开发和环境保护共同进行,相互协调。

3. 环境效益、经济效益与社会效益相统一原则

生态示范区的建设关系着区域和周边的经济发展,要与农村的脱贫致富结合起来,同时也要将环境效益、社会效益与经济效益相统一,促进各个环节的协调发展。

4. 政府宏观指导与社会共同参与相结合原则

生态示范区的建设是由政府宏观把控的项目,政府要建立起有序的管理和指导,加强对示范区的扶持;另外,要发动社会群众的力量,增强示范区建设的效力。

5. 统一规划、突出重点、分步实施原则

生态示范区在建设过程中要做到生态环境与社会经济的有机结合,做到科学统一的规划,使两个系统更加协调统一。同时,规划要做好各个阶段的目标,细分目标,近期、中期和远期的目标要明确,严格按照目标和规划进行落实,分阶段、分部门和分组织渐进性实施,有重点、有轻缓地进行组织建设。

(三)生态县建设的战略目标和战略路径

1. 生态县建设的战略目标

生态示范区的建设要遵循一定的理论基础和科学规律,要符合生态经济学的原理,也要符合可持续发展的要求,即调整好经济发展和自然环境的关系,努力营造人和自然和谐相处的环境。在示范区内,经济、社会和环境都能够可持续发展。在示范区内,率先树立一批生态建设的典型,以更好地带动其他领域和生态建设协调发展。成功示范的典型可以在全国范围进行推广,让更多人的区域可以学习、借鉴,共同实现整个社会和生态建设的可持续发展。

2. 生态县建设的战略路径

(1) 生态县的建设要点

生态县的建设要点有三项：

第一，经济发展要做到提高科技含量，增加经济效益，减少资源消耗，减少环境污染，用生态环保可持续发展的模式促进经济的增长，转变发展方式，提高其竞争力。

第二，针对环境问题要及时预防和治理。

第三，不仅要发展城市生态经济，城乡发展要统筹结合，以城带乡，城乡共同进步；还要深入生态文明发展的理念，增强城镇化发展，奠定好生态县发展的基础。

(2) 生态县的建设路径

生态县的发展区域要做好长远的目标规划，还要结合自己的实际情况，认清自身当前所处的阶段，有计划地按阶段规划发展。生态县的建设要提前规划好发展路径。

第一，要围绕生态抓发展。建设生态县并不是要完全将区域内的环境恢复到原生态的状态，不能以牺牲经济发展为代价。生态县的发展是在解决环境问题的基础上发展生态经济，注重经济的质量；也就是说，在环境改善的同时也要发展生态经济，要按照生态功能区划、自然资源禀赋来优化产业布局，做好产业的定位分析，建设生态型的工业园区，发挥产业的聚集功能。

第二，抓好生态促发展。生态县的建设要转换经济发展方式，转变发展方式后要变成保护环境，用良好的生态环境促进经济的发展，提高每一个人的责任意识，做好整体规划，完善生态经济的发展。

四、生态文明建设开创中国绿色经济发展的新航程

每个人都要有尊重自然、顺应自然、保护自然的意识。只有尊重自然，按照自然的规律科学发展才能走上一条可持续发展道路。人与自然的关系是平等的，人类不能凌驾于自然之上，做自然的主宰者，但是也不能做自然的奴隶。在开发自然的过程中，人的一切行为模式都要符合自然发展的规律，不能做违背自然规律的事。在探索经济发展道路时，人们要学会反思，不断根据现实的情况调整发展的方式，尊重自然并利用自然的规律找到合适的发展道路。

经济发展要走一条可持续发展的道路，要尽快优化调整经济结构、产业结构和能源结构，注入绿色发展的内涵和模式，形成绿色经济发展模式。绿色经济发

展模式的目标就是既促进经济发展，又促进生态建设，只有协调好两者的关系，才能走出一条生态发展的光明道路。

绿色生态文明建设需要更加完善的制度保障，要尽快完成绿色经济发展模式的相关法律法规的建设。在进行制度创新的时候不仅要听取相关专家的意见，也要使公众参与进来，增加制度和法律的实用性和可行性。只有制度合理了，并且能够与时俱进，才能更好地维护社会的稳定，促进经济的增长。要善于使用制度来维护稳定的环境，为绿色经济创造良好的环境。

第十一章 绿色投资与经济的可持续发展

本章的内容是绿色投资与经济的可持续发展,从三个方面进行介绍,依次是可持续发展概述、绿色经济与经济可持续发展的关系、绿色发展与经济可持续发展的关系。

第一节 可持续发展概述

一、可持续发展

可持续发展的内涵非常广泛,包括多个方面的内容,从整体的结构来看,可持续发展包括自然资源、国内生产总值、环境因素、社会公平四个方面。当今社会的发展包括生态发展、经济发展和社会发展。可持续发展的内涵就是将经济、生态和社会的发展相协调,使它们相互统一,让它们都能可持续发展。用哲学的观点来解释就是看问题要用全面的、发展的眼光,对于每一个重要因素都不能忽略,要用全面的眼光去谋发展。

生态是可持续发展的一个重要因素也是核心的重点问题;经济是一些发展的条件和基础,要作为发展的主导;社会的发展是可持续发展的保证。人们的一切社会活动包括经济活动等都是在自然生态中进行的。人是经济社会活动的主体,环境是社会经济活动的客体,社会和人的发展都离不开自然生态系统,要在生态系统的运行下进行人的发展和环境的保护。

人类进行物质生产和精神生产都需要物质和能量,而这些物质和能量或是来源于生态系统,或是受到生态系统的影响。因此,人类的一切活动都离不开生态系统,生态系统是社会经济活动的基础和来源。人们要重视生态系统的维护。

以人为本的发展理念是社会可持续发展的核心,社会发展的最终目的要回归到人身上,人是一切发展的目的。在新的发展要求下,人的全面发展更加得到重视。社会的进步和人类的发展要求物质生活的满足只是最基础的,在满足物质生活的基础上，人们开始重视精神生活的满足，既要提高生活的质量，又要维护社会的公平和正义。在国家的发展中，发达国家和发展中国家坚持的原则是不一样的，发达国家更加强调环境持续优先原则，发展中国家更加强调经济持续优先原则。两者的重点是不一样的，发达国家更加重视保护生态环境，重视环境的质量；发展中国家更加侧重经济的发展，这与两者的立场有很大的关系。虽然发达国家和发展中国家发展的原则不相同，但是它们都认可和接受可持续发展的理念，都希望在发展经济的同时能够将生态环境维护好，形成两者之间的有机结合。国家最科学的发展就是能够做到社会、经济和生态三者共同发展，取得良好的效益。全面的可持续发展在让当代人的生活质量提高的同时也可以惠及后代。

二、经济可持续发展

在经济的可持续发展中，有两个重要的关系要处理好，一个是经济发展与资源环境的关系，另一个是当代经济发展与后代经济发展的关系。为了使经济得到发展而牺牲环境作为代价是绝对不可取的做法。这样做促使它们破坏了资源环境和经济社会发展之间的协调关系。正确的做法是要将两者有机统一，促使它们协调发展，从而寻找最优的发展模式。一些发展中国家在促进经济增长的目标下不惜牺牲自己的生态环境和各种资源。这样做的后果虽然经济水平上去了，但是经济的发展只是一时的，很难惠及后代，破坏的生态环境不利于后代的发展。经济可持续发展包括以下五个方面的内容：

（一）以自然资源为前提，与环境承载能力相适应

资源基础是否能被很好地维持，科学的发展和更好的建设是经济可持续发展的关键问题。经济可持续发展认为环境承载力是经济发展过程中始终要考虑的问题和依据，在经济发展的同时还要保证资源的永续利用。假设未来的人口数量一直处于与当前一样的水平，那么经济可持续发展也就意味着未来的人口需要达到现在人口拥有的资源水平，当然获得的福利产出也相同。但是，如果未来人口对比现在的人口呈增长的趋势，同时生活的质量也不断上升，那么经济可持续发展也就意味着人类的资源基础也要获得相应的发展。如果想要真正实现经济的可持续发展，最为关键的就是对资源的利用，其最主要利用的资源就是可再生资源，要使得一般的资源获得再生的能力，利用一定的技术原理变不可再生资源为可再生资源，加强资源的使用效率；同时，针对非可再生资源，要制定一定的政策，限制或者合理化非可再生资源的使用。保护环境是经济可持续发展的关键问题，

要将传统的、落后的以牺牲环境换得经济发展的模式、生产方式和消费方式摒弃，将生产发展和消费所产出的污染降到最低，利用政策和科学技术改善生态环境，保证地球生态的完整性，这样人们的一些活动就可以在环境的承载范围内永续发展。在传统的经济核算中，一部分利润的产出应被视为资源转移或者资源折旧。利润的这一部分只能用于资源的维持和替代资源的开发，这样才能保证经济的可持续发展。

（二）重新审视实现经济增长的方式

传统的经济发展模式往往只追求经济的最大利润或利益，一味地掠夺自然的资源，最终造成贫富差距越来越明显，经济不能形成健康可持续发展的模式。而经济可持续发展要求经济增长保持适度的原则，不盲目追求增长的速度，要更看重经济增长的质量。经济的可持续发展强调降低资源的消耗，增加资源的利用效率，用更少的资源产出更多的效益。资源的再生能力十分重要，要尽量合理开发和使用可再生资源，通过提高资源的使用效率来提高人口的承载能力。经济可持续发展反对对资源进行掠夺式开发，生产方式和消费方式都强调节约和环保，要循环使用资源，杜绝挥霍浪费的行为出现，最终实现经济效益最佳、生态效益最好与社会效益最优的有机统一。

（三）要求实现公平与效率的统一

公平在资源的使用上主要是指分配和获取收入和积累财富的机会是均等的。经济可持续发展主要是指在全球范围内同代人发展的机会是均等的。

第一，发达国家或者比较先进的国家利用或者掠夺发展中国家或者落后国家的资源来发展是不可取的，要改变这种局面。

第二，国家要给人们全面参与政治、经济、社会生活的权利。

第三，在制度和政策上要维护市场的稳定性和公平性，公平竞争，用各种经济手段和财政手段等消除过于悬殊的贫富差距。

我们应该认识到地球上的资源是有限的，很多资源是不可再生的，是一次性的资源，我们不能为了自己这一代的发展而大肆掠夺资源，不给后辈留资源，因为那样相当于剥夺了后代们生存和发展的权利，要考虑资源的代际公平分配，要合理使用资源、分配资源。

效率是指资源的有效使用和配置，这是经济可持续发展的内在要求。在人们发展经济的过程中，资源是有限的，面对有限的资源要做到优化配置，采用合理的分配方式进行资源的利用。公平和效率并不是矛盾和冲突的,而是相辅相成的,可以相互促进、共同发展。效率的增加、生产力的提高,使得可分配的资源更多,这为公平分配资源提供了物质基础。同时,在资源公平分配模式下,人们的资源没有太大的差距,能够提高人们生产的积极性,最终让效率得到提高。

(四)经济可持续发展与知识经济有着自然的联系

知识和经验会随着实践不断发展,并且衍生出更多的技术和新的理论。一些国家率先完成工业化进程,迈入发达国家的行列,其中不少国家形成了知识经济的雏形,这说明知识在当今社会环境中的作用越来越明显。随着知识经济的发展,人们越来越意识到资源和环境的重要性,开始对资源和环境进行保护。经济的可持续发展进一步催生了知识经济,并能够提供人与社会、经济与自然协调发展的环境,促进了知识经济的发展。知识经济的发展也可以促进经济可持续发展的实现。在知识经济产生之前,经济模式是农业经济和工业经济,这两种经济发展主要依靠的就是对自然资源的消耗,资源是最大的发展动力。但是,在知识经济中,知识代替原料、劳动和空间与资本成为经济发展的主要资源。知识和经验让自然资源的潜力更好地发挥,并且用科学的方式和方法进行资源的利用。原材料的不断更新和完善依靠的就是知识和技术,这使得越来越多的可再生资源诞生,使得资源得到永续利用,同时生产的效益也得到了提高。

第二节 绿色经济与经济可持续发展的关系

一、发展绿色经济是实现可持续发展战略的重要组成部分

各国实力的竞争也是各国绿色水平的竞争。要想走经济可持续发展的战略和模式,就要完全放弃之前落后的生产模式,改"先污染,后治理"的老路为"经济发展和环境治理并举"的新发展道路,利用好目前的条件和基础,政府宏观调控和市场化配置共同进行,促进可持续发展,最终达到经济增长、贫富差距缩小、环境得到改善的目的。绿色经济和环保工作的关系十分密切,并能够让环境保护与可持续发展有机统一。当今社会的各种问题十分严重,如人口膨胀、资源的利用效率低、生态环境不断恶化等。人们要想发展,就必须解决这些问题。绿色经济能够保护和改善自然资源和环境,最终获得的发展是健康的、可持续的、长远

的、具有全局性的效益。发达国家针对我国的发展设置了很多绿色壁垒，尤其是当我国加入世界贸易组织之后，国际上的贸易往来更加频繁，受到绿色壁垒的影响更多。只有不断发展绿色经济，扶持绿色产业，增强绿色生产力，才能生产出打破一些国家设置的绿色壁垒的产品，提高产品的质量，提高我国的国际竞争力。

二、绿色经济是可持续发展的现实基础

绿色经济是以可持续发展为出发点和目标的发展模式，具有可操作的现实性，使可持续发展有了可靠的现实基础。

（一）绿色经济是实现可持续发展目标的必要过渡形式

因为绿色经济的内容具有广泛性、标准的起点不太高，所以它并不是一种单纯的、实现了零污染和零排放的理想模式，它与理想化的模式还有相当大的差距。但是，它的不理想却是立足于现实的，是以现实的可操作性和实施的广泛性为出发点和着眼点的。因此，这是一种以可持续发展为目标的，力求对现实的经济发展模式有重大改进的发展模式，是一种改善型或改良型的经济发展模式。作为过渡性的模式，正是由于它并不理想，才具有更宽的包容性和广泛的现实性。它虽然不是理想的，却是为了实现可持续发展目标这一"千里之行"所必须积累的"跬步"。

（二）绿色经济是可持续发展的具体且直观的实现模式

国家的宏观经济战略，绿色经济的真正实现关系到每一个企业甚至个人。对于一个企业来说，日常生产中的每一项活动是否采用先进的技术来减少资源的消耗，生产的过程是否能够减少污染，是否起到保护环境的效果，是否按照绿色经济的模式进行生产等都与国家绿色经济的实现息息相关。

当每一个企业都能投入到绿色经济的发展中，经济的可持续发展就能早日实现。但是，当有企业朝着相反的方向发展时，国家的绿色经济的实现就会更加困难。绿色经济创造了一种适合环境和经济的新形式，这一形式是可行的，具有可操作性，能够推动可持续发展真正早日实现。

（三）绿色经济是可持续发展从思想到行动的现实选择

长期以来，人类在享受工业文明的丰富物质成果的同时，也经历了由此而来的生态灾难和环境危机。这些灾难和危机归根结底是由不当发展方式造成的，人

们对自然大肆索取，对资源不断浪费，最终造成资源的枯竭和生态的恶化，人与自然的不协调关系则带来了资源环境和经济发展的矛盾。解决这一矛盾的根本途径是改变人类的行为方式。

要想改变不可持续发展的生产方式，就是要解决经济发展与自然环境之间的矛盾。面对矛盾冲突，人们既不能逃避，也不能幻想以矛盾的一方来吃掉另一方，解决矛盾冲突的现实方法是创造一种适合于矛盾运动的新模式。在环境与经济、保护与发展的矛盾中，不顾经济以至牺牲经济增长来进行单纯的保护并不难；反之，不顾环境并以牺牲环境为代价的发展也不难，但这些都不是可持续的发展。可持续发展就是在这样的矛盾双方冲突中进行艰难的选择，唯一可行的是保护与增长的绿色经济形式。这是有利于环境、资源的发展，是以保护为基础的发展。可持续发展思想是协作发展观，实质上是在承认并直接面对环境与经济、保护与发展的尖锐矛盾基础上的一种妥协，是权衡利弊的解决办法。可持续发展的思想要求既要保护环境又要发展经济，是使矛盾双方在一定区间的权衡和妥协。

基于权衡和妥协的战略，需要在实践中找到一种让保护环境和发展经济能够协调发展的模式，最终实现可持续发展。绿色经济作为可持续发展经济的主要模式，能够协调环境和经济的矛盾。因此，绿色经济可以作为可持续发展的微观基础。

第三节　绿色发展与经济可持续发展的关系

一、绿色发展

绿色发展越来越成为世界各国发展的主要趋势。在绿色理念的指导下，很多国家都把绿色发展提升为本国的基本国策和促进社会发展的重要方式，不遗余力地发展绿色经济。但是，在理论研究方面，绿色发展的概念仍然没有一个明确的定义，并且其具体内涵也没有明确下来，达不到清晰的共识。概念上的模糊和内涵不清楚最直接的影响就是其本身的理论构建没有科学依据，没有理论的构建就更不用谈相关政策的制定了。在真正的实践中，如果没有指导性的政策和理论支持，绿色发展就不能真正展开。本书中的观点认为，绿色发展的概念内涵包括绿色环境发展、绿色经济发展、绿色政治发展、绿色文化发展等既相互独立又相互依存、相互作用的诸多子系统。

（一）绿色环境发展

绿色环境发展是绿色发展的自然前提。人们在开发和利用资源的时候有节制、有计划、节约的做法可以使得自然环境和人文环境不遭到破坏，自然环境和生物的多样性可以得到保护，这样社会环境也能得到改善，同时也能保证社会、经济、环境的协调发展。自从工业革命以来，人们大量地开采煤炭、石油等不可再生的化石能源。这些能源在使用中排放了大量的污染物，使人类社会的经济由传统的绿色走向灰色，环境污染和生态失衡导致了一系列环境问题和气候灾难等，有很多直接威胁到人类的生存。大体上，地球的环境问题包括环境污染和生态破坏两方面。环境污染的主要内容是人们生产生活排放的废水、废气和废物等对自然环境的破坏。生态破坏指的是人们的生产生活造成生态结构的失衡和生态系统再生能力的丧失。地球的环境承载能力是有限的，包括资源的再生能力和环境自净能力。当人们开发资源和获取资源的速度超过资源的再生速度，废弃物的排放也超过环境的自净能力时，生态系统就会遭到破坏，使得地球上出现气候等方面的灾害。人们的生存环境的质量也会越来越差，到了一定的临界值，人类的生存就会受到很大的威胁。

人类的生存和发展与环境密切相关，绿色的环境为我们提供生存和发展的自然资源和人文资源。同时，只有发展绿色环境才能让人与自然和谐共存，人类的文明才能继续传承和发展，这也是确保社会可持续发展的重要条件。所以，我们一定要重视环境问题和生态问题，大力发展绿色环境，缓解紧张的生态环境问题。人们如果只顾着自己的经济发展而对资源大肆掠夺，环境最终会将恶果反噬给人类。归根结底，人类之所以遇到这些环境和生态问题，也是因为不断发展科技和生产力导致的。

人类大力发展生产力，不断提高自己生活的质量，虽然取得了丰硕的成果，但是不正确的发展方式也带来了更多的危机，包括自然、人文、生存等环境的多重危机。单纯依靠先进的生产力和科学技术并不能推动绿色环境的发展，更加重要的和深层次的改变其实是人们在理念上的改变。人们要正确认识环境和生态的问题，清楚了解绿色发展的内涵，只有真正拥有绿色环境发展的认知和理念，才能真正实现绿色发展。我们必须将绿色环境发展和可持续发展理念结合起来，不断推进生态文明的建设，并不断在发展中反思自己，运用正确的价值观推动绿色环境的发展。人类需要承认自然环境的绿色价值，确保绿色系统的完整性、稳定性和永续性，只有这样，才能不断推动人类文明的前进。绿色环境的发展是一种可持续发展的方法和体现，是人们可持续发展的必然选择。

（二）绿色政治发展

绿色发展需要制度上的保障，这也是绿色政治的发展。绿色政治反对环境污染，要求维护生态的平衡，这也是社会政治发展的基础出发点和落脚点。我们需要建立起一个公正、平等、和谐、民主的政治模式，这个政治模式能够促进环境和生态的保护，推动新秩序的产生，保障人类社会健康发展。

早在欧洲的启蒙时期，绿色政治就已经萌芽发展。但是，这一思想体系的快速发展阶段是在20世纪70年代。在这个时期，绿色政治思想作为一种思潮席卷了全球各地尤其是发达国家。在经济发展的过程中，环境问题和生态的破坏让人们面临了严重的生存危机。很多环保人士呼吁人们保护环境，关心生态问题，并且组成了绿色和平组织，有计划、有组织地发展环保工作。这些环保组织不仅从政治的高度对传统的发展模式对环境的破坏进行批判，还呼吁不同的国家团结起来，希望不同的国家关系中的不同群体、阶级、种族之间合作起来，公平对待、和平共处，形成一种新型的政治关系。环保问题上升为政治问题能够推动环保的理念和行动不断发展，将环保问题转化为政治问题，让更多的人意识到环保的重要程度，真正采取行动促进环保的发展。绿色政治思潮在传播和发展中越来越清晰，在突破了传统的意识形态界限的情况下，酝酿出越来越多的绿色政治运动，并不断发展壮大其力量。在20世纪90年代之后，绿色政治已经越来越成熟，从单纯地关注生态环境问题转变为可持续发展的问题，针对发展过程中的公共角色和政治运行过程中的绿化问题进行探索。绿色政治组织的价值追求和指导原则也向多元化发展，包括生态智慧、社会争议、非暴力、全球责任等。

绿色政治发展和传统的政治发展完全不同，绿色政治坚持以人为本，更加具有人文关怀，并且将环保的理念引入政治中，更好地推动人类与自然的协调发展，改善两者的关系，实现社会的绿色发展。绿色政治的理念也是一种新的理念的发展。传统的理念认为人类是万物的中心，一切都是为人类的发展服务的，是一种人类中心论。另外，还有一种思想认为生态环境是万物的中心，所有的发展都要为生态让路。这两种思想显然都是不全面、不科学的，绿色政治实际上是一种扬弃了这两种观念的全新的发展观。当人类社会发展得越来越成熟的时候，人们就愈发认识到人与自然的和谐关系十分重要。如果单纯地发展经济而放弃生态环境或者单纯地恢复生态而放弃经济发展都是片面的思想，两者需要协调发展。历史唯物主义认为，政治和经济的关系是辩证统一的，是相互联系、相互促进的关系，虽然只有经济发展起来了才能促进政治的进步，但是如果没有完善的政策和制度，经济的发展也寸步难行。

人类进入 21 世纪之后，环境和气候问题愈演愈烈，人们在如此恶劣的环境下生存面临诸多问题。生存问题是全人类的问题，这一全球问题让政治主体之间的联系不再是阶级利益，生态利益成为其需要共同面临、共同解决的问题。当前的政治多发展绿色政治，不同人种、不同国家和不同民族的政治关系重新被定义。各个主体的发展要从人类的整体利益出发，不断调整发展目标和政治结构。我国的发展具有前瞻性，基于绿色政治的理念，在环境问题突出、气候政治博弈加剧的今天，我国积极与各国进行合作交流，解决各种环境问题和绿色政治的冲突。我国不仅在解决生态环境问题上取得进步，同时也在政治、经济、社会等各方面都得到发展。环境问题如今已经成为全人类的问题，成为全世界的政治问题。各国都要树立起绿色政治的理念和意识，合作探索解决生态环境问题的方法，对于将环境问题意识形态化的冷战思维模式要摒弃。让越来越多的国家在进行政治决策的时候消除意识形态的偏见，将眼光放到全世界、全人类的生态效益上来，促进人类和自然的和谐发展。

（三）绿色文化发展

绿色发展的内在精神资源就是绿色文化。传统的绿色文化内涵相对来说比较狭窄，单指以绿色植物为标志的文化，如森林文化、环境文化、草原文化等。这种狭义的绿色文化并不能解释如今的绿色文化现象。随着环境问题的加剧，可持续发展的理念不断深入发展，带来了深刻变化，绿色文化的概念也不断深化扩展，变成了广义的概念。广义的绿色文化不仅指一切不以牺牲环境为代价的绿色产业、绿色工厂工程等，还指具有绿色象征意义的意识、哲学、伦理等，这些文化都是体现人与自然和谐发展的理念。

如果绿色文化遭到破坏，也会损害人类历史文明的发展，最终影响人类的进步。绿色文化的表现形式具有多元化的性质，包括绿色营销、绿色组织、绿色消费等营利活动，也包括保护环境的政治宣传活动，还包括绿色教育、绿色传播等文化宣传活动。不管这些活动是附着于经济活动还是政治活动，都是绿色文化发展的表现形式。绿色文化发展能够促使人们积极迎接新的生活和消费方式，创造出环保、节约、更加绿色的生活方式。

二、可持续发展与绿色发展战略的关联性

可持续发展的理念经过不断发展,已经深入人类的政治、经济、社会、生态等各个领域,人类的一切活动都不能超过资源和环境的承载能力。可持续发展要求人类与环境协调发展,要保护环境、节约资源、改善生态。只有良好的生态环境才能保证经济的可持续发展。绿色发展战略具有前瞻性和持续性,符合社会发展的要求,在保护好环境的同时发展经济、社会和环境,这是符合可持续发展内在要求的。绿色发展在加强人们绿色意识的同时优化资源配置,在提高经济效益的同时促进经济的发展。

三、实现可持续发展与绿色发展的策略

(一)树立绿色观念

绿色观念的树立是实现绿色发展的前提,也是可持续发展的内在要求。在企业的发展过程中,首先要树立起绿色发展的观念,企业中的每一位管理者和员工都要强化环保的意识,这样才能实现经济效益。企业的发展要将经济效益和环境效益放在同样重要的位置上,做到经济与环境的协调发展。在营销方面,要时刻将环境的因素考虑在所有的企业决策中,产品要瞄向绿色消费者,积极开拓绿色的营销市场。同时,为了绿色营销的顺利进行,防止假冒伪劣的产品扰乱市场,企业要想办法沟通建立可靠、畅通的绿色分销渠道,在选择批发商和零售商时要慎重,可以设立一些专卖店进行产品的宣传和销售,进行生态商业销售活动。

(二)开发绿色产品

随着绿色理念的不断深入,人们正在逐渐养成绿色消费的习惯,在生产生活的产品选择上更加青睐于绿色产品,这使得对于绿色产品的需求不断增加。绿色产品既符合绿色发展的理念,又能推动产品市场的可持续发展,在市场的竞争中占据有利地位。因此,在开发绿色产品的过程中,要更多地融入绿色的理念,经济效益和环境效益都要考虑到位。产品在生产时要加强对其进行回收利用,促进资源和能源的循环使用。

(三)加强绿色管理

生产管理和环境问题的产生和解决有密切的联系。在绿色经济发展的初期,生产成本高可能导致很多企业为了经济效益而忽视对环境问题的重视,这也是管

理的问题。保护环境、进行绿色生产是社会发展的必由之路，这项事业的实现离不开绿色管理。企业在发展中，要严格遵循绿色管理的理念，制定绿色管理制度，建立绿色卫生操作规范体制。在对产品有严格绿色要求的企业生产中，员工要按规穿戴衣帽，做好产品的健康卫生工作。另外，企业要加强员工的绿色发展理念，加强员工的绿色管理意识，并在生产中做好监督管理工作。

（四）培养群众的绿色消费意识

绿色发展与可持续发展是一项全人类的事业，每个人都有责任和义务参与其中。因此，相关部门要加强这方面的教育宣传，利用互联网、电视等渠道宣传绿色发展的知识和思想，让大众认识到可持续发展和绿色发展的重要意义。消费者要保持绿色消费意识，尽量购买绿色产品，养成循环节约的好习惯，为绿色产品的发展营造良好的环境。

参考文献

[1] 康晓虹，赵立娟，红花，等. 绿色投资与循环经济耦合协调发展分析——以内蒙古为例 [J]. 会计之友，2022（02）：70-75.

[2] 穗湘宜等. 电力行业上市公司绿色投资效率研究——基于三阶段 DEA 方法 [J]. 河北能源职业技术学院学报，2021，21（04）：59-63.

[3] 张蕊. 绿色投资对经济发展效率的影响 [J]. 合作经济与科技，2022（01）：77-79.

[4] 李诚诚. 政府绿色投资对经济社会生态效益的影响研究 [J]. 商业经济，2021（11）：78-80，139.

[5] 韩丽萌，郭君华. 新发展理念下绿色投资促进经济高质量发展 [J]. 中国管理信息化，2021，24（19）：133-134.

[6] 王伟，陈舒宜. 绿色投资对经济高质量发展影响的空间效应研究 [J]. 长春师范大学学报，2021，40（08）：100-108.

[7] 徐晓光，樊华，苏应生，等. 中国绿色经济发展水平测度及其影响因素研究 [J]. 数量经济技术经济研究，2021，38（07）：65-82.

[8] 张智光. 绿色经济模式的演进脉络与超循环经济趋势 [J]. 中国人口·资源与环境，2021，31（01）：78-89.

[9] 范丹，孙晓婷. 环境规制、绿色技术创新与绿色经济增长 [J]. 中国人口·资源与环境，2020，30（06）：105-115.

[10] 陆大道，孙东琪. 黄河流域的综合治理与可持续发展 [J]. 地理学报，2019，74（12）：2431-2436.

[11] 刘东生. 林业与绿色经济研究 [J]. 林业经济，2013（02）：16-21.

[12] 司建楠. 挖掘绿色财富 以经济转型"托起"美丽中国 [N]. 中国工业报，2013-01-21（A02）.

[13] 董晓红，富勇. 绿色金融和绿色经济耦合发展空间动态演变分析 [J]. 工业技术经济，2018，37（12）：94-101.

[14] 张晓玲.可持续发展理论：概念演变、维度与展望[J].中国科学院院刊，2018，33（01）：10-19.

[15] 彭斌，彭绯.企业清洁化改革的绿色投资敏感性分析[J].软科学，2017，31（06）：55-58.

[16] 田川.绿色金融：架起经济与环境互通的重要桥梁[N].社会科学报，2016-11-03（001）.

[17] 安树民，官秀玲，冯贝贝.英国绿色投资银行助力经济转型的经验分析[J].全球科技经济瞭望，2016，31（10）：40-45.

[18] 杨振山，丁悦，李娟.城市可持续发展研究的国际动态评述[J].经济地理，2016，36（07）：9-18.

[19] 郭存芝，彭泽怡，丁继强.可持续发展综合评价的DEA指标构建[J].中国人口·资源与环境，2016，26（03）：9-17.

[20] 孙晓，刘旭升，李锋，等.中国不同规模城市可持续发展综合评价[J].生态学报，2016，36（17）：5590-5600.

[21] 梁劲锐，史耀疆，席小瑾.清洁生产技术创新、治污技术创新与环境规制[J].中国经济问题，2018（06）：76-85.

[22] 佟贺丰，杨阳，王静宜，等.中国绿色经济发展展望——基于系统动力学模型的情景分析[J].中国软科学，2015（06）：20-34.

[23] 聂玉立，温湖炜.中国地级以上城市绿色经济效率实证研究[J].中国人口·资源与环境，2015，25（S1）：409-413.

[24] 曾贤刚，毕瑞亨.绿色经济发展总体评价与区域差异分析[J].环境科学研究，2014，27（12）：1564-1570.

[25] 秦大河.气候变化科学与人类可持续发展[J].地理科学进展，2014，33（07）：874-883.

[26] 郭存芝，罗琳琳，叶明.资源型城市可持续发展影响因素的实证分析[J].中国人口·资源与环境，2014，24（08）：81-89.

[27] 吴翔.中国绿色经济效率与绿色全要素生产率分析[D].武汉：华中科技大学，2014.

[28] 姜钰，贺雪涛.基于系统动力学的林下经济可持续发展战略仿真分析[J].中国软科学，2014（01）：105-114.

[29] 钱争鸣，刘晓晨.中国绿色经济效率的区域差异与影响因素分析[J].中国人口·资源与环境，2013，23（07）：104-109.

[30] 梁娟.山东省发展绿色经济的路径探讨[J].商业时代，2012（33）：144-145.